超大跨径钢桁梁桥施工关键技术

姜 旭 夏伟杰 主 编
魏鹏飞 刘 杰 副主编

中国建筑工业出版社

图书在版编目（CIP）数据

超大跨径钢桁梁桥施工关键技术 / 姜旭，夏伟杰主编；魏鹏飞，刘杰副主编. —北京：中国建筑工业出版社，2022.4（2023.5重印）
ISBN 978-7-112-27178-8

Ⅰ.①超… Ⅱ.①姜…②夏…③魏…④刘… Ⅲ.①长跨桥-钢桁架桥-桥梁施工-宁波 Ⅳ.①U448.43

中国版本图书馆CIP数据核字（2022）第042924号

本书详细介绍了宁波三官堂大桥及接线工程超大跨径钢桁梁桥的施工关键技术，首创"世界第一"的三跨连续钢桁梁超大悬臂拼装施工技术，采用桁上起重机整节段超大悬臂安装施工技术；大桥钢结构采用整节段水上运输，同时该项目跨甬江受潮汐水域影响大，首创了一种适用潮汐水域的大型构件滑移卸船施工技术方法；基于该桥连续钢桁梁的结构形式，为减小施工现场焊接工程量，首创了一种适用于钢桁梁桁片快速定位安装及精确调整的施工方法。本书适用于从事相关工作的专业人员或者对此领域感兴趣的相关人员。

责任编辑：高　悦
责任校对：刘梦然

超大跨径钢桁梁桥施工关键技术
姜　旭　夏伟杰　主　编
魏鹏飞　刘　杰　副主编

*

中国建筑工业出版社出版、发行（北京海淀三里河路9号）
各地新华书店、建筑书店经销
北京鸿文瀚海文化传媒有限公司制版
北京建筑工业印刷厂印刷

*

开本：787毫米×1092毫米　1/16　印张：15¾　字数：388千字
2022年3月第一版　2023年5月第二次印刷
定价：48.00元
ISBN 978-7-112-27178-8
（38985）

版权所有　翻印必究
如有印装质量问题，可寄本社图书出版中心退换
（邮政编码　100037）

前　言

随着综合国力的提高和科学技术的进步，我国已成为桥梁建设规模发展最迅速的国家。其中，钢结构桥梁由于其自重轻、跨越能力强等特点，在现代桥梁建设中的应用越来越广泛。进入21世纪，我国钢桥建设水平和技术水平得到了长足发展，已跻身于国际先进行列，桥梁跨径不断增加，横向宽度越来越大，结构形式也越来越多样化，先后建造了一大批跨海、跨江、跨河的标识性钢桥。而钢桁梁桥综合了钢材和桁架结构的特点，同时具有承载能力强、整体性好、结构刚度大等优势。钢桁梁桥曾被广泛应用于铁路桥梁中，近年来，公路桥梁也逐步采用这种桥梁形式。

宁波三官堂大桥及接线工程是连接宁波市高新区院士路与镇海区明海大道的主要过甬江通道，主桥上部结构采用三跨连续钢桁梁，跨径布置为 $160+465+160=785m$，是世界上跨度最大的连续钢桁梁桥。本书详细介绍了该超大跨径钢桁梁桥的施工关键技术：首创"世界第一"的三跨连续钢桁梁超大悬臂拼装施工技术，采用桁上起重机整节段超大悬臂安装施工技术，在桥下、桥上净空均受限的严苛施工条件下，有效解决了施工过程通航及船撞风险等难题；大桥钢结构采用整节段水上运输，同时该项目跨甬江受潮汐水域影响大，首创了一种适用潮汐水域的大型构件滑移卸船施工技术方法，并成功申报发明专利；基于该桥连续钢桁梁的结构形式，为减小施工现场焊接工程量，首创了一种适用于钢桁梁桁片快速定位安装及精确调整的施工方法，可实现桁片安装快速定位、数字化调整，有效降低了施工引起的残余应力，加快了施工进度，减小了工程措施成本，并成功申报发明专利。

本书包含了超大跨径钢桁梁桥施工关键技术的相关科研成果和经验总结，同时也参考了国内外的部分研究成果和工程资料。在编写过程中，许多同行专家给予了大力支持，并提出很多宝贵的建议，编著者对此表示感谢。

由于编著者的认知水平及经验的局限性，书中难免存在不足或谬误，敬请专家、读者批评指正。

姜　旭

2021年12月于上海

目 录

1 概述 1
1.1 项目目的及意义 1
1.2 国内外发展现状 2
1.2.1 国内外现状 2
1.2.2 存在的问题 3
1.3 项目主要内容 4
1.3.1 研究内容 4
1.3.2 关键技术 4
1.3.3 具体实施方案 5

2 超大跨径连续钢桁梁桥的总体施工方法研究 7
2.1 工程概况 7
2.1.1 项目概况 7
2.1.2 主要施工内容 9
2.1.3 施工依据 9
2.2 施工工艺概述 10
2.2.1 钢桁梁场内运输方式概述 10
2.2.2 钢桁梁安装方法概述 10
2.2.3 施工重难点分析 11
2.3 上部结构施工准备 14
2.3.1 临时设施总体布置 14
2.3.2 600t 龙门式起重机设计及安装 14
2.3.3 龙门式起重机轨道基础设计及施工 15
2.3.4 桁上起重机的准备 17
2.3.5 交通组织安排 21
2.4 总体施工部署 21
2.4.1 场地布置 21
2.4.2 测量控制网布置 21
2.4.3 钢桁梁安装施工工序 22
2.4.4 钢桁梁工程施工计划 23
2.5 悬臂拼装结构安全、线形控制 23
2.5.1 悬臂拼装结构安全计算（强度、刚度、抗倾覆） 24

2.5.2	悬臂拼装抗风措施	30
2.5.3	中跨钢桁梁线型控制	30
2.6	**焊接工艺评定试验**	**30**
2.6.1	试验依据	30
2.6.2	试验材料和焊接设备	31
2.6.3	焊接预热及道（层）间温度	35
2.6.4	焊接工艺评定试验	35
2.6.5	焊接工艺评定试验结果分析	64
2.6.6	结论	70

3 钢桁梁构件的加工制作与运输吊装方法及构件的安装方法研究 … 72

3.1	**钢桁梁加工制作**	**72**
3.1.1	工艺设计方案	72
3.1.2	钢桁梁制造方法	73
3.1.3	试拼装工艺及要求	79
3.2	**钢桁梁场外运输**	**81**
3.2.1	构件存放	81
3.2.2	运输方案	82
3.2.3	钢结构装船绑扎方案	83
3.2.4	发运船桥址抛锚定位	85
3.3	**钢桁梁安装施工准备**	**86**
3.3.1	测量总体方案	87
3.3.2	测量点布设方案	87
3.3.3	技术准备、物资准备与现场准备	88
3.4	**钢桁梁卸船施工**	**89**
3.4.1	卸船施工工艺流程	89
3.4.2	梁段上岸前的准备	89
3.4.3	船舶停靠	90
3.4.4	卸船施工	91
3.4.5	滑移施工控制要点	94
3.4.6	滑移卸船系统计算	94
3.5	**钢桁梁安装施工**	**97**
3.5.1	下三角区钢桁梁安装	97
3.5.2	三角区桥面系安装	98
3.5.3	边跨钢桁梁安装施工	101
3.5.4	上三角区钢桁架安装	103
3.5.5	三角区及边跨钢桁梁体系转换	104
3.5.6	桁上起重机安装及试验	105
3.5.7	中跨钢桁梁安装	106

3.5.8 压重混凝土施工 ……………………………………………… 107
　　3.5.9 合龙段施工及体系转换 ………………………………………… 109
　　3.5.10 钢桁梁内力调整 ……………………………………………… 118
　　3.5.11 支座限位装置的安拆 ………………………………………… 119
　3.6 吊装节段比选及有限元分析 …………………………………………… 122
　　3.6.1 合龙段吊装节段模拟 …………………………………………… 122
　　3.6.2 最不利节段吊装模拟 …………………………………………… 129

4 超大跨径连续钢桁梁桥施工整体与局部受力研究 …………………… 138
　4.1 钢桁梁悬臂施工桥面系连接时机研究 ………………………………… 138
　　4.1.1 工程概况 ………………………………………………………… 138
　　4.1.2 有限元建模 ……………………………………………………… 138
　　4.1.3 结果汇总及分析 ………………………………………………… 141
　　4.1.4 结论 ……………………………………………………………… 143
　4.2 合龙段临时锁定环境温度影响研究 …………………………………… 143
　　4.2.1 工程概况 ………………………………………………………… 143
　　4.2.2 模型建立与荷载设定 …………………………………………… 144
　　4.2.3 温度作用下临时连接件内力计算 ……………………………… 145
　　4.2.4 自重与温度共同作用下的结构整体杆件强度分析 …………… 150
　　4.2.5 结论 ……………………………………………………………… 152
　4.3 对接焊缝残余应力检测及有限元模拟研究 …………………………… 153
　　4.3.1 超声波应力检测 ………………………………………………… 153
　　4.3.2 热-位移耦合有限元模拟 ………………………………………… 164
　　4.3.3 超声冲击法消除焊接残余应力 ………………………………… 186
　　4.3.4 结论 ……………………………………………………………… 190

5 超大跨径连续钢桁梁桥施工控制方法研究 …………………………… 192
　5.1 钢桁梁悬臂施工过程整体计算分析 …………………………………… 192
　　5.1.1 工程概况 ………………………………………………………… 192
　　5.1.2 有限元建模 ……………………………………………………… 192
　　5.1.3 结果汇总及分析 ………………………………………………… 193
　　5.1.4 结论 ……………………………………………………………… 207
　5.2 三角区边墩锚固预应力比选及有限元分析 …………………………… 208

6 超大跨径连续钢桁梁桥施工安全储备分析研究 ……………………… 219
　6.1 钢桁梁悬臂施工极限承载力分析 ……………………………………… 219
　　6.1.1 计算说明 ………………………………………………………… 219
　　6.1.2 有限元建模 ……………………………………………………… 219
　　6.1.3 结果汇总及分析 ………………………………………………… 219

  6.1.4 结论 ·· 223
6.2 钢桁梁悬臂施工屈曲分析 ··· 223
  6.2.1 有限元建模 ··· 223
  6.2.2 特征值屈曲分析 ·· 224
  6.2.3 非线性屈曲分析 ·· 234

1 概述

1.1 项目目的及意义

随着全面深化改革的深入开展，我国经济社会持续全面健康发展，自 2013 年我国钢材产量增长率达到 11.35% 以来，我国的年钢材产量已经连续 3 年超过 10 亿 t。另据兰格经济研究中心公布的数据显示，2015 年的我国钢产量已经达到了 11.235 亿 t，蝉联世界钢产量第一。钢材的大量产出不仅为我国经济社会的发展提供了动力，也为钢结构建筑与桥梁工程的发展营造了上升空间。

钢结构与传统钢筋混凝土结构相比，具有下面几个特征：
(1) 结构质量轻、强度高。
(2) 具有良好的塑性和韧性。
(3) 材质比较均匀，更加像是匀质等向体。
(4) 具有不渗漏性便于做成密闭结构。
(5) 可装配的性能比较优秀，构件的制造十分简便，施工的周期相对比较短。
(6) 耐腐蚀性差，必须采取相应的保护措施。
(7) 耐热但不耐火。

钢桁梁桥是将实腹的钢板梁桥按照一定规则空腹化的结构形式，结构整体上为梁的受力方式，即主要承受弯矩和剪力的结构。钢桁梁桥的主要受力构件，最常采用的是平面桁架，在竖向荷载作用下其受力实质是格构式的梁。主桁由上弦杆、下弦杆和腹杆组成。钢桁梁桥采用纵横梁体系作为其桥面系，由横梁、纵梁及纵梁之间的连接系组成。其作用是承受由桥面传来的竖向和纵向荷载，并传递给主桁节点。钢桁梁桥由桁架杆件组成，尽管整体上看钢桁梁桥以受弯和受剪为主，但具体到每根桁架杆件则主要承受轴向力。与实腹梁相比是用稀疏的腹杆代替整体的腹板，从而节省钢材和减轻结构自重，又由于腹杆钢材用量比实腹梁的腹板有所减少，钢桁梁可做成较大高度，从而具有较大的刚度及更大的跨越能力。

钢桁梁桥综合了钢材和桁架结构的特点：跨越能力大——由于钢材强度大，在相同的承载能力条件下，与混凝土桥梁相比，钢桥构件的截面较小；承载能力强，整体性好，结构刚度大；与实腹梁相比，大跨径桁式主梁通透性好，用钢量省；易于修复和更换。钢桁架桥被广泛应用于铁路桥梁中，近年来，公路桥梁也逐步采用这种桥梁形式。交通建设事业的不断发展促使钢桁梁桥的结构形式也在发生不断的变化，由散装节点向整体节点发展，由两桁纵横梁体系向三桁、拱桁、斜桁、整体桥面发展。

钢桁梁的结构刚度大，经常在铁路桥梁中使用，单孔的跨径通常在 160m 以下。钢桁梁的构件传力效率高、结构自重小，在超大跨径的斜拉桥和悬索桥的加劲梁中被大量使用，目前主跨均已超过千米。但是钢桁梁在超大跨径连续梁桥中应用的实例不多，国内最大跨径为 276m，国外最大跨径为 376m。本书以宁波三官堂大桥为研究依托背景工程，该桥主跨达到了 465m，是同类型桥梁跨径之首，且采用全焊接施工技术。对这种规模的超大跨径钢桁梁施工国内外还没有成功经验可借鉴，对该桥梁的施工关键技术开展研究（包括合龙技术、结构整体与局部稳定、全焊接质量控制等），对保障桥梁顺利建成具有最直接的意义，为今后同类型桥梁的建设具有极高的参考价值。

1.2 国内外发展现状

1.2.1 国内外现状

早在 20 世纪初，随着新材料、新工艺、新设备和现代结构设计理论的发展，钢结构已广泛应用于欧洲、美洲的桥梁结构中。钢桁梁桥是一个比较传统的桥型，早在 1889 年福斯湾桥就实现了 521m 的跨越，而后 1918 年历经两次磨难建成的加拿大魁北克桥为当时世界上跨径最大（549m）的钢桁梁桥。1974 年日本建成的港大桥跨径也达到了 510m。但三者均为悬臂钢桁梁形式。1991 年在日本长崎县建成的连接生月岛和平户岛的生月大桥全长 960m，主跨 400m，现居世界已建成的连续钢桁梁桥跨径之首，如图 1.2.1 所示。

图 1.2.1　生月大桥

目前我国是世界上桥梁建设规模发展最迅速的国家，公路桥梁已经达到 80.5 万座。我国自主修筑有代表性的钢桥主要有武汉、南京、九江、芜湖四座长江大桥。进入 21 世纪，我国钢桥建设水平和技术水平得到了长足发展，已跻身于国际先进行列，桥梁跨径不断增加，横向宽度越来越大，结构形式也越来越多样化，先后建造了一大批跨海、跨江、跨河的标识性钢桥。1894 年，我国第一次主持修建钢桁梁桥——滦河大桥，由我国工程师詹天佑主持完成；1937 年建成的钱塘江大桥为 16×65.84m 简支钢桁梁；1966 年建成的迎水河大桥主跨 112m，为中国第一座栓焊钢桥；1993 年建成的九江长江大桥是主跨 216m 的钢桁梁桥，如图 1.2.2 所示。目前我国已建成的主跨超过 500m 的大跨径桥梁均采用拱式或缆索承重体系，而钢桁梁桥的跨径仍未突破 300m。一般来说，随着跨径的增加，钢桁梁桥自重在承载能力中的占比越来越大，承载效率的降低使得该桥型的跨径未有增加。另外，对大跨径钢桁梁桥的设计和施工还缺乏相应经验积累，这也阻碍了该桥型的发展。

钢桁梁桥的施工方法根据不同的桥梁结构形式及工程特点，通常有膺架法、门吊法、浮吊法、悬臂拼装法、纵向拖拉法、钓鱼法、缆索起重机法、浮运架设法、横移法、顶推滑移法等。综合国内外桥梁，在条件允许的情况下，一般都会选用大节段吊装，以减小成本和保证质量，如图1.2.3所示。

图 1.2.2　九江长江大桥

(a)

(b)

(c)

图 1.2.3　钢桁梁桥大节段吊装

(a) 厄勒海峡桥120m钢桁梁整体吊装（丹麦）；(b) 平潭海峡公铁两用大桥80m钢桁梁整体吊装（中国）；(c) 东京湾临海大桥大节段架设（日本）

1.2.2　存在的问题

相对于其他钢桥形式，钢桁梁桥的杆件和节点较多，特别是超大跨径钢桁梁桥，构造较为复杂。另外，钢桁架连续梁桥属于超静定结构，要想达到理想的几何线形与合理的内力状态，不但要求精确的设计计算，还要运用科学合理的施工方法指导施工，即连续钢桁架桥的成桥受力状态和制造线形与施工过程密切相关，若不进行充分的计算分析，钢桁架桥梁会在施工过程中由于部分结构强度破坏、刚度退化或稳定性失效等造成桥梁整体垮塌等重大安全事故。如2007年8月1日美国明尼苏达州钢桁架拱桥坍塌等，这表明钢桁架的设计、计算及研究仍然存在许多方面亟待解决的问题,尤其是钢桁架结构的整体和局部稳定问题,诸多钢桁架建筑的破坏均是由于结构失稳导致的。空间桁架平面内和平面外的刚度均较大,整体稳定问题并不突出,并且国内外对它的研究也比较成熟,但对于平面钢桁架来说,由于跨度大、截面抗扭能力差、受压弦杆面外长细比大等原因,从而导致其容易发生整体弯扭失稳,尤其是在没有足够侧向支撑的情况下,易造成整个结构的坍塌。因此对大跨度钢桁架桥进行施工全过程模拟分析以及对施工关键技术进行系统研究,为设计阶段结构方案的优化、施工方法的选择、监控措施的实施提供决策依据,对工程建设顺利推进具有重要意义。

1.3 项目主要内容

1.3.1 研究内容

以三官堂大桥及接线(江南路至中官西路)工程(主桥)为依托,进行以下几个方面的研究:
(1) 超大跨径连续钢桁梁桥的总体施工方法研究;
(2) 钢桁梁构件的加工制作与运输吊装方法及构件的安装方法研究;
(3) 超大跨径连续钢桁梁桥施工整体与局部受力研究;
(4) 超大跨径连续钢桁梁桥施工控制方法研究;
(5) 超大跨径连续钢桁梁桥施工安全储备分析研究。

1.3.2 关键技术

本书关键技术包括:
(1) 探究超大跨径连续钢桁梁桥的总体施工方法,对施工工艺、施工部署、悬臂拼装结构安全与线形控制、焊接工艺评定等进行细致研究,对超大跨径连续钢桁梁桥的总体施工提出前置指导意见;
(2) 进行钢桁梁构件的加工制作与运输吊装方法及构件的安装方法研究,对钢桁梁加工制作、场外运输、安装施工及吊装节段比选等进行相应研究,为构件安装提供指导;
(3) 对超大跨径连续钢桁梁桥施工整体与局部受力进行分析,对合龙温度及桥面系连接时机等进行有限元分析,并创新使用双椭球移动热源开发了用于模拟焊接温度场和残余应力的热-位移耦合有限元计算方法,利用所开发的数值计算方法模拟了实际结构中的温度场和应力场,研究焊接对超大跨径连续钢桁梁桥的影响;
(4) 探究超大跨径连续钢桁梁桥施工控制方法,对超大跨径连续钢桁梁桥进行施工流程的全过程模拟,以确保大跨径钢桁架桥在成桥后能达到设计线形和容许内力的要求;
(5) 进行超大跨径连续钢桁梁桥施工安全储备分析研究,针对不同的施工步,进行结构极限承载力分析及屈曲分析,并将失稳模态作为初始缺陷加入模型中,进行非线性屈曲分析,完成对超大跨径连续钢桁梁桥的施工安全储备分析。

根据主要研究内容,研究技术路线如图1.3.1所示。

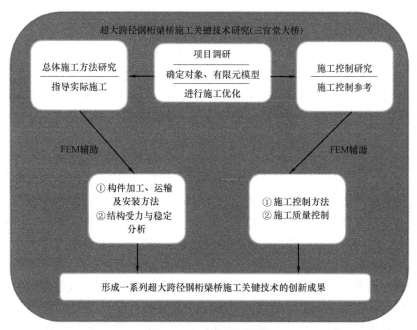

图 1.3.1 技术路线图

1.3.3 具体实施方案

具体实施方案如下：

（1）超大跨径连续钢桁梁桥的总体施工方法研究。

深入调研国内外连续钢桁梁桥既有研究成果，总结分析其研究进展和不足。大跨径连续钢桁梁桥施工过程复杂，安装精度要求高，且本桥需要定制的设备和完善的技术来实现大节段拼装。由于本桥跨中钢桁梁采用悬臂拼装工艺，且悬臂跨度大，存在钢桁梁的抗倾覆稳定性差与悬臂端挠度过大的问题，因此悬臂拼装结构的施工方法安全格外重要。另外，由于安装线形与施工过程密切相关，不同的施工过程及施工方法会得出不同的安装线形。近年来，桥梁建设的跨径越来越大，施工方法逐渐成为施工过程分析的重点研究内容，尤其是合龙技术，是本项目的难度，也是该背景工程桥梁成败的关键。

本书对施工工艺、施工准备、施工部署、悬臂拼装结构安全与线形控制、焊接工艺评定等进行细致研究，对总体施工提出前置指导意见。

（2）钢桁梁构件的加工制作与运输吊装方法及构件的安装方法研究。

根据现场施工条件的限制，进行构件加工的合理分块研究，并提出构件加工精度控制方法、拼装胎架定位措施、工厂吊装定位及连接固定方法，重点关注面检查外形尺寸、节点板、拼接板的加工质量，研究构件纠偏的优化方法。

综合考虑运输和吊装设备的限制，采用有限元参数分析方法，对构件分块进行对比优化分析，确定构件的合理支撑点位以及构件的内力分布和变形；确定吊装过程中合理吊点位置以及吊装时构件的内力分布和变形，设计吊装方法。研究成果将为运输和吊装的经济安全提供可靠依据。

对钢桁梁加工制作、场外运输、安装施工准备、卸船施工、安装施工及吊装节段比选进行相应研究，从而完成构件的加工制作与运输吊装方法及构件的安装方法研究。

（3）超大跨径连续钢桁梁桥施工整体与局部受力研究。

在施工中合龙技术的研究为重中之重，温度对合龙精度和成败的影响也至关重要。众所周知，桥梁跨度越大、结构形式越复杂，温度作用就越明显，温度作用已经成为设计和施工中不可忽视的因素。本书通过施工监控中对主桥关键杆件温度采集数据并分析，得到主桥钢桁架上弦杆、下弦杆、腹杆温度分布变化规律，并分析不同天气中主桁杆件温度差值变化情况，为此地区钢桁架梁桥结构温度作用研究提供资料。同时，运用大型有限元软件 ABAQUS 对主桥结构进行仿真模拟计算分析，分别研究了整体温度、局部温度、极端温度对钢桁架梁桥结构的影响。结合实际温度分布规律，对桥梁施工阶段温度参数敏感性计算结果进行分析，提出主桥合龙温度、合龙时间、合龙施工方法等施工建议。再者，本书对钢桁梁悬臂施工桥面系连接时机进行了研究，对桥面系不连接、部分连接和全连接进行了比较分析，将为合龙前后内应力调整提供必要的理论依据和数据支撑。

另外，焊接会造成桥梁整体与局部的焊接变形和残余应力较大，对于大跨度全焊接桁架桥，焊接对变形和应力的影响会尤为突出，因此焊接变形控制和残余应力的分布及消除措施也是本研究的重点。采用有限元热-固耦合分析方法，以热传导和热弹塑性理论为基础，以双椭球热源模型模拟焊接热输入，研究预热方式、焊接速度、焊接顺序（起焊点等）对现场拼装焊接构件界面上残余应力分布的影响。然后，采用超声波无损检测技术对焊接热影响区域内的残余应力分布进行测试，对比有限元分析结果，相互验证。同时，研究纵向分段间焊缝焊接顺序，及其对施工线形的影响。

（4）超大跨径连续钢桁梁桥施工控制方法研究。

施工控制主要是指在施工的过程中为了达成某种特定状态而采取的计算分析方法和措施，借用工程控制论的理论框架大体上可以分为开环施工控制、闭环施工控制以及自适应施工控制。施工方法旨在前期指导施工，而施工控制技术有利于对正在进行的施工过程做好动态掌控。实时的纠偏和调整能使施工流程得到有效控制，同时对施工进行优化，例如在本桥合龙时，精度要求高，需通过杆件应变监控、悬臂端荷载控制防止杆件或结构局部失稳。

采用数值分析和施工监控相结合的方法，对超大跨径连续钢桁梁桥进行施工流程的全过程模拟。建立有效监控机制，对关键施工节点的钢桁梁控制杆件内力、应变、线形等进行监测和动态控制，与数值分析值进行对比，并监控施工过程中的内力变化，明确施工中实际线形和内力与目标值之间的差异来源，为内力和变形调整提供依据，以确保大跨径钢桁架梁桥在成桥后能达到设计线形和容许内力的要求。

（5）超大跨径连续钢桁梁桥施工安全储备分析研究。

借助有限元分析方法，建立模型，针对不同的施工步，进行结构极限承载力分析及屈曲分析，研究不同施工步的稳定系数及相应的失稳模态，确保施工中结构整体稳定安全储备；根据整体稳定分析结果（受力分析和失稳模态分析），对关键施工步进行稳定模态分析，确定稳定系数。而后，将失稳模态作为初始缺陷加到构件或者节点中，进行非线性屈曲分析，得到在该施工工况下构件和节点的极限承载力，从而确定结构施工中的安全储备。

2 超大跨径连续钢桁梁桥的总体施工方法研究

2.1 工程概况

2.1.1 项目概况

三官堂大桥及接线工程位于宁波市东部,是连接高新区院士路与镇海区明海大道的主要过江通道,南起高新区江南路、中跨甬江、北至镇海区中官西路,路线全长约3.3km。三官堂大桥主线按城市主干路双向八车道设计,采用一跨过江方案,跨江主桥中跨设人非通道。项目起讫桩号为K1+276~K2+211,其中主桥钢桁梁起讫桩号为K1+336~K2+121。本项目主桥上部结构采用三跨连续钢桁梁,跨径布置为160+465+160=785m,如图2.1.1所示。桥面系采用正交异性钢桥面板,板桁结合。桁架采用变高桁,桁式采用"N"形桁,跨中桁高14.5m,边墩顶桁高15m,中墩墩顶桁高42m,桁架基本节间距15m,在中墩顶附近为18.75m,主墩处桥面下设置V撑。

钢桁梁断面示意如图2.1.2所示。

钢桁梁设计节段划分如图2.1.3所示。

拟建场区分布有全新统(Q4)地层、上更新统(Q3)地层、中更新统(Q2)地层及下白垩系方岩组(K1F)基岩。除①$_1$层属近代形成外,①$_2$、①$_3$、②、③、④层为全新世Q4地层,⑤、⑥、⑦、⑧层为晚更新世Q3地层,⑨、⑩层为中更新世Q2地层。

根据地基土的特征、成因及物理力学性质,勘探深度内的地基土层划分为11个工程地质单元层,24个工程地质单元亚层。整套地层主要由素填土、黏土、淤泥质黏土、粉砂夹黏土、粉质黏土粉砂、细砂、中砂及深层砾砂、砾岩及粉砂岩等组成,地层分布规律较复杂。

宁波属亚热带季风湿润气候,冬夏季风交替显著,年温适中、四季分明;冬季以晴冷干燥天气为主,春末夏初进入梅雨季,7~8月间,天气晴热少雨,常有大风大暴雨等灾害性气候。区域多年平均气温16.6~17.0℃,8月最热,1月最冷,年平均温差较小。极端最高、最低气温为41.2℃及−8.8℃;年平均相对湿度为79%,6月平均相对湿度最大达90%,12月份最小相对湿度为13%;年平均气压为1015.8hPa,年极端最高、最低气压为1043.3hPa及984.7hPa。地区多年平均降水量1393.7~1558.4mm,年最大、最小降水量1625.6mm及797.3mm,降水集中在5~7月梅雨季节和8~9月台风季节,冬季少雨,年平均降雨天数150.9d,最大连续降雨天数18d,雨量达251.3mm;暴雨主要集中于5~10月,9月最多,台风时平均降雨量464.2mm,最大达679.3mm,1h最大降雨量达57mm。年蒸发量1412.1mm;历年最大积雪深度14.0cm。该地区全年主导风向为西

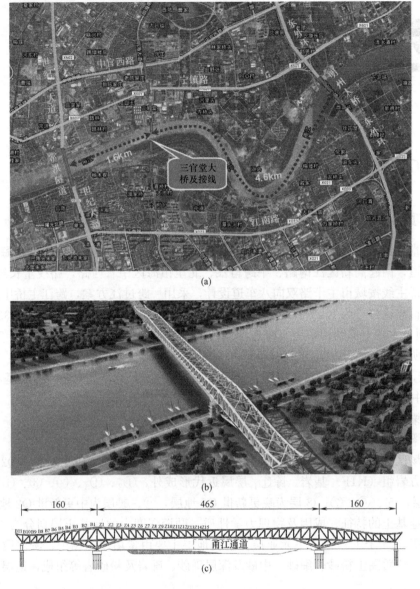

图 2.1.1 三官堂大桥
(a) 地理位置图；(b) 示意图；(c) 总体布置图（单位：m）

北风，频率为10%，夏季主导风向以东南偏东为主，冬季主导风向以西北为主；夏、冬季平均风速为4.8m/s及5.8m/s，历年瞬时最大风速>40m/s，最大台风十分钟平均风速34.3m/s。本区灾害性天气主要为强冷空气、热带风暴台风及雷暴等。

拟建场地及周边属甬江水系，较大河流为杨木碶河、甬新河等。甬江由奉化江及姚江在宁波城区三江口汇合而成，流向东偏北，在镇海口入海。甬江本河段（甬江大桥-东外环路桥）通航标准为内河1000t级，设计通航高潮位1.83m，通航净空20m，航道净宽140m。

甬江为海运Ⅲ级航道，经与宁波海事局相关单位调查，自甬江入海口至本工程桥位

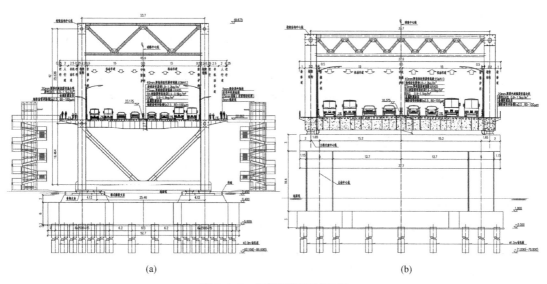

图 2.1.2 钢桁梁断面示意图
(a) 主墩处钢桁梁断面；(b) 边墩处钢桁梁断面

图 2.1.3 主梁节段划分图

处，甬江航道共有三座大桥。

2.1.2 主要施工内容

本项目的主要施工内容如下：
(1) 三角区钢桁梁工程安装；
(2) 边跨钢桁梁工程安装；
(3) 边墩锚固体系设计及施工；
(4) 中跨钢桁梁工程安装；
(5) 合龙段施工及体系转换；
(6) 钢桁梁线形及内力调整。

2.1.3 施工依据

总体施工方法是以施工设计图纸为依据，对施工现场周围情况进行充分、详细调查的基础上，并根据相应计算、分析结果，针对该项目的施工特点，结合技术特点、施工人员及机械设备情况编制而成。

主要编制依据如下：

(1)《三官堂大桥及接线（江南路至中官西路）工程（主桥）施工招标文件及补遗书》；

(2)《三官堂大桥及接线（江南路至中官西路）工程（主桥）施工图》；

(3) 三官堂大桥及接线（江南路至中官西路）工程（主桥）相关技术要求；

(4)《中华人民共和国安全生产法》（2014版）；

(5)《钢结构施工规范》GB 50755—2012；

(6)《钢结构工程施工质量验收规范》GB 50205—2001；

(7)《钢结构焊接规范》GB 50661—2011；

(8)《建筑施工安全检查标准》JGJ 59—2011；

(9)《建筑施工高处作业安全技术规范》JGJ 80—2016；

(10)《建筑工程施工现场环境与卫生标准》JGJ 146—2013；

(11)《施工现场临时用电安全技术规范》JGJ 46—2005；

(12)《环境管理体系 要求及使用指南》GB/T 24001—2016；

(13)《公路钢结构桥梁设计规范》JTG D64—2015；

(14)《质量管理体系 要求》GB/T 19001—2016；

(15)《路桥施工计算手册》，周水兴等著，人民交通出版社；

(16) 现行国家（或行业）验收规范与标准等；

(17) 适用于本项目的国家及地方强制性规范和标准等；

(18) 有关本工程技术洽商和图纸会审记录；

(19) 现有的施工技术水平、施工管理水平和机械设备能力及对本工程的理解；

(20) 参研单位拥有的科学技术、工法成果、机械设备情况、施工技术和管理水平以及多年来在公路工程实践中积累的设计、施工、科研及管理经验。

2.2 施工工艺概述

本桥主桥为全焊钢桁架结构体系，为减少现场焊接工作量，保证结构的安装精度，提高施工效率，节省全桥总体工期，主桥尽量采用大节段、大块件拼装。

2.2.1 钢桁梁场内运输方式概述

下三角较小杆件采用陆路运输至现场，采用ME A4 300/50+300t 龙门式起重机移运；其余钢桁梁采用水运至桥位临时码头，利用潮汐滑移至临时码头，再利用ME A4 300/50+300t 龙门式起重机移运；跨中钢梁由运输船舶运输至桥位下方直接抛锚定位，采用桁上起重机垂直起吊。

2.2.2 钢桁梁安装方法概述

边跨与中跨桁梁杆件与桥面系在工厂组装成整体运输到现场采用节段整体吊装；三角区钢桁梁杆件尽量组装成大型块件进行安装。如表2.2.1所述，边跨及三角区桁梁采用支架法分节段、分块拼装，而中跨采用悬臂拼装。

钢桁梁安装方法 表 2.2.1

区 段	边 跨	三 角 区	中 跨		合龙段
节段编号	GB5—GB10 JB5—JB10	GB1—GB4 JB1—JB4;JZ1—JZ3	GZ4;JZ4	GZ5—GZ14;JZ5—JZ14	Z15
施工工艺	支架法拼装		悬臂拼装		
安装设备	ME A4 300/50+300t 跨墩龙门式起重机		660t 桁上起重机		

注：钢梁节段编号 JB5，"J" 代表"江北区"、"B" 代表"边跨"、"5" 代表"从主墩往边墩侧节段的排序编号"；
GZ1："G" 代表"高新区"、"Z" 代表"中跨"、"1" 代表"从主墩往江心侧节段的排序编号"。

为满足本桥节段的吊装重量要求，边跨及三角区节段和块件采用 ME A4 300/50+300t 跨墩龙门式起重机支架拼装，中跨节段采用 660t 桁上起重机悬臂安装。

2.2.3 施工重难点分析

1. 三角区杆件安装精度控制

三角区是本桥结构体系最复杂的部位，不但杆件数量多，空间尺寸大，且下三角区诸多杆件为空间体系，安装定位精度控制难度大，其重难点及对应措施见表 2.2.2。

三角区杆件安装精度控制 表 2.2.2

序号	重难点	对应措施
1	杆件安装顺序	根据设计及规范要求,结合施工便利性确定安装顺序:由下而上(即先下三角区、再桥面系、后上三角区的顺序)、对称安装
2	下三角空间杆件安装定位	①采用 ME A4 300/50+300t 龙门式起重机吊装,空间多点测量定位、复核。设计足够强度与刚度的安装支架,并将整个安装支架连接形成整体,并合理布置,起到支撑和临时固定作用。 ②钢桁梁安装时,采用高精度全站仪 TCA-1800 进行测量定位,各节段对接口采用不低于三个观测点进行定位,并循环复核,保证杆件安装空间位置准确无误
3	桥面系安装定位	①三角区及边跨钢桁梁采用支架法安装,支架采用 PHC 管桩基础保证支架的承载力;大型钢管作为支撑立柱,立柱间采用纵、平、斜向连接,使整个支架构成整体,保证支架具备足够的强度、刚度与稳定性,从而保证钢桁梁安装的稳固性。 ②采用 ME A4 300/50+300t 龙门式起重机吊点液压油缸微调功能,可实现钢桁梁吊装精确到位,此外对于需要进一步调整的较重节段或杆件,采用布置在支架上的三向千斤顶可实现精度±1mm 范围的调整
4	上三角高长杆件安装	基本按照两节间划分节段,在制作工厂整体拼装到位,并在节段悬挑杆件间增设临时联结杆,组成稳定空间体系,再整体安装

2. 边跨大节段钢桁梁卸船施工

边跨大节段钢桁梁卸船施工重难点及对应措施见表 2.2.3。

边跨大节段钢桁梁卸船施工 表 2.2.3

序号	重难点	对应措施
1	卸船工艺选择	本项目根据地理位置环境,采用参研单位成熟的滑移卸船施工工艺
2	滑移轨道对接	轨道顶面高程应根据钢箱梁运输船在满载和空载状态下船舷至水面的高度为参照来确定,确保钢箱梁卸船轨道对接高程相差最小

续表

序号	重难点	对应措施
3	船体抗倾覆	运输驳船采用抛锚形式,运输船只具备四锚定位能力。桥址江心处流速大,水又深,自航驳自身体积较大,抛锚难度很大,需要抛锚艇协助;当自航驳进入业主指定作业区域后,根据吊装单位所指定的吊点,选定一处下锚后,再由抛锚艇第二下锚处进行下锚,依次抛第三个锚、第四个锚
4	构件抗倾覆	对于主墩附近的钢桁梁节段,高宽比较大,滑移过程中容易倾覆。因此构件滑移过程中,须对构件采取风缆动态锚固措施

3. ME A4 300/50＋300t 龙门式起重机安装边跨大节段钢桁梁技术

ME A4 300/50＋300t 龙门式起重机安装边跨大节段钢桁梁技术重难点及对应措施见表2.2.4。

ME A4 300/50＋300t 龙门式起重机安装边跨大节段钢桁梁技术　　　表 2.2.4

序号	重难点	对应措施
1	航空限高60m及本项目节段吊装需求	依据本项目特点,龙门式起重机聘请专业厂家进行设计与制造
2	大型龙门式起重机的安装	编制详细施工专项方案,聘请专家对方案进行评审,同时特种作业人员持证上岗;≥六级以上的风停止作业施工
3	大临设施的抗台	编制大型临时设施抗风、抗台专项施工方案,聘请专家对该项施工方案进行评审,同时增设地锚与制动基础以满足抗风要求

4. 中跨钢桁梁采用660t桁上起重机安装技术

中跨钢桁梁采用660t桁上起重机安装技术中运输船舶定位重难点及对应措施见表2.2.5。

运输船舶定位　　　表 2.2.5

序号	重难点	对应措施
1	甬江水流速度较大,如何进行抛锚并且实现精确定位	根据甬江两岸实际情况,北侧在江岸上下游各100m处设锚;南侧在滩涂区靠江堤附近上下游各100m处设锚,江中则利用船舶首尾自身锚钩就地抛锚

钢桁梁安装精度控制重难点及对应措施见表2.2.6。

钢桁梁安装精度控制　　　表 2.2.6

序号	重难点	对应措施
1	中跨钢桁梁安装精度控制	①中跨钢桁梁起吊的桁上起重机在设计时考虑足够的刚度及稳定性。②钢桁梁吊装定位过程中可通过吊点的纵横向液压微调功能实现平面位置微调;通过起吊高度实现竖直方向调整;通过吊具扁担梁上纵向液压油缸和左右幅吊点独立起降实现阶段空间位置调整。③对于需要进一步调整的,可通过设置在对接口的多组千斤顶进行微调
2	温差对钢梁安装精度影响	①对钢梁温差造成的安装线形变化采用有限元进行分析,安装时根据实时温度对应的设计坐标进行测量定位。②钢梁安装定位时,采用在晚上温度相对稳定期间进行

桁上起重机行走与姿态调整重难点及对应措施见表2.2.7。

桁上起重机行走与姿态调整 表2.2.7

序号	重难点	对应措施
1	桁上起重机安装与调试	在起重机前后支点附近设置竖直与纵向油缸,实现起重机的步履式行走,由专业厂家进行安装与调试
2	桁上起重机如何锚固	①将桁上起重机的前后支点对应前后两相邻竖杆设置,有利于控制桁架局部变形及内力分布。 ②在前后支点对应的上弦杆顶部进行局部加强,使集中荷载有效均匀分布,减小局部变形和应力
3	桁上起重机上吊点如何随钢桁梁上弦杆曲线调整	在桁上起重机上吊点处采用球绞设计,上吊点在吊具及吊装构件自重作用下,自动调整到竖直位置,从而实现吊点自适应曲线功能

5. 合龙段安装施工

合龙段安装施工重难点及对应措施见表2.2.8。

合龙段安装施工 表2.2.8

序号	重难点	对应措施
1	如何实现合龙	①施工阶段产生应力的主要动态因素有:外荷载、温差。因此,严格控制两岸钢桁梁荷载大小,并使其分布基本一致;通过连续一段期间的测量,找出两岸结构温度稳定且温差最小的时间点合龙,减小温度差引起应力不均。 ②由于合龙位置调整、焊接工作量大,满足合龙要求时间短,因此合龙可对桥面系、斜腹杆后装,减小合龙调整工作量。 ③在每个杆件环口设置足够强大的临时匹配件,焊接前先行固定,防止环焊口在合龙施焊时带应力焊接
2	如何保证合龙安全	①施工时避开台风期。 ②由于边跨压重混凝土对施工阶段悬臂结构抗倾覆的富余量较小,因此在边墩处增设临时锚固系统。 ③台风期增设临时抗风缆绳
3	如何保证合龙精度	①两岸联测,减小坐标系误差影响。 ②温度统一同步搜集,减小两岸温差影响。 ③合龙时,采用两侧桁上起重机、千斤顶、捯链等多种设备、工具搭配使用,实现空间任意姿态调整。 ④在每个杆件环口设置足够强大的临时匹配件,焊接前先行固定,防止合龙过程中位置发生偏移

6. 钢桁梁安装线形及内力控制

钢桁梁安装线形及内力控制重难点及对应措施见表2.2.9。

钢桁梁安装线形及内力控制 表2.2.9

序号	重难点	对应措施
1	安装线形控制	①根据以往实践表明,结构制造长度偏差是产生线形与内力偏差的主要因素,因此线形控制,主要是对工厂加工线形的控制。 ②在中跨安装过程中,不断根据已安装梁段在安装过程中线形的变化,推导待安装梁段的安装位置,与理论线形安装位置比对,保证安装梁段与已安梁段的线形按安装设计线形变化。 ③在边墩处留出适当的(100mm)预压调整空间,如果安装线形同计算模型分析结果出入较大时,在合龙前通过边墩预压或顶升来实现合龙线形调整

续表

序号	重难点	对应措施
2	安装内力控制	采用有限元分析钢桁梁安装成桥过程,对内力及应力较大的特征部位安装应力监测元件实时跟踪监测,并通过监测数据必要时调整施工荷载
3	合龙后线形及内力调整	两岸侧边墩支座附近设置8套计算机同步控制液压油缸。每套油缸均分为A、B两组:A组顶升,B组支垫,一个行程后,由B组顶升,A组支垫,如此循环,直至顶升至目标标高。 顶升时,同步监测特征杆件应力水平及特征点高程,当杆件内力水平及特征点高程达到最理想时,完成调整

2.3 上部结构施工准备

2.3.1 临时设施总体布置

主桥施工大临设施主要包括:水中栈桥及码头、钢梁安装支架、桁上起重机、钢结构拼装场地、600t跨墩龙门式起重机及基础等。其中跨墩龙门式起重机为适应钢梁水上卸船后的纵向运输,避开桥梁及其他干扰构筑物,基础间距设定为50m;钢梁卸船滑移轨道间距同钢桁梁肋中心间距一致,为33.7m,两种轨道均关于桥轴线对称布置。

2.3.2 600t龙门式起重机设计及安装

根据本工程边跨及三角区钢梁的运输与安装要求并结合本桥的地理环境,设计600t龙门式起重机,如图2.3.1所示。

龙门式起重机安装及拆除需具备资质的安装单位指派专门人员进场安装及拆除龙门式起重机,并且报备当地安全监督部门,其安装顺序及安全基本要求如下:

(1) 测量轨道平行度,定好四组行走台车点;

(2) 安装四组行走台车(将四组行走台车吊装在轨道定点上,用方木、木楔支垫好,并用钢管支撑牢固,装上夹轨器);

(3) 安装底梁(吊装前,在行走台车上搭好脚手架,待底梁吊装连接好后,用钢管支撑牢固,并用钢丝绳、捯链拉好缆绳);

(4) 拼、安装门腿(吊装前,在底梁上搭好脚手架,门腿吊装连接好后,用钢丝绳、捯链拉好缆风绳);

(5) 拼装及吊装主梁;

(6) 安装操作室及变幅、起重机构;

(7) 安装机械、电气设备;

(8) 穿绕变幅、起重钢丝绳(钢丝绳在穿绕前剖劲,以免扭绞伤人);

(9) 安全装置安装及整机调试;

(10) 整机试运行及按规定试车验收。

龙门式起重机拆除顺序与安装顺序逆退进行,拆除安全基本要求可参照安装安全基本要求。龙门式起重机安装拆除安全控制措施如下:

(1) 参加施工的有关技术人员、管理人员、操作人员,必须接受入场前安全教育;

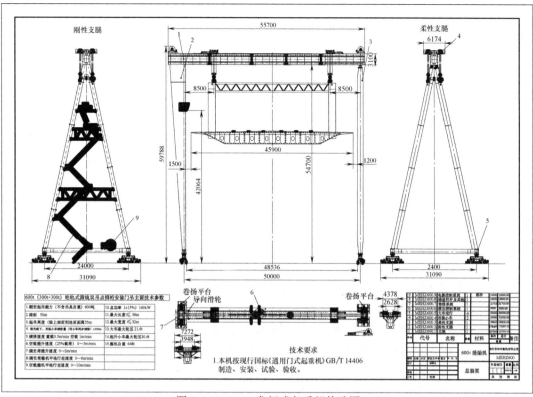

图 2.3.1　600t 龙门式起重机构造图

（2）特种作业人员必须持证上岗，非特种作业人员不得从事特种作业；

（3）施工作业前应做好安全技术交底工作，并按要求做好记录；

（4）高处作业时施工人员必须系好安全带，安全带的固定位置应安全可靠，并尽量高挂低用；

（5）爬梯、平台、通道等必须牢固可靠，临空面、悬空作业必须挂好安全网；

（6）转运及起重作业前应对起重或捆绑用具及设施进行检查，正确选择和使用，并严格执行"十不吊"规定，确保其安全性符合要求；

（7）大件吊装必须严格执行吊装方案，统一指挥，协同配合；

（8）起重作业应设专人指挥并佩戴袖标，并且指挥明确，信号清楚统一，参加施工的人员必须服从管理，统一行动；

（9）安装（拆除）部位应设置安全作业警戒线，并派设安全警戒人员，禁止无关人员进入；

（10）施工现场应悬挂必要的安全标识牌；

（11）安全人员应坚持现场巡视，发现违规必须及时制止和处理；

（12）安装（拆除）作业中，遇有六级以上大风和雷、雨、雪、大雾时应停止作业；

（13）龙门式起重机安装完毕后必须经过专门检定机构根据龙门式起重机吊装能力组织验收，验收合格后方可投入使用。

2.3.3　龙门式起重机轨道基础设计及施工

由于本工程龙门式起重机轨道涉及陆地与水中基础两种形式，因此须分别设计。

陆地龙门式起重机轨道基础结构施工结合龙门式起重机基础、两侧道路及龙门式起重机跨度范围内的场地硬化一起施工。为满足龙门式起重机基础承载力和沉降要求，本工程采用在龙门式起重机基础梁下布置直径800mm的PHC预应力管桩，桩中心间距2.5m。设计桩长30m，持力层为第5层黏土。桩顶设置尺寸为2.7m×0.3m的轨道梁承台，混凝土等级C30，设置两层9ϕ16钢筋网片，主筋保护层厚度50mm。

龙门式起重机运行区间下铺设基础梁，基础梁尺寸为1.9m×1.5m，混凝土等级C35，上部主筋采用7ϕ25，下部主筋采用7ϕ25，两侧主筋3ϕ25，箍筋采用ϕ12@200双肢箍，主筋保护层厚度30mm。主筋焊接成闭合钢筋骨架，钢筋的搭接、焊接、锚固长度和弯钩等尺寸按相关规范要求执行。

根据本工程水文资料，甬江平均高潮1.21m，1000t运梁驳船在600t载重时，吃水深度不足2m。

综合考虑，栈桥、码头位置设置在一般高潮位水深大于2.5m处，能够保证运梁船的充足吃水深度。再结合1000t驳船的型深和滑移轨道自身高度，将栈桥码头轨道标高设置在+4.4m，是比较合理的。为减小高潮时江水对栈桥的冲击，栈桥不设置纵坡。栈桥与码头均采用钢管桩+贝雷梁形式，钢管桩选用ϕ800×10mm规格，桩长36m，入土深度不小于30m。由于栈桥为600t龙门式起重机轨道基础，因此栈桥刚度与稳定性要求高，按双排墩设计，标准跨径按（6m+3m）设计，南岸共6跨，北岸共5跨。综合考虑栈桥搭设时打桩机械（50t履带式起重机）的通行和钢梁安装施工过程中人员行走及设备的运输，桥面宽度设计为5m。江心侧钢梁卸船码头尺寸为：顺江向×顺桥向=55m×28m。结构上利用两侧栈桥加上中间平台，将两侧栈桥连成整体，中间平台跨径横桥向布置为：4×7.5m。桥墩按单排墩设计。

龙门式起重机行走轨道安装时要做好走道基础的测量，确保其行走轨道的间距、轴线等无误。轨道安装应控制轨道的平顺、轨道接头处的顺接，并利用基础预埋件牢固固定轨道，同时在轨道两端尽头设置龙门式起重机限位装置。龙门式起重机轨道栈桥与钢梁卸船码头钢管桩采用50t履带式起重机配合50型振动锤沉入施工，钢管桩沉入终止标准按照单位时间沉入量与桩底标高双控。贝雷梁采用在岸上分组组拼，再利用履带式起重机逐跨安装。栈桥搭设完成后，最后铺设龙门式起重机轨道与钢梁卸船滑移轨道。

1. 对龙门式起重机轨道基础预制桩进行受力计算

单桩承载力的计算：

$$[R_a] = \frac{1}{2}u\sum_{i=1}^{n}q_{ik}l_i + A_p q_r$$

式中 R_a——单桩轴向受压容许承载力，kN；

　　　u——桩的周长，m；

　　　i——表示厚度为H_i的土层顺序；

　　　q_{ik}——第i土层的极限动摩阻力，kPa；

　　　l_i——第i层土层厚度，m；

　　　A_p——桩底横截面积，m²；

　　　q_r——桩尖处土的极限承载力，kPa。

　　　$u = 3.14 \times 0.8 = 2.51$m

$$\sum_{i=1}^{n} q_{ik}l_i = 18 \times 2 + 12 \times 0.7 + 7 \times 4.2 + 15 \times 1.8 + 8 \times 14.8 + 14 \times 4.3 + 30 \times 2.2 = 345.4 \text{kN}$$

$A_p = 3.14 \times 0.4^2 = 0.5 \text{m}^2$

黏土①$_2$容许承载力为18kPa，黏土②$_1$容许承载力为12kPa，淤泥质黏土②$_2$容许承载力为7kPa，粉砂夹粉土③$_1$容许承载力为15kPa，淤泥质黏土③$_2$容许承载力为8kPa，粉质黏土③$_3$容许承载力为14kPa，黏土⑤$_1$容许承载力为30kPa。

$R_a = \frac{1}{2} \times 2.51 \times 345.4 + 0.5 \times 30 = 448.48 \text{kN}$，满足门式起重机技术参数要求。

2. 对龙门式起重机轨道栈桥进行计算

龙门式起重机栈桥荷载取值：龙门式起重机自重649t；钢梁取最重节段B10+B11=648t。其他施工荷载1.5kN/m²。由于单侧龙门式起重机两支点轮距较大，为24m，因此只取一组支点荷载对栈桥进行局部验算。

模型及结果如图2.3.2所示，最大应力分别为250.1MPa及−121.7MPa；最大变形分别为X向1.49mm，Y向3.15mm，Z向5.28mm；失稳临界系数为4.338。

2.3.4 桁上起重机的准备

单台液压桁上起重机重144t，吊重300t。主要由主体桁架结构、液压提升机构、钢桁梁纵、横向调整机构、行走机构、扁担梁吊具、锚固系统组成。其中中跨Z5～Z15采用桁上起重机进行吊装，最重节段（Z5）梁重558t，梁节段吊装采用两台桁上起重机抬吊，单个钢桁梁桁上起重机设计承载能力300t。

(1) 桁上起重机主要由主桁架系统、提升系统、行走系统及锚固支撑系统组成。
(2) 桁上起重机主桁架由底平台、立柱、后拉杆、前支撑和提升梁五部分组成。
(3) 提升系统包括提升及牵引系统，扁担梁，以及吊点吊耳布置。
(4) 行走系统包括行走轨道，轨道锚固体系，行走反拉小车及牵引设置。
(5) 锚固支撑系统包括锚梁，锚点及连接，支点布置及加固。
(6) 钢桁梁桁上起重机悬臂段长8.75m，底平台长15m。
(7) 为增强整体稳定性，在单侧的两台起重机之间增加横向联系杆。

桁上起重机委托专业加工单位加工，现场采用600t龙门式起重机进行安装。

对桁上起重机进行分析计算。

荷载取值为：

(1) 中跨钢桁梁最重节段为Z5，取Z5为控制节段：[558t（节段重）+22t（临时联结杆件）]/2+3t（扁担梁及吊耳）=293t。
(2) 吊具重22t（吊具重20t，钢绞线及千斤顶2t），设计吊重：293+22=315t。
(3) 钢桁梁桁上起重机前主梁上机具及操作人员重量：$q=5$kN/m。

荷载分项系数为：

(1) 恒载取荷载分项系数为1.2。
(2) 活载取荷载分项系数为1.4。
(3) 动力系数取1.05。

计算结果如图2.3.3所示。

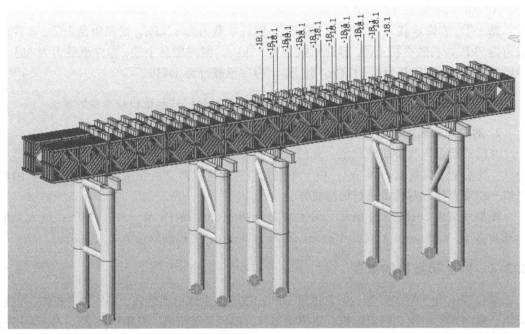

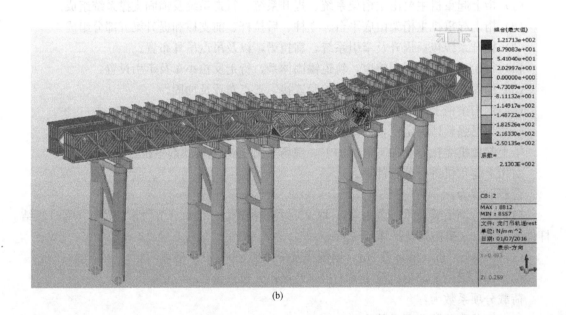

图 2.3.2 轨道栈桥模型及计算结果（单位：MPa）（一）
(a) 轨道栈桥模型及荷载示意图；(b) 轨道栈桥应力图

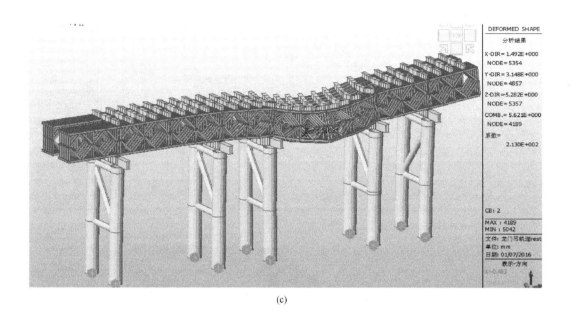

(c)

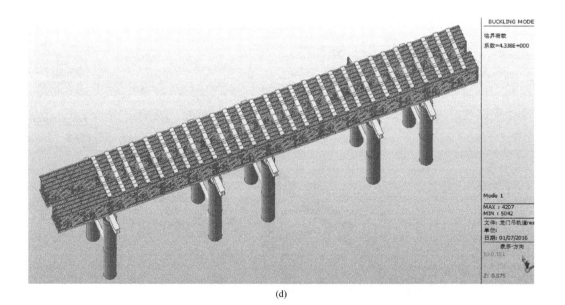

(d)

图 2.3.2 轨道栈桥模型及计算结果（单位：MPa）（二）
(c) 轨道栈桥变形图；(d) 轨道栈桥失稳模态图

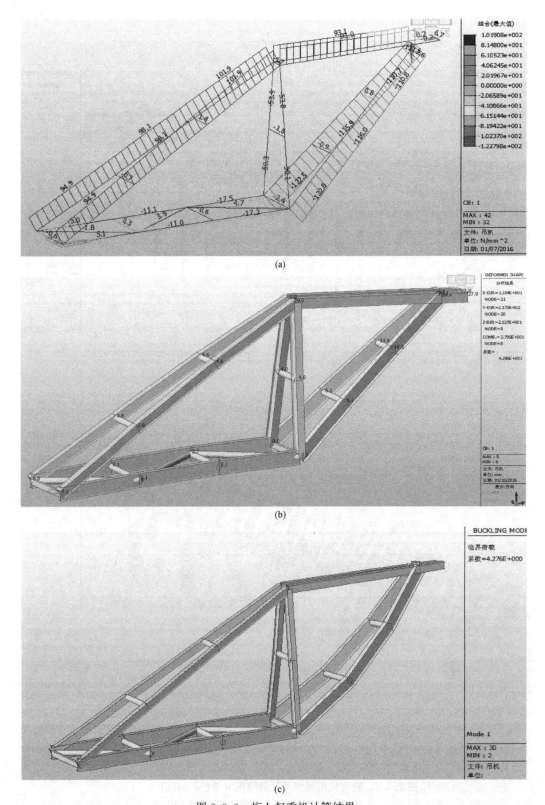

图 2.3.3 桁上起重机计算结果
(a) 桁上起重机应力图（单位：MPa）；(b) 桁上起重机变形图（单位：mm）；(c) 桁上起重机稳定模态图

计算结果表明：钢桁梁桁上起重机各杆件最大应力 122.8MPa；钢桁梁桁上起重机最大竖向变形为 18.8mm；稳定性系数 4.27。满足规范与使用要求。

2.3.5 交通组织安排

本工程牵涉的社会交通道路较少，只有南岸的甬江大道和甬江航道。

根据主桥与引桥施工组织安排，先进行主桥边跨钢桁梁施工，主桥边跨钢桁梁安装支架及龙门轨道施工前，将甬江大道改至引桥 PM27～PM28 跨间通行，待边跨支架拆除并恢复道路后，再改回原有道路，进行引桥箱梁施工。

甬江航道为海运Ⅲ级航道，过往船只多、交通繁忙，施工组织中考虑尽量减少对航道的影响与干扰，采取措施如下：

(1) 对南侧滩涂与浅滩区进行清淤疏浚处理，从而避免南岸钢梁运输船只在停泊、吊装过程中对航道产生干扰，可大大减少航道管制的时间。

(2) 本工程桥位处甬江航道靠近北岸。因此，方案选择时，除钢梁运输船舶外，避免采用浮吊等大面积占用航道的水上大型船只使用。

(3) 航道上方钢桁梁吊装前，提前向海事局、航港局等相关单位提交航道管制申请，得到批准后，向社会发布航道临时管制通告。

(4) 航道上方钢桁梁吊装时，对桥位区域上下游各 200m 进行警戒，防止无关船只或漂浮物闯入施工水域。

2.4 总体施工部署

2.4.1 场地布置

本工程大型临时设施较多，包括：钢桁梁支架、龙门式起重机及轨道、水中栈桥与码头、钢桁梁拼装场、桁上起重机、边墩临时锚固系统等，而施工场地狭小，各类设施布置须结合南北岸地理环境条件因地制宜进行布置。

便道：本工程南北两岸各设置两条主要便道，两便道起于本标段起点（高新区侧）或终点（江北区侧），延龙门式起重机轨道外侧两边与轨道平行布置，在江堤处转入栈桥，与江中临时码头相连。陆地便道宽 5m，水中栈桥宽 6m。

钢桁梁拼装场：钢桁梁拼装场设置在高新区侧的主墩东侧和江北区侧的主墩西侧共两个，占地面积各 $1500m^2$。

钢桁梁支架布置在钢桁梁下方；龙门式起重机设计为跨墩设置，轨道间距 50m 关于桥梁中心线对称布置，轨道陆地基础为 PHC 管桩＋型钢分配梁体系，轨道江中基础则利用栈桥基础与栈桥共用；临时码头作为钢桁梁卸船施工平台布置在栈桥终点与栈桥无缝连接；运输船舶根据两岸条件抛锚停靠。

2.4.2 测量控制网布置

钢桁梁安装测量控制网布设是在原有测量控制网上，针对钢桁梁的安装特点，在甬江两岸江堤上桥位上下游选择通视、观测范围广、干扰较小的位置各设一个测量观测站点，即新增4个观测站可完全覆盖钢桁梁安装所需测量范围，可满足施工要求，如图2.4.1所示。

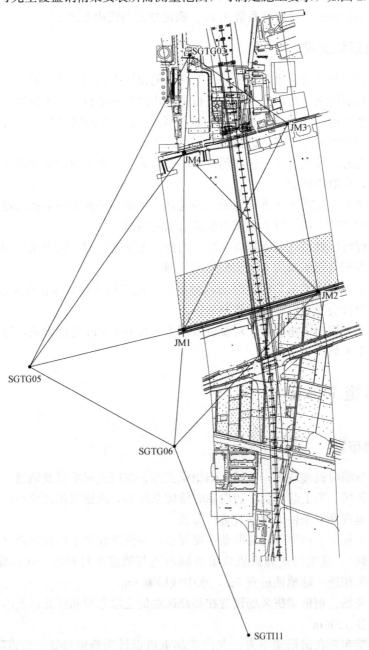

图 2.4.1　测量控制网布置图

2.4.3　钢桁梁安装施工工序

钢桁梁工程施工顺序按施工准备钢桁梁支架搭设开始，以节段安装施工为关键工程，至钢桁梁安装完成，主桥施工过程中，同步进行钢桁梁工程的加工制造。总体施工流程如图2.4.2所示。

2 超大跨径连续钢桁梁桥的总体施工方法研究

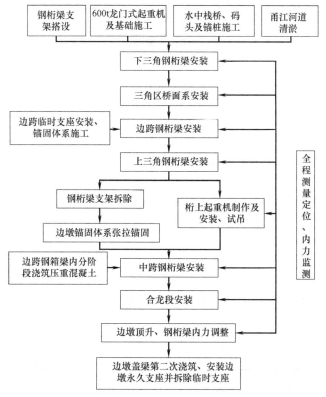

图 2.4.2 钢桁梁安装施工流程

2.4.4 钢桁梁工程施工计划

钢桁梁安装工程关键节点有：下三角区（含桥面系）安装、边跨钢桁梁安装、上三角区安装、中跨钢桁梁安装、合龙段安装、钢桁梁线形及内力调整。钢桁梁施工计划安排见表 2.4.1。

钢桁梁施工计划安排　　　　　　　　　　　　　　表 2.4.1

序号	工作节点	南岸	北岸
1	下三角区(含桥面系)安装	2017.11.12～2018.02.10	2018.05.30～2018.08.17
2	边跨钢桁梁安装	2018.01.26～2018.03.27	2018.08.02～2018.10.01
3	上三角区安装	2018.03.17～2018.06.15	2018.09.21～2018.12.20
4	中跨钢桁梁安装	2019.02.20～2019.09.28	2019.02.20～2019.09.28
5	合龙段安装	2019.09.29～2019.11.28	
6	钢桁梁线形及内力调整	2019.11.28～2019.12.28	

2.5 悬臂拼装结构安全、线形控制

由于跨中钢桁梁采用悬臂拼装工艺，且悬臂跨度大，随着悬臂长度的增加，存在钢桁梁的抗倾覆稳定性差与悬臂端自由挠度过大的问题。

又由于受机场航空限高与甬江航道限制，无法采用扣索或跨中临时支墩等常规有效措

施对悬臂结构安全性进行保障、对大悬臂挠度进行合理调整。

2.5.1 悬臂拼装结构安全计算（强度、刚度、抗倾覆）

在中跨钢桁梁悬臂拼装过程中，必须严格安装设计及监控指令，及时、准确地配置边跨配重混凝土。配重混凝土试配时要准确测定混凝土密度，并满足设计要求。

根据三官堂大桥及接线工程（主桥）BIM 实体模型及三官堂大桥及接线工程施工图，针对本桥施工过程的抗倾覆稳定性进行验算，确定是否有必要设置后锚。关于坐标系的介绍，BIM 模型坐标原点选在跨中合龙处，纵桥向为 X 轴，横桥向为 Y 轴，Z 轴竖直向上，满足右手规则。

以支座 V2 点为分界线边跨重心计算（坐标系以 mm 单位），原点选在跨中合龙处。

边跨重心点 $(X, Y, Z) = (66979, 18565, 20807)$。

边跨质量统计见表 2.5.1。

边跨质量统计表　　　　　　　　　　　　　表 2.5.1

项目	密度 γ(kN/m³)	体积(m³)	总量
边跨重量	—	—	6987034kg
配重混凝土弦杆	23	178.2	4098.6kN
配重混凝土桥面系	23	269.35	6195.05kN
配重混凝土桥面系	31	1043.7	32354.7kN

根据公式 $M = G \times L$，

边跨抗倾覆弯矩：4586244.484kN·m；

配重抗倾覆弯矩：6458985.987kN·m。

1. 不含合龙段

以 V2 为分界线中跨（不含合龙段）重心计算（坐标系以 mm）：

中跨重心点 $(X, Y, Z) = (86178, 18745Z, 25754)$。

中跨重量 8460500kg。

根据公式 $M = G \times L$，

中跨（不含合龙段）倾覆弯矩：7145267.896kN·m。

根据规范要求，施工抗倾覆系数比需大于等于 1.30，$\sum M_{边跨} / \sum M_{中跨} = 1.55 > 1.30$，满足要求。

2. 含合龙段

考虑中跨合龙时，其吊点中心距离 11m 其倾覆计算如下：

中跨重量：273t；

临时杆件：34t；

桁上起重机：325t。

则相对 V2 倾覆力矩（未考虑安全通道），根据公式 $M = \sum G \times L$，

$M = G \times L = 1402850.4$kN·m。

$\sum M_{边跨} / \sum M_{中跨} = 1.29 < 1.30$，不满足要求，需增加后锚，以满足其抗倾覆要求。

3. 后端锚固力计算

根据施工的要求考虑中跨护栏基座，12 级风等因素影响：

护栏基座计算，见表2.5.2。

护栏基座的重量表　　　　表2.5.2

序号	项目名称	重量(kN)
1	边跨重量	178
2	中跨重量	257
3	N5加劲肋	45(全桥重量)

12级风影响计算：

边跨钢桁梁投影面积：9044.25m²，风力影响力值4522kN（按50年1遇考虑）；

边跨合计力矩值：14948kN·m；

中跨合计力矩值：1081312kN·m。

综合各因素抗倾覆系数为 $\sum M_{\text{边跨}}/\sum M_{\text{中跨}}=1.15<1.30$。

为了保证抗倾覆系数大于1.3，后端锚固力大小最少为9186kN。

增加后端锚固力10000kN后抗倾覆系数>1.30，满足要求。

另利用midas Civil有限元软件建模，桁架梁均采用梁单元形式，如图2.5.1所示。根据实际施工过程中的桁架梁的边界情况，主墩拱座处支点只限制x、y、z方向的平动，桁架边跨边支点只约束z方向平动。在桁架梁安装过程中对其结构强度、抗颠覆稳定性进行分析，确保桁上起重机施工吊装桁架梁施工工艺得以实现。

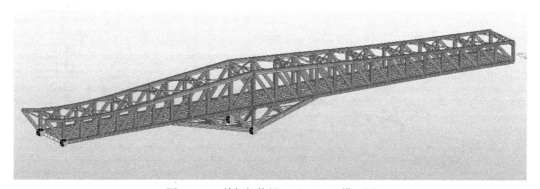

图2.5.1　单侧钢桁梁midas Civil模型图

荷载及工况见表2.5.3和表2.5.4。

荷载组成一览表　　　　表2.5.3

序号	荷载类型	计入模型方式	计入荷载大小
1	结构自重	自重	Z取-1
2	未考虑横隔板重量荷载	节点荷载	每节段分别加载
3	钢梁底板混凝土荷载	梁单元荷载	32.6t/m
4	配重混凝土荷载	梁单元荷载	146.5t/m
5	桁上起重机荷载	节点荷载	单侧146t
6	强制位移荷载	强制位移	$Z=-80$cm
7	施工荷载(人、材、机具)	梁单元荷载	1.5kN/m²

工况分析表　　　　　　　　　　　　　　　表2.5.4

工况	施工阶段	荷载组合	分析计算内容
工况一	吊装完成Z8节段,浇筑第一次钢箱梁配重混凝土前	结构自重＋部分节段横隔板荷载＋钢梁底板混凝土荷载＋桁上起重机荷载＋强制位移荷载＋施工荷载	桁架的强度,抗倾覆稳定性
工况二	吊装完成Z12节段,浇筑第二次钢箱梁配重混凝土前	结构自重＋部分节段横隔板荷载＋钢梁底板混凝土荷载＋5.5m段配重混凝土荷载＋桁上起重机荷载＋强制位置荷载＋施工荷载	桁架的强度,抗倾覆稳定性
工况三	吊装合龙段钢桁架梁	结构自重＋节段横隔板荷载＋钢梁底板混凝土荷载＋11.6m段配重混凝土荷载＋桁上起重机荷载＋强制位置荷载＋施工荷载	桁架的强度,抗倾覆稳定性

强度分析结果如图2.5.2所示。

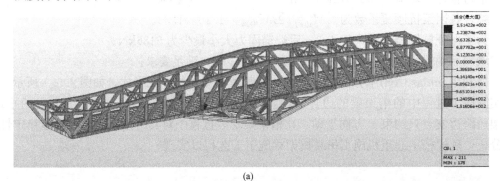

(a)

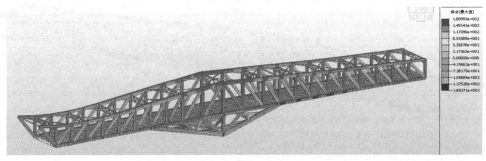

(b)

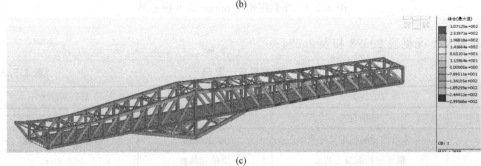

(c)

图2.5.2　强度分析结果（单位：MPa）

(a) 工况一：结构应力图；(b) 工况二：结构应力图；(c) 工况三：结构应力图

(1) 工况一。

桁架跨中侧为悬臂段,结构受力主要分析悬臂段的强度。在工况一下,桁架梁最大组合应力为 151.6MPa，发生在 X9 竖杆处。

(2) 工况二。

桁架跨中侧为悬臂段，结构受力主要分析悬臂段的强度。在工况一下，桁架梁最大组合应力为 181.0MPa，发生在 X21 节点处。

(3) 工况三。

桁架跨中侧为悬臂段，结构受力主要分析悬臂段的强度。在工况三下，桁架梁最大组合应力为 307.2MPa，发生在 S19-S20 节段的上弦杆节点处，由于 midas 建模中，未考虑节点板的加强作用，将该处杆件进行分割后，取中间段杆件组合应力为 252.2MPa，占该处钢梁结构 Q420qE 材质设计值 380MPa 应力比 66.4%，结果安全。

边跨段、中跨段主梁桁架重心位置确定困难。拟将主桁架梁在拱座支点处分离成边跨段和中跨段两个结构，并在跨中段端点施加一组竖向约束，分别计算中跨中段和边跨段竖向支座反力，根据两反力的力矩大小来确定结构抗倾覆稳定系数。抗倾覆分析结果如图 2.5.3 所示。

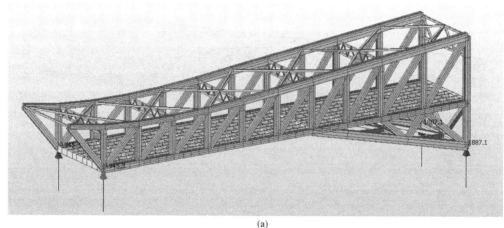

(a)

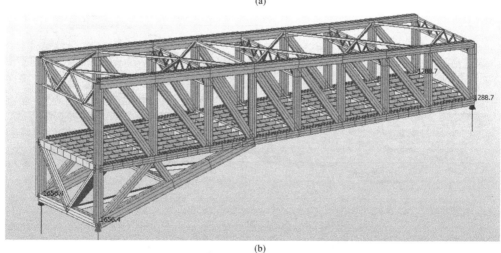

(b)

图 2.5.3　抗倾覆分析结果（单位：kN）（一）
(a) 工况一：边跨段支点反力图；(b) 工况一：中跨段支点反力图

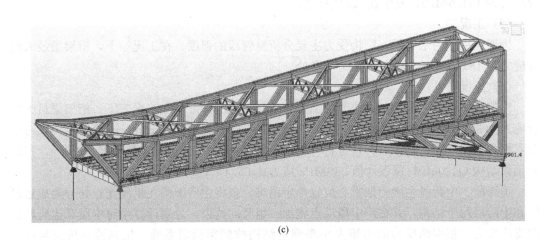

(c)

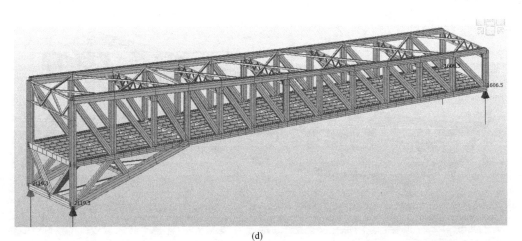

(d)

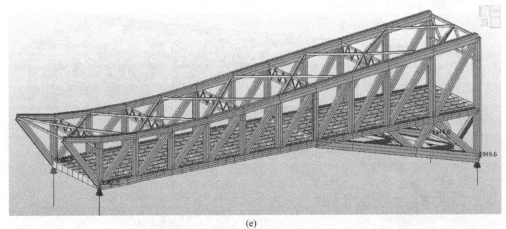

(e)

图 2.5.3　抗倾覆分析结果（单位：kN）（二）
(c) 工况二：边跨段支点反力图；(d) 工况二：中跨段支点反力图；
(e) 工况三：边跨段支点反力图

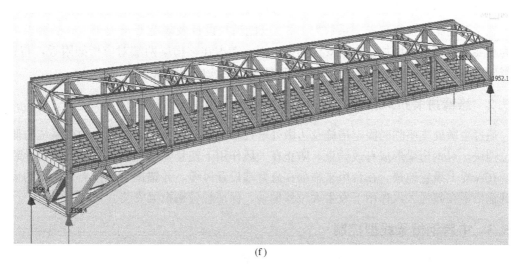

(f)

图 2.5.3 抗倾覆分析结果（单位：kN）（三）

(f) 工况三：中跨段支点反力图

(1) 工况一。

从拱座支点处将模型分割成两个结构分别进行受力分析，通过计算得边跨支点的反力 $F_b=1945.3t$，中跨支点反力 $F_z=1288.7t$。

边支点到拱座支点的水平距离 $L_b=157.5m$；中支点到拱座支点的水平距离 $L_b=127.5m$。

抗倾覆稳定系数公式计算得：

$$\frac{F_b \times L_b}{F_z \times L_z} = \frac{1945.3 \times 157.5}{1288.7 \times 127.5} = 1.86 \geqslant 1.3$$

(2) 工况二。

从拱座支点处将模型分割成两个结构分别进行受力分析，通过计算得边跨支点的反力 $F_b=2744.1t$，中跨支点反力 $F_z=1606.5t$。

边支点到拱座支点的水平距离 $L_b=157.5m$；中支点到拱座支点的水平距离 $L_b=187.5m$。

抗倾覆稳定系数公式计算得：

$$\frac{F_b \times L_b}{F_z \times L_z} = \frac{2744.1 \times 157.5}{1606.5 \times 187.5} = 1.43 \geqslant 1.3$$

(3) 工况三。

从拱座支点处将模型分割成两个结构分别进行受力分析，通过计算得边跨支点的反力 $F_b=3502.2t$，中跨支点反力 $F_z=1952.1t$。

边支点到拱座支点的水平距离 $L_b=157.5m$；中支点到拱座支点的水平距离 $L_b=217.5m$。

抗倾覆稳定系数公式计算得：

$$\frac{F_b \times L_b}{F_z \times L_z} = \frac{3502.2 \times 157.5}{1952.1 \times 217.5} = 1.30 \geqslant 1.3$$

根据计算,在中跨悬拼施工过程中,按照设计给定的边跨配重重量,在加载施工荷载后,悬臂钢桁梁的抗倾覆安全系数为1.3。虽能满足设计及规范要求大于1.3的要求,但作为重要构件可适当增加结构的安全储备。因此考虑在端横梁两端对应桁架附近,布置8组竖向预应力束对端横梁施加反压,预应力束锚固于边墩承台之中。

2.5.2 悬臂拼装抗风措施

通过主墩处支座临时固定措施及边墩处增设临时竖向支座、临时竖向约束系统与侧向限位挡块,对钢桁梁形成有效约束,防止在大风作用下使悬臂梁倾覆或发生偏转而导致破坏。在江堤上设置地锚,在台风来临前在悬臂端设置风缆,并锚固于地锚上,从而约束大悬臂钢桁梁在超强大风作用下发生大位移偏转,保证悬臂钢桁梁安装。

2.5.3 中跨钢桁梁线型控制

影响钢桁架的成桥线型精度有以下几个方面:
(1) 结构厂内杆件加工与节段间拼装精度;
(2) 安装线型的确定;
(3) 现场安装精度。

根据以往实践表明,结构制造长度偏差是产生线形与内力偏差的主要因素,因此线形控制,主要是对工厂加工线形的控制。

在中跨安装过程中,不断根据已安装梁段在安装过程中线形的变化推导待安装梁段的安装位置与理论线形安装位置比对,保证安装梁段与已安梁段的线形按安装设计线形变化。

边跨及三角区拼装时,事先对边跨桁架梁向边跨进行预偏转,中跨悬臂端相应预抬高,则可消除部分挠度影响。预偏方式采用相应梁段在边墩支座处降低0.8m进行安装,其余梁段相应绕主墩支座向边跨偏转,其中北岸支架须根据PM26墩支座向中跨侧偏移28.4cm。

在边墩处留出适当的(100mm)预压调整空间,如果安装线形同计算模型分析结果出入较大时,在合龙前通过边墩预压或顶升来实现合龙线形调整。严格控制悬臂拼装过程中中跨悬臂的施工荷载、严格控制各安装梁段安装线型、监控端横梁位移情况,使之尽量与计算模型相吻合。在中跨安装过程中,不断根据已安装梁段在安装过程中线形的变化推导待安装梁段的安装位置与理论线形安装位置比对,保证安装梁段与已安梁段的线形按安装设计线形变化。

2.6 焊接工艺评定试验

2.6.1 试验依据

本工程焊接工艺评定试验依据包括:
(1) 设计图纸及招标文件;
(2)《铁路钢桥制造规范》Q/CR 9211—2015;

(3)《公路桥涵施工技术规范》JTG/T F50—2011；
(4)《桥梁用结构钢》GB/T 714—2008；
(5)《电弧螺柱焊用圆柱头焊钉》GB/T 10433—2002；
(6)《三官堂大桥及接线工程（主桥）钢桁梁焊接工艺评定试验任务书》。

2.6.2 试验材料和焊接设备

1. 钢材

本桥采用的 Q420qE、Q345qD 钢符合《桥梁用结构钢》GB/T 714—2008 的规定。评定用试板轧制方向应与产品实际接头相同。

试验用 Q345qD 和 Q420qE 钢板交货状态为正火，钢板经复验合格后使用。试板化学成分和力学性能分别见表 2.6.1～表 2.6.3。

试验用钢板化学成分　　　　表 2.6.1

材质	板厚(mm)	批号	化学成分%									CEV(%)	数据来源
			C	Si	Mn	P	S	Ni	Cr	Ca	Als		
Q345qD	—	—	≤0.18	≤0.55	0.90~1.70	≤0.025	≤0.020	≤0.50	≤0.80	≤0.55	≥0.015	≤0.42	标准值
	8	6N07495	0.16	0.28	1.44	0.016	0.0056	0.010	0.024	0.010	0.046	0.41	质保书
			0.16	0.29	1.44	0.017	0.006	0.010	0.023	0.011	—	0.41	复验
	16	6N07493	0.144	0.28	1.44	0.015	0.0041	0.010	0.028	0.009	0.034	0.39	质保书
			0.15	0.30	1.42	0.016	0.006	0.010	0.027	0.008	—	0.38	复验
	20	6Q07761	0.155	0.20	1.43	0.018	0.0046	0.010	0.030	0.012	0.032	0.40	质保书
			0.18	0.20	1.44	0.020	0.008	0.010	0.035	0.013	—	0.42	复验
	28	6Q07669	0.151	0.24	1.45	0.014	0.0075	0.008	0.025	0.010	0.038	0.40	质保书
			0.15	0.24	1.46	0.016	0.010	0.009	0.023	0.011	—	0.40	复验
	32	6Q07761	0.155	0.20	1.43	0.018	0.0046	0.010	0.030	0.012	0.032	0.40	质保书
			0.17	0.21	1.44	0.021	0.006	0.010	0.029	0.011	—	0.40	复验
Q420qE	—	—	≤0.18	≤0.55	1.00~1.70	≤0.020	≤0.010	≤0.70	≤0.80	≤0.55	≥0.015	≤0.44	标准值
	16	6N05924	0.05	0.21	1.54	0.013	0.0039	0.184	0.245	0.172	0.026	0.42	质保书
			0.05	0.21	1.56	0.015	0.005	0.185	0.250	0.180	—	0.43	复验
	20	7N10039	0.047	0.20	1.55	0.015	0.0025	0.274	0.227	0.193	0.035	0.43	质保书
			0.051	0.21	1.56	0.014	0.003	0.264	0.241	0.185	—	0.42	复验
	24	7N10039	0.047	0.20	1.55	0.015	0.0025	0.274	0.227	0.193	0.035	0.43	质保书
			0.050	0.21	1.57	0.013	0.003	0.285	0.256	0.220	—	0.42	复验
	32	6P07358	0.048	0.20	1.55	0.012	0.0028	0.244	0.248	0.204	0.037	0.43	质保书
			0.054	0.20	1.54	0.013	0.004	0.225	0.234	0.215	—	0.42	复验
	45	6Q07684	0.045	0.18	1.54	0.014	0.003	0.234	0.229	0.190	0.035	0.41	质保书
			0.056	0.19	1.54	0.016	0.004	0.253	0.230	0.188	—	0.41	复验
	50	7N10012	0.051	0.21	1.54	0.015	0.0026	0.243	0.265	0.176	0.046	0.43	质保书
			0.052	0.20	1.52	0.017	0.005	0.250	0.263	0.174	—	0.42	复验

试验用钢板力学性能（一） 表2.6.2

材质	板厚(mm)	批号	R_{eL}(MPa)	R_m(MPa)	A(%)	弯曲180°	低温冲击 −20℃,KV_2	数据来源
Q345qD	≤50	—	≥345	≥490	≥20	完好	≥47J	标准值
	8	6N07495	390	535	32.0	合格	84,94,82	质保书
			375	550	32.0	合格	98,102,82	复验
	16	6N07493	410	548	26.0	合格	168,190,238	质保书
			425	565	27.0	合格	150,150,150	复验
	20	6Q07761	464	589	24.5	合格	167,179,164	质保书
			460	598	26.0	合格	150,150,150	复验
	28	6Q07669	477	590	24.0	合格	221,204,202	质保书
			445	565	27.0	合格	150,150,150	复验
	32	6Q07761	430	556	29.0	合格	206,221,210	质保书
			440	565	26.0	合格	150,150,150	复验

试验用钢板力学性能（二） 表2.6.3

材质	板厚(mm)	批号	R_{eL}(MPa)	R_m(MPa)	A(%)	弯曲180°	低温冲击 −40℃,KV_2	数据来源
Q420qE	≤50	—	≥420	≥540	≥19	完好	≥47J	标准值
	16	6N05924	446	671	25.5	合格	173,201,176	质保书
			470	660	24.0	合格	106,43,103	复验
	20	7N10039	513	662	20.0	合格	329,352,377	质保书
			540	650	20.0	合格	150,150,150	复验
	24	7N10039	597	674	20.0	合格	377,312,420	质保书
			540	640	24.0	合格	150,150,150	复验
	32	6Q07761	445	653	19.0	合格	317,321,343	质保书
			460	650	21.0	合格	150,150,150	复验
	>50	—	≥410	≥540	≥19	完好	≥47J	标准值
	45	6Q07684	497	625	23.0	合格	385,307,344	质保书
			520	635	22.0	合格	150,150,150	复验
	50	7N10012	523	644	20.0	合格	413,396,430	质保书
			530	635	21.0	合格	150,150,150	复验

2. 焊接设备和焊接材料

（1）焊接设备。

试验采用了药芯焊丝CO_2气体保护焊（FCAW）、实心焊丝CO_2气体保护焊（GMAW）、实心焊丝富氩气体保护焊（GMAW-Ar）、埋弧自动焊（SAW）及电弧螺柱焊（SW）等5种焊接方法，焊接设备如下。

埋弧自动焊：直流电源 ZD5-1250 配 MZ-1-1000 型焊机；

半自动气体保护焊电源：唐山松下 KR_{II} 350 型、KR_{II} 500 型；

门式多电极焊接专机；

螺柱焊电源：ELOTOP 3002 电源及配套焊枪；

采用的焊接设备见图 2.6.1，除螺柱焊外，焊接均采用直流反极性连接。

图 2.6.1 试验用焊接设备

（2）焊接材料。

本项目拟采用的焊接材料及其适用部位见表 2.6.4。

焊接材料及其适用部位 表 2.6.4

焊接方法	焊接设备	焊接材料	适用部位
埋弧自动焊	MZ-1-1000	H60Q(ϕ4.0)+SJ105q H08Mn2E(ϕ5.0)+SJ101q	①弦杆、平联、横联钢板接料焊缝； ②弦杆、腹杆顶底腹板坡口焊缝； ③桥面板对接焊缝； ④普通角焊缝
实心焊丝富氩气体保护焊药芯焊丝 CO_2 气体保护焊	门式多电极自动焊接专机	ER50-6(ϕ1.2) (80%Ar+20%CO_2) E500T-1(ϕ1.6) CO_2	U肋与桥面板坡口焊缝
药芯焊丝 CO_2 气体保护焊	KR_{II} 350 KR_{II} 500	E501T-1L(ϕ1.2) CO_2	①横梁、平联腹板、桥位弦杆腹板、V撑腹板、斜腹杆、竖腹杆环口、嵌补段对接焊缝； ②横梁腹板与横梁底板熔透焊缝； ③节点范围内熔透焊缝； ④V撑加劲肋熔透焊缝； ⑤弦杆、平横联、腹板顶底腹板坡口焊缝； ⑥普通角焊缝
实心焊丝 CO_2 气体保护焊	KR_{II} 350 KR_{II} 500	ER55-G(ϕ1.2) CO_2	①横梁底板、桥位弦杆顶底板、V撑顶底板对接焊缝； ②弦杆加劲肋坡口焊缝； ③桥面板对接焊缝； ④普通角焊缝

焊接材料化学成分及力学性能见表 2.6.5。

表 2.6.5 焊接材料化学成分及力学性能

品名	牌号	批号	化学成分(%)						力学性能				数据来源
			C	Si	Mn	P	S	Ni	R_{eL}(MPa)	R_m(MPa)	A(%)	KV_2(J)	
埋弧焊丝	H60Q φ4.0	16-766	0.072	0.017	1.84	0.010	0.0076	—	500	608	26.5	110,117,118(−40℃)	质保书
		17-8709	0.037	0.010	1.75	0.009	0.007	—	521	629	25.0	115,79.5,114(−40℃)	复验
埋弧焊丝	H08Mn2E φ5.0		0.074	0.027	1.68	0.006	0.009	0.35	450	565	25.5	80,85,88(−40℃)	质保书
			0.082	0.024	1.65	0.005	0.004	0.34	430	549	29.5	66,72,50(−40)	复验
实心焊丝	ER50-6 φ1.2	1091	0.070	0.86	1.48	0.013	0.012	—	460	555	25	102,106,110(−30℃)	质保书
			0.082	0.09	1.48	0.009	0.010	—	428	557	31.5	72,81.80(−20℃)	复验
实心焊丝	ER55-G φ1.2	16-658	0.040	0.45	1.72	0.011	0.0068	0.92	519	587	25	93,106,111(−40℃)	质保书
			0.070	0.57	1.65	0.005	0.006	0.90	488	590	27	56.5,69,70(−40℃)	复验
药芯焊丝	E501T-1L φ1.2	71F3261	0.028	0.30	1.30	0.008	0.004	0.45	513	557	29.0	85,89,93(−40℃)	质保书
			0.036	0.44	1.60	0.011	0.010	0.47	569	632	22.0	73,59.5,68(−40℃)	复验
药芯焊丝	E500T-1 φ1.6	Q16YS31 4392	0.05	0.68	1.54	0.014	0.008	—	470	530	28.0	105,101,96(−20℃)	质保书
			0.048	0.70	1.54	0.013	0.014	—	530	609	22.5	97,75,5,94(−20℃)	复验

品名	牌号	批号	化学成分(%)		力学性能[a]			数据来源
			S	P	R_{eL}(MPa)	R_m(MPa)	A(%)	−40℃,KV_2(J)	
焊剂	SJ101q	1817	0.015	0.024	470	565	31	152,154,162	质保书
			0.024	0.031	—	—	—	—	复验
焊剂	SJ105q	1610105	0.013	0.020	478	585	25	153,149,158	质保书
			0.011	0.024	—	—	—	—	复验

注：[a] 焊剂 SJ101q、SJ105q 性能是配合 H10Mn2 的性能。

2.6.3 焊接预热及道（层）间温度

根据以往焊接性试验结果和工程经验，确定焊接预热及道间温度见表2.6.6。

预热温度及道（层）间温度　　　　　表2.6.6

材质	板厚(mm)	预热温度(℃) 定位焊、CO_2气体保护焊	预热温度(℃) 埋弧自动焊	预热范围(mm)	道间温度(℃)
Q345qD	$t \leq 36$	≥5	≥5	—	5~200
Q345qD	$t > 36$	≥60~80	≥5	≥100	60~200
Q420qE	$t \leq 25$	≥5	≥5	—	5~200
Q420qE	$t > 25$	≥80~100	≥5	≥100	60~200
备注	上述预热板厚以板厚组合中较厚钢板为准				

2.6.4 焊接工艺评定试验

2.6.4.1 试验项目

焊接工艺评定试验项目的类型及数量见表2.6.7，具体试验项目见表2.6.8～表2.6.12。

焊接工艺评定试验项目　　　　　表2.6.7

对接接头（含大间隙22组）	T型全熔透接头	T型部分熔透接头	T型贴角接头	螺柱焊	合计/组
64	13	17	17	1	108

2.6.4.2 焊接工艺评定试验

本工程焊接工艺评定试验于2017年02月23日～2017年04月10日进行，如图2.6.2所示。试件的性能检测在国家标准件产品质量检验中心（浙江）进行。

图2.6.2　典型焊接接头焊接

表 2.6.8 对接接头评定试验项目接头坡口形式、焊接方法、代表接头及工艺参数表

编号	板厚组合（材质）	坡口形式与尺寸	位置方法	焊接材料	代表接头	熔敷简图	焊缝	道间温度（℃）	电流（A）	电压（V）	焊速（mm/min）	热输入（kJ/cm）	备注
SGD01	δ16+δ16 (Q345qD)	5,6,5 / 16 / 陶质衬垫	平位 GMAW	ER55-G (φ1.2) CO_2	横梁腹板对接焊缝、桥位弦杆顶底板对接焊缝、平联顶、覆盖板板厚:8≤δ≤24		1	10	200	24	180	16.0	温度10℃ 湿度56% 气流量15~20L/min
							2~7	40~130	260	28	300	14.6	
SGD02	δ32+δ32 (Q345qD)	35° 10,6,10 / 32 / 陶质衬垫	GMAW 平位	ER55-G (φ1.2) CO_2	横梁腹板对接焊缝、桥位弦杆顶底板对接焊缝、平联顶、覆盖板板厚:24≤δ≤41		1	12	200	24	180	16.0	温度10℃ 湿度56% 气流量15~20L/min
							2~9	85~100	270	28	295	15.4	
							10~15	105~145	270	28	300	15.1	
							16~18	95~135	270	28	310	14.6	
SGD03	δ16+δ16 (Q345qD+Q420qE)	5,6,5 / 16 / 陶质衬垫	GMAW 平位	ER55-G (φ1.2) CO_2	桥位弦杆顶底板对接焊缝。覆盖板板厚:8≤δ≤24		1	12	200	24	180	16.0	温度10℃ 湿度56% 气流量15~20L/min
							2~7	50~140	270	28	300	15.1	
SGD04	δ32+δ32 (Q345qD+Q420qE)	35° 10,6,10 / 32 / 陶质衬垫	GMAW 平位	ER55-G (φ1.2) CO_2	桥位弦杆顶底板对接焊缝。覆盖板板厚:24≤δ≤41		1	12	200	24	180	16.0	温度10℃ 湿度56% 气流量15~20L/min
							2~9	80~100	270	28	290	15.6	
							10~15	115~145	270	28	300	15.1	
							16~18	105~135	270	28	305	14.9	

续表

编号	板厚组合（材质）	坡口形式与尺寸	位置方法	焊接材料	代表接头	熔敷简图	焊缝	道间温度（℃）	电流（A）	电压（V）	焊速（mm/min）	热输入（kJ/cm）	备注
SGD05	δ16+δ16（Q420qE）		GMAW 平位	ER55-G（φ1.2）CO_2	桥位弦杆顶底板对接焊缝；8≤δ≤24		1	13	200	24	180	16.0	温度10℃ 湿度56% 气流量 15~20L/min
							2~7	40~130	270	28	300	15.1	
SGD06	δ32+δ32（Q420qE）		GMAW 平位	ER55-G（φ1.2）CO_2	桥位对接焊缝，板对接板厚24≤δ≤41		1	82	200	24	180	16.0	温度10℃ 湿度56% 气流量 15~20L/min
							2~9	92~105	270	28	295	15.4	
							10~15	105~145	270	28	300	15.1	
							16~18	115~145	270	28	300	15.1	
SGD07	δ50+δ50（Q420qE）		GMAW 平位	ER55-G（φ1.2）CO_2	桥位弦杆顶底板对接焊缝，V撑顶底板对接板厚38≤δ≤65		1	86	200	24	180	16.0	温度10℃ 湿度56% 气流量 15~20L/min
							2~10	95~140	270	28	300	15.1	
							11~22	115~135	270	28	295	15.4	
							23~35	125~145	270	28	300	15.1	
							36~45	135~145	270	28	305	14.9	
SGD08	δ16+δ16（Q345qD）		FCAW 立位	E501T-1L（φ1.2）CO_2	横梁腹板对接焊缝、桥位弦杆、平联腹板对接焊缝、覆盖板板厚8≤δ≤24		1~5	13~140	90	26	130	22.8	温度10℃ 湿度56% 气流量 15~20L/min

续表

编号	板厚组合（材质）	坡口形式与尺寸	位置方法	焊接材料	代表接头	熔敷简图	焊缝	道间温度（℃）	电流（A）	电压（V）	焊速（mm/min）	热输入（kJ/cm）	备注
SGD09	δ32+δ32（Q345qD）	32，35°，陶质衬垫	FCAW 立位	E501T-1L（φ1.2）CO_2	横梁腹板对接焊缝、平联腹板对接焊缝。覆盖板厚：24≤δ≤41		1~6	14~115	190	26	130	22.8	温度10℃ 湿度56% 气流量 15~20L/min
SGD10	δ16+δ16（Q345qD+Q420qE）	16，35°，陶质衬垫	FCAW 立位	E501T-1L（φ1.2）CO_2	桥位弦杆腹板对接焊缝。覆盖板厚：8≤δ≤24		7~12	95~145	190	26	135	22.0	温度10℃ 湿度56% 气流量 15~20L/min
SGD11	δ32+δ32（Q345qD+Q420qE）	32，35°，陶质衬垫	FCAW 立位	E501T-1L（φ1.2）CO_2	桥位弦杆腹板对接焊缝。覆盖板厚：24≤δ≤41		1~5	14~135	190	26	130	22.8	温度10℃ 湿度56% 气流量 15~20L/min
							1~7	12~115	190	26	130	22.8	
							8~9	125~145	190	26	150	19.8	
SGD12	δ16+δ16（Q420qE）	16，35°，陶质衬垫	FCAW 立位	E501T-1L（φ1.2）CO_2	桥位弦杆腹板对接焊缝。覆盖板厚：8≤δ≤24		1~4	12~115	190	26	135	22.0	温度10℃ 湿度56% 气流量 15~20L/min

续表

编号	板厚组合（材质）	坡口形式与尺寸	位置方法	焊接材料	代表接头	熔敷简图	焊缝	道间温度（℃）	电流（A）	电压（V）	焊速（mm/min）	热输入（kJ/cm）	备注
SGD13	δ32+δ32（Q420qE）	35°, 10/10, 32, 陶质衬垫	FCAW 立位	E501T-1L（φ1.2）CO_2	桥位弦杆腹板对接焊缝。覆盖板厚：24≤δ≤41		1~5	13~115	190	26	130	22.8	温度11℃ 湿度56% 气流量 15~20L/min
							6~13	125~145	190	26	135	22.0	
SGD14	δ50+δ50（Q420qE）	35°, 16/16, 50, 陶质衬垫	FCAW 立位	E501T-1L（φ1.2）CO_2	桥位弦杆腹板对接焊缝，V撑腹板对接焊缝。覆盖板厚：38≤δ≤65		1~8	79~120	190	26	130	22.8	温度11℃ 湿度56% 气流量 15~20L/min
							9~24	125~150	190	26	135	22.0	
SGD15	δ16+δ16（Q345qD）	35°, 6/11, 16	FCAW 横位	E501T-1L（φ1.2）CO_2	斜腹杆、竖腹杆环口对接焊缝。覆盖板厚：8≤δ≤24		1	12	220	24	180	17.6	温度9℃ 湿度56% 气流量 15~20L/min
							2~10	45~135	280	30	300	16.8	
SGD16	δ32+δ32（Q345qD）	35°, 6/22, 32, 陶质衬垫	FCAW 横位	E501T-1L（φ1.2）CO_2	斜腹杆、竖腹杆环口对接焊缝。覆盖板厚：24≤δ≤41		1	12	220	24	180	17.6	温度9℃ 湿度56% 气流量 15~20L/min
							2~12	80~125	290	30	305	17.1	
							13~17	120~145	290	30	310	16.8	

续表

编号	板厚组合（材质）	坡口形式与尺寸	位置方法	焊接材料	代表接头	熔敷简图	焊缝	道间温度(℃)	电流(A)	电压(V)	焊速(mm/min)	热输入(kJ/cm)	备注
SGD17	δ16+δ16 (Q345qD+Q420qE)	35°, 16, 11,9, 陶质衬垫	FCAW 横位	E501T-1L (φ1.2) CO_2	斜腹杆、竖腹杆环口对接焊缝。覆盖板厚:8≤δ≤24		1 2~11	11 40~150	220 280	24 30	180 360	17.6 14.0	温度9℃ 湿度56% 气流量 15~20L/min
SGD18	δ32+δ32 (Q345qD+Q420qE)	35°, 32, 22,9, 陶质衬垫	FCAW 横位	E501T-1L (φ1.2) CO_2	斜腹杆、竖腹杆环口对接焊缝。覆盖板厚:24≤δ≤41		1 2~10 11~16	10 90~135 120~145	220 290 290	24 30 30	180 315 315	17.6 16.6 16.6	温度8℃ 湿度56% 气流量 15~20L/min
SGD19	δ16+δ16 (Q345qD)	35°, 16, 5,6,5, 陶质衬垫	GMAW+SAW 平位	ER50-6 (φ1.2) CO_2+H08Mn2E (φ5.0) SJ101q	桥面板对接焊缝。覆盖板厚:8≤δ≤24		1 2~5 6~7	10 45~105 115~135	200 280 680	24 30 30	180 300 420	16.0 16.8 29.1	温度8℃ 湿度56% 气流量 15~20L/min
SGD20	δ28+δ28 (Q345qD)	35°, 28, 9,6,9, 陶质衬垫	GMAW+SAW 平位	ER50-6 (φ1.2) CO_2+H08Mn2E (φ5.0) SJ101q	桥面板对接焊缝。覆盖板厚:21≤δ≤36		1 2~9 10~11	13 85~125 115~135	200 280 680	24 30 30	180 300 420	16.0 16.8 29.1	温度10℃ 湿度56% 气流量 15~20L/min

续表

编号	板厚组合(材质)	坡口形式与尺寸	位置方法	焊接材料	代表接头	熔敷简图	焊缝	道间温度(℃)	电流(A)	电压(V)	焊速(mm/min)	热输入(kJ/cm)	备注
SGD21	δ16+δ16 (Q345qD)		SAW 平位	H08Mn2E (φ5.0) SJ101q	弦杆、平联、横联钢板接料焊缝。覆盖板厚：8≤δ≤24		1	12	650	30	500	23.4	温度 9℃ 湿度 66% 气刨清根
							2~5	45~135	680	30	420	29.1	
SGD22	δ32+δ32 (Q345qD)		SAW 平位	H08Mn2E (φ5.0) SJ101q	弦杆、平联、横联钢板接料焊缝：24≤δ≤41		1	12	650	30	500	23.4	温度 9℃ 湿度 66% 气刨清根
							2~11	80~135	680	30	420	29.1	
SGD23	δ16+δ16 (Q345qD+Q420qE)		SAW 平位	H08Mn2E (φ5.0) SJ101q	弦杆钢板接料焊缝。覆盖板厚：8≤δ≤24		1	12	660	30	500	23.8	温度 9℃ 湿度 66% 气刨清根
							2~5	45~135	690	30	420	29.6	
SGD24	δ32+δ32 (Q345qD+Q420qE)		SAW 平位	H08Mn2E (φ5.0) SJ101q	弦杆钢板接料焊缝。覆盖板厚：24≤δ≤41		1	12	660	30	500	23.8	温度 9℃ 湿度 66% 气刨清根
							2~11	75~135	690	30	420	29.6	
SGD25	δ16+δ16 (Q420qE)		SAW 平位	H60Q (φ4.0) SJ105q	弦杆钢板接料焊缝。覆盖板厚：8≤δ≤24		1	12	580	30	500	20.9	温度 9℃ 湿度 66% 气刨清根
							2~5	45~135	620	30	420	26.6	

续表

编号	板厚组合（材质）	坡口形式与尺寸	位置方法	焊接材料	代表接头	熔敷简图	焊缝	道间温度（℃）	电流（A）	电压（V）	焊速（mm/min）	热输入（kJ/cm）	备注
SGD26	δ32+δ32（Q420qE）		SAW 平位	H60Q（φ4.0）SJ105q	弦杆钢板接料焊缝。覆盖板厚：24≤δ≤41		1	80	580	30	450	23.2	温度10℃ 湿度66% 气刨清根
							2～5	85～145	630	30	400	28.4	
SGD27	δ50+δ50（Q420qE）		SAW 平位	H60Q（φ4.0）SJ105q	弦杆钢板接料焊缝。覆盖板厚：38≤δ≤65		1	80	580	30	500	20.9	温度10℃ 湿度66% 气刨清根
							2～14	95～155	630	30	420	27.0	
SGD28	δ16+δ16（Q345qD）		FCAW 平位	E501T-1L（φ1.2）CO_2	桥位加劲肋嵌补段对接焊缝、桥位纵梁底板对接焊缝。覆盖板厚：8≤δ≤24		1	14	220	24	180	17.6	温度12℃ 湿度66% 气流量15～20L/min
							2～8	45～135	280	30	300	16.8	
SGD29	δ16+δ16（Q345qD）		FCAW 平位	E501T-1L（φ1.2）CO_2	桥位加劲肋嵌补段对接焊缝、桥位纵梁腹板对接焊缝。覆盖板厚：8≤δ≤24		1～4	14～130	190	26	130	22.8	温度12℃ 湿度66% 气流量15～20L/min

续表

编号	板厚组合(材质)	坡口形式与尺寸	位置方法	焊接材料	代表接头	熔敷简图	焊缝	道间温度(℃)	电流(A)	电压(V)	焊速(mm/min)	热输入(kJ/cm)	备注
SGD30	δ32+δ32 (Q345qD)		FCAW 平位	E501T-1L (φ1.2) CO_2	桥位加劲肋嵌补段对接焊缝底板对接焊缝。覆盖板厚:24≤δ≤41		1	12	220	24	180	17.6	温度10℃ 湿度66% 气流量 15~20L/min
SGD31	δ32+δ32 (Q345qD)		FCAW 立位	E501T-1L (φ1.2) CO_2	桥位加劲肋嵌补段对接焊缝底板对接焊缝。覆盖板厚:24≤δ≤41		2~16	80~140	290	30	270	19.3	温度10℃ 湿度66% 气流量 15~20L/min
							17~20	10~130	290	30	270	19.3	
SGD32	δ16+δ16 (Q345qD+Q420E)		FCAW 平位	E501T-1L (φ1.2) CO_2	桥位加劲肋嵌补段纵梁腹板对接焊缝。覆盖板厚:8≤δ≤24		1	12	190	26	130	22.8	温度10℃ 湿度66% 气流量 15~20L/min
							1	12	220	26	180	19.1	
							2~8	45~135	290	30	260	20.1	
SGD33	δ16+δ16 (Q345qD+Q420E)		FCAW 立位	E501T-1L (φ1.2) CO_2	桥位加劲肋嵌补段纵梁腹板对接焊缝。覆盖板厚:8≤δ≤24		1~4	12~105	190	26	135	22.0	温度10℃ 湿度66% 气流量 15~20L/min

续表

编号	板厚组合（材质）	坡口形式与尺寸	位置方法	焊接材料	代表接头	熔敷简图	焊缝	道间温度(°C)	电流(A)	电压(V)	焊速(mm/min)	热输入(kJ/cm)	备注
SGD34	$\delta16+\delta16$ (Q420qE)		FCAW 平位	E501T-1L ($\phi1.2$) CO_2	桥位加劲肋嵌补段对接焊缝。覆盖板厚:$8\leq\delta\leq24$		1	13	220	24	180	17.6	温度11°C 湿度66% 气流量 15~20L/min
SGD35	$\delta16+\delta16$ (Q420qE)		FCAW 立位	E501T-1L ($\phi1.2$) CO_2	桥位加劲肋嵌补段对接焊缝。覆盖板厚:$8\leq\delta\leq24$		2~6	35~135	290	30	260	20.1	温度13°C 湿度66% 气流量 15~20L/min
SGD36	$\delta32+\delta32$ (Q420qE)		FCAW 平位	E501T-1L ($\phi1.2$) CO_2	桥位加劲肋嵌补段对接焊缝。覆盖板厚:$24\leq\delta\leq41$		1~6	13~115	190	26	130	22.8	温度10°C 湿度66% 气流量 15~20L/min
							1	82	220	24	185	17.1	
SGD37	$\delta32+\delta32$ (Q420qE)		FCAW 立位	E501T-1L ($\phi1.2$) CO_2	桥位加劲肋嵌补段对接焊缝。覆盖板厚:$24\leq\delta\leq41$		2~19	85~150	280	30	300	16.8	温度10°C 湿度66% 气流量 15~20L/min
							1~9	84~135	190	26	130	22.8	

2 超大跨径连续钢桁梁桥的总体施工方法研究

续表

编号	板厚组合（材质）	坡口形式与尺寸	位置方法	焊接材料	代表接头	熔敷简图	焊缝	道间温度（℃）	电流（A）	电压（V）	焊速（mm/min）	热输入（kJ/cm）	备注
SGD38	δ45+δ45 (Q420qE)		FCAW 平位	E501T-1L (φ1.2) CO_2	桥位加劲肋嵌补段对接焊缝。覆盖板厚：33≤δ≤58		1	85	220	24	180	17.6	温度12℃ 湿度66% 气流量 15～20L/min
							2～9	85～115	280	30	290	17.4	
							10～29	85～145	280	30	310	16.3	
SGD39	δ45+δ45 (Q420qE)		FCAW 立位	E501T-1L (φ1.2) CO_2	桥位加劲肋嵌补段对接焊缝。覆盖板厚：33≤δ≤58		1～9	87～140	190	26	130	22.8	温度12℃ 湿度66% 气流量 15～20L/min
SGD40	δ16+δ16 (Q345qD)		FCAW 平位	E501T-1L (φ1.2) CO_2	平联顶板对接焊缝。覆盖板厚：δ≤24		1	15	220	24	180	17.6	温度12℃ 湿度66% 气流量 15～20L/min
							2～6	45～125	280	30	305	16.5	
SGD41	δ16+δ16 (Q345qD)		FCAW 立位	E501T-1L (φ1.2) CO_2	平联腹板对接焊缝、桥位U肋嵌补段对接焊缝。覆盖板厚：δ≤24		1～5	15～125	190	26	130	22.8	温度12℃ 湿度66% 气流量 15～20L/min

续表

编号	板厚组合（材质）	坡口形式与尺寸	位置方法	焊接材料	代表接头	熔敷简图	焊缝	道间温度（℃）	电流（A）	电压（V）	焊速（mm/min）	热输入（kJ/cm）	备注
SGD42	δ16+δ16（Q345qD）	钢衬垫 35° 6 11	FCAW 仰位	E501T-1L（φ1.2）CO_2	平联底对接焊缝，桥位段嵌补焊缝、U肋覆盖板厚:8≤δ≤24		1	15	200	24	210	13.7	温度12℃ 湿度66% 气流量 15～20L/min
							2～5	15～130	220	26	340	10.1	
SGDD01	δ16+δ16（Q420qE）	35° 5 30 5 16 陶质衬垫	GMAW 平位	ER55-G（φ1.2）CO_2	桥位弦杆顶底板对接焊缝。覆盖板厚:8≤δ≤24		1	13	200	24	180	16.0	温度10℃ 湿度66% 气流量 15～20L/min
							2～11	45～120	270	28	300	15.1	
							12～16	95～145	270	28	310	14.6	
SGDD02	δ16+δ16（Q420qE）	35° 5 30 5 16 陶质衬垫	FCAW 立位	ER501T-1L（φ1.2）CO_2	桥位弦杆腹板对接焊缝。覆盖板厚:8≤δ≤24		1～9	12～140	190	26	130	22.8	温度10℃ 湿度66% 气流量 15～20L/min
SGDD03	δ32+δ32（Q420qE）	35° 10 30 10 32 陶质衬垫	GMAW 平位	ER55-G（φ1.2）CO_2	桥位弦杆顶底板对接焊缝，平联顶底板对接焊缝:24≤δ≤41		1	82	200	24	180	16.0	温度10℃ 湿度66% 气流量 15～20L/min
							2～9	85～105	270	28	295	15.4	
							10～25	125～145	270	28	300	15.1	
							26～31	115～150	270	28	310	14.6	

续表

编号	板厚组合(材质)	坡口形式与尺寸	位置方法	焊接材料	代表接头	熔敷简图	焊缝	道间温度(℃)	电流(A)	电压(V)	焊速(mm/min)	热输入(kJ/cm)	备注
SGDD04	δ32+δ32 (Q420qE)	35°, 10,30,10, 32, 陶质衬垫	FCAW 立位	E501T-1L (φ1.2) CO_2	桥位弦杆腹板对接焊缝·平联腹板对接焊缝；覆盖板厚：24≤δ≤41		1~7	80~110	190	26	130	22.8	温度10℃ 湿度66% 气流量 15~20L/min
							8~25	105~145	190	26	135	22.0	
SGDD05	δ50+δ50 (Q420qE)	35°, 16,30,16, 50, 陶质衬垫	GMAW 平位	ER55-G (φ1.2) CO_2	桥位弦杆顶底板对接焊缝、V撑顶底板对接焊缝；覆盖板厚：38≤δ≤65		1	87	200	24	180	16.0	温度10℃ 湿度66% 气流量 15~20L/min
							2~9	87~100	270	28	290	15.6	
							10~27	115~135	270	28	300	15.1	
							28~44	125~150	270	28	310	14.6	
SGDD06	δ50+δ50 (Q420qE)	16,30,16, 35°, 50, 陶质衬垫	FCAW 立位	E501T-1L (φ1.2) CO_2	桥位弦杆腹板对接焊缝、V撑腹板对接焊缝；覆盖板厚：38≤δ≤65		1~9	82~125	190	26	130	22.8	温度10℃ 湿度66% 气流量 15~20L/min
							10~34	115~145	190	26	135	220	
SGDD07	δ32+δ32 (Q345qD+Q420qE)	32, 30,22, 35°, 陶质衬垫	FCAW 横位	E501T-1L (φ1.2) CO_2	斜腹杆、竖杆环口对接焊缝；覆盖板厚：24≤δ≤41		1	12	220	24	180	17.6	温度10℃ 湿度66% 气流量 15~20L/min
							2~11	85~95	280	30	360	14.0	
							12~26	115~125	280	30	370	13.6	
							27~39	120~145	280	30	370	13.6	

续表

编号	板厚组合（材质）	坡口形式与尺寸	位置方法	焊接材料	代表接头	熔敷简图	焊缝	道间温度（℃）	电流（A）	电压（V）	焊速（mm/min）	热输入（kJ/cm）	备注
SGDD08	δ16+δ16 (Q345qD)	35°, 5,30,5, 16, 陶质衬垫	GMAW 平位	ER55-G (φ1.2) CO_2	横梁腹板对接焊缝、横梁底板对接焊缝、桥位弦杆顶底板对接焊缝、平联顶底板对接焊缝；8≤δ≤24		1	12	200	24	180	16.0	温度10℃ 湿度66% 气流量 15～20L/min
							2～16	80～135	270	28	300	15.1	
SGDD09	δ32+δ32 (Q345qD)	35°, 10,30,10, 32, 陶质衬垫	GMAW 平位	ER55-G (φ1.2) CO_2	横梁腹板对接焊缝、横梁底板对接焊缝、桥位弦杆顶底板对接焊缝、平联顶底板对接焊缝；24≤δ≤41		1	12	200	24	180	16.0	温度10℃ 湿度66% 气流量 15～20L/min
							2～20	75～125	270	28	300	15.1	
							21～31	115～145	270	28	310	14.6	
SGDD10	δ16+δ16 (Q345qD+Q420qE)	35°, 5,30,5, 16, 陶质衬垫	GMAW 平位	ER55-G (φ1.2) CO_2	桥位弦杆顶底板对接焊缝、覆盖板厚：8≤δ≤24		1	12	200	24	180	16.0	温度10℃ 湿度66% 气流量 15～20L/min
							2～17	45～150	270	28	300	15.1	
SGDD11	δ32+δ32 (Q345qD+Q420qE)	35°, 10,30,10, 32, 陶质衬垫	GMAW 平位	ER55-G (φ1.2) CO_2	桥位弦杆顶底板对接焊缝、覆盖板厚：24≤δ≤41		1	12	200	24	180	16.0	温度10℃ 湿度66% 气流量 15～20L/min
							2～9	75～110	270	28	295	15.4	
							10～21	105～145	270	28	305	14.9	
							22～30	115～145	270	28	300	15.1	

续表

编号	板厚组合(材质)	坡口形式与尺寸	位置方法	焊接材料	代表接头	熔敷简图	焊缝	道间温度(℃)	电流(A)	电压(V)	焊速(mm/min)	热输入(kJ/cm)	备注
SGDD12	δ16+δ16 (Q345qD)	35°/5 30 5 / 16 陶质衬垫	FCAW 立位	E501T-1L (φ1.2) CO_2	横梁腹板对接焊缝,桥位弦杆平联腹板对接焊缝。覆盖板厚:8≤δ≤24		1～9	14～130	190	26	130	22.8	温度12℃ 湿度66% 气流量 15～20L/min
SGDD13	δ32+δ32 (Q345qD)	35°/10 30 10 / 32 陶质衬垫	FCAW 立位	E501T-1L (φ1.2) CO_2	横梁、平联腹板对接焊缝。δ≤41		1～7 8～25	14～125 115～145	190 190	26 26	130 135	22.8 22.0	温度12℃ 湿度66% 气流量 15～20L/min
SGDD14	δ16+δ16 (Q345qD+Q420qE)	35°/5 30 5 / 16 陶质衬垫	FCAW 立位	E501T-1L (φ1.2) CO_2	桥位弦杆腹板对接焊缝。覆盖板厚:8≤δ≤24		1～10	14～125	190	26	130	22.8	温度12℃ 湿度66% 气流量 15～20L/min
SGDD15	δ32+δ32 (Q345qD+Q420qE)	35°/10 30 10 / 32 陶质衬垫	FCAW 立位	E501T-1L (φ1.2) CO_2	桥位弦杆腹板对接焊缝。δ≤41		1～7 8～18 19～26	13～95 105～125 115～145	190 190 190	26 26 26	130 135 130	22.8 22.0 22.8	温度10℃ 湿度66% 气流量 15～20L/min

续表

编号	板厚组合（材质）	坡口形式与尺寸	位置方法	焊接材料	代表接头	熔敷简图	焊缝	道间温度(℃)	电流(A)	电压(V)	焊速(mm/min)	热输入(kJ/cm)	备注
SGDD16	δ16+δ16 (Q345qD)		FCAW 横位	E501T-1L (φ1.2) CO_2	斜腹杆、竖腹杆环口对接焊缝。覆盖板厚：8≤δ≤24		1~9	12~85	200	24	240	12.0	温度10℃ 湿度66% 气流量 15~20L/min
							10~17	105~145	280	30	360	14.0	
							18~26	115~145	280	30	360	14.0	
SGDD17	δ32+δ32 (Q345qD)		FCAW 横位	E501T-1L (φ1.2) CO_2	斜腹杆、竖腹杆环口对接焊缝。覆盖板厚：24≤δ≤41		1~7	13~105	200	24	240	12.0	温度10℃ 湿度66% 气流量 15~20L/min
							8~23	85~125	290	30	315	16.6	
							24~41	115~145	290	30	315	16.6	
							42~62	125~150	290	30	315	16.6	
SGDD18	δ16+δ16 (Q345qD+ Q420qE)		FCAW 横位	E501T-1L (φ1.2) CO_2	斜腹杆、竖腹杆环口对接焊缝。覆盖板厚：8≤δ≤24		1~9	13~95	200	24	240	12.0	温度10℃ 湿度66% 气流量 15~20L/min
							10~25	120~145	280	30	360	14.0	
							26~33	125~145	280	30	355	14.2	
SGDD19	δ16+δ16 (Q345qD)		GMAW+ SAW 平位	ER50-6 (φ1.2) CO_2+ H08Mn2E (φ5.0) SJ101q	桥面板对接焊缝。覆盖板厚：8≤δ≤24		1	13	200	24	180	16.0	温度10℃ 湿度66% 气流量 15~20L/min
							2~7	45~125	280	30	300	16.8	
							8~10	115~135	680	30	500	24.5	

续表

编号	板厚组合（材质）	坡口形式与尺寸	位置方法	焊接材料	代表接头	熔敷简图	焊缝	道间温度(℃)	电流(A)	电压(V)	焊速(mm/min)	热输入(kJ/cm)	备注
SGDD20	δ28+δ28 (Q345qD)		GMAW+SAW 平位	ER50-6 (φ1.2) CO_2 + H08Mn2E (φ5.0) SJ101q	桥面板对接焊缝。覆盖板厚：21≤δ≤36		1	13	200	24	180	16.0	
							2~16	45~145	280	30	300	16.8	温度10℃ 湿度66% 气流量 15~20L/min
							17~20	115~135	680	30	500	24.5	
SGDD21	δ16+δ16 (Q420qE)		FCAW 横位	E501T-1L (φ1.2) CO_2	斜腹杆，竖腹杆环口接焊缝。8≤δ≤24		1~9	13~95	200	24	240	12.0	
							10~25	120~145	280	30	360	14.0	温度10℃ 湿度66% 气流量 15~20L/min
							26~33	125~145	280	30	355	14.2	
SGDD22	δ32+δ32 (Q420qE)		FCAW 横位	E501T-1L (φ1.2) CO_2	斜腹杆，竖腹杆环口对接焊缝：24≤δ		1~7	83~95	200	24	240	12.0	
							8~23	85~125	280	30	370	13.6	温度10℃ 湿度66% 气流量 15~20L/min
							24~41	115~145	280	30	375	13.4	
							42~62	125~140	280	30	365	13.8	

表 2.6.9 T型全熔透焊缝评定试验项目接头坡口形式、焊接方法、代表接头及工艺参数表

编号	板厚组合（材质）	坡口形式与尺寸	位置方法	焊接材料	代表接头	熔敷简图	焊缝	道间温度（℃）	电流（A）	电压（V）	焊速（mm/min）	热输入（kJ/cm）	备注
SGR1	δ16+δ32 (Q345qD)		FCAW 横位	E501T-1L (φ1.2) CO_2	横梁腹板与横梁底板熔透焊缝。覆盖板厚:8≤δ≤24		1	12	280	30	370	13.6	温度10℃ 湿度66% 气流量 15～20L/min 气刨清根
							2～3	40～60	290	30	320	16.3	
							4	45	290	30	320	16.3	
							5～9	55～140	290	30	320	16.3	
SGR2	δ16+δ32 (Q420qE+Q345qD)		FCAW 横位	E501T-1L (φ1.2) CO_2	弦杆节点范围熔透角焊缝。覆盖板厚:8≤δ≤24		1	12	280	30	370	13.6	温度10℃ 湿度66% 气流量 15～20L/min 气刨清根
							2～3	40～60	280	30	300	16.8	
							4	45	280	30	300	16.8	
							5～12	55～140	280	30	300	16.8	
SGR3	δ16+δ32 (Q345qD+Q420qE)		FCAW 平位	E501T-1L (φ1.2) CO_2	弦杆节点范围平联接头熔透角焊缝。覆盖板厚:8≤δ≤24		1	12	280	30	320	15.8	温度10℃ 湿度66% 气流量 15～20L/min 气刨清根
							2～3	40～80	280	30	300	16.8	
							4	60	280	30	320	15.8	
							5～10	95～125	280	30	300	16.8	

续表

编号	板厚组合（材质）	坡口形式与尺寸	位置方法	焊接材料	代表接头	熔敷简图	焊缝	道间温度（℃）	电流（A）	电压（V）	焊速（mm/min）	热输入（kJ/cm）	备注
SGR4	δ32+δ32（Q420qE+Q345qD）		FCAW 横位	E501T-1L（φ1.2）CO_2	弦杆节点范围熔透角焊缝。覆盖板厚：24≤δ≤41		1	12	280	30	380	13.3	
							2~10	80~115	260	28	360	12.1	温度10℃ 湿度66% 气流量 15~20L/min 气刨清根
							11	12	260	28	380	11.5	
							12~18	95~145	260	28	360	12.1	
SGR5	δ32+δ32（Q345qD+Q420qE）		FCAW 平位	E501T-1L（φ1.2）CO_2	弦杆焊缝熔透角焊缝。覆盖板厚：24≤δ≤41		1	12	280	30	320	15.8	
							2~5	80~150	280	30	300	16.8	温度10℃ 湿度66% 气流量 15~20L/min 气刨清根
							6~18	115~150	280	30	300	16.8	
SGR6	δ16+δ32（Q420qE）		FCAW 横位	E501T-1L（φ1.2）CO_2	弦杆节点范围熔透角焊缝。覆盖板厚：8≤δ≤24		1	12	280	30	370	13.6	
							2~3	40~60	260	28	300	14.6	温度10℃ 湿度66% 气流量 15~20L/min 气刨清根
							4	45	260	28	310	14.1	
							5~12	55~140	260	28	310	14.1	

续表

编号	板厚组合(材质)	坡口形式与尺寸	位置方法	焊接材料	代表接头	熔敷简图	焊缝	道间温度(℃)	电流(A)	电压(V)	焊速(mm/min)	热输入(kJ/cm)	备注
SGR7	δ16+δ32 (Q420qE)		FCAW 平位	E501T-1L (φ1.2) CO_2	弦杆节点范围熔透角焊缝。覆盖板厚:8≤δ≤24		1	12	280	30	320	15.8	温度10℃ 湿度66% 气流量 15～20L/min 气刨清根
							2～3	40～80	280	30	300	16.8	
							4	60	280	30	320	15.8	
							5～10	95～125	280	30	300	16.8	
SGR8	δ32+δ32 (Q420qE)		FCAW 横位	E501T-1L (φ1.2) CO_2	弦杆节点范围熔透角焊缝、V撑加劲肋熔透角焊缝。覆盖板厚:24≤δ≤41		1	82	280	30	380	13.3	温度10℃ 湿度66% 气流量 15～20L/min 气刨清根
							2～10	80～115	260	28	300	14.6	
							11	75	260	28	300	14.6	
							12～18	95～145	260	28	300	14.6	
SGR9	δ32+δ32 (Q420qE)		FCAW 平位	E501T-1L (φ1.2) CO_2	弦杆节点范围熔透角焊缝。覆盖板厚:24≤δ≤41		1	87	280	30	320	15.8	温度10℃ 湿度66% 气流量 15～20L/min 气刨清根
							2～5	80～150	280	30	300	16.8	
							6～18	115～150	280	30	300	16.8	

续表

编号	板厚组合（材质）	坡口形式与尺寸	位置方法	焊接材料	代表接头	熔敷简图	焊缝	道间温度(℃)	电流(A)	电压(V)	焊速(mm/min)	热输入(kJ/cm)	备注
SGR10	δ32+δ32 (Q420qE)		FCAW 立位	E501T-1L (φ1.2) CO_2	V撑加劲助熔透角焊缝。覆盖板厚:24≤δ≤41		1~7	80~135	190	26	130	22.8	温度10℃ 湿度66% 气流量 15~20L/min 气刨清根
SGR11	δ50+δ45 (Q420qE)		FCAW 横位	E501T-1L (φ1.2) CO_2	弦杆节点范围熔透角焊缝，V撑加劲助熔透角焊缝。覆盖板厚:38≤δ≤65		1	88	280	30	380	13.3	温度10℃ 湿度66% 气流量 15~20L/min 气刨清根
							2~20	80~145	260	28	360	12.1	
							21~31	115~145	260	28	365	12.0	
SGR12	δ50+δ45 (Q420qE)		FCAW 平位	E501T-1L (φ1.2) CO_2	弦杆节点范围熔透角焊缝。覆盖板厚:38≤δ≤65		1	84	280	30	320	15.8	温度10℃ 湿度66% 气流量 15~20L/min 气刨清根
							2~19	80~125	280	30	300	16.8	
							20~25	115~150	280	30	300	16.8	
SGR13	δ50+δ45 (Q420qE)		FCAW 立位	E501T-1L (φ1.2) CO_2	V撑加劲助熔透角焊缝。覆盖板厚:38≤δ≤65		1~10	82~125	190	26	130	22.8	温度10℃ 湿度66% 气流量 15~20L/min 气刨清根
							11~19	115~150	190	26	130	22.8	

表 2.6.10 T型部分熔透焊缝评定试验项目接头坡口形式、焊接方法、代表接头及工艺参数表

编号	板厚组合（材质）	坡口形式与尺寸	位置方法	焊接材料	代表接头	焊缝	道间温度（℃）	电流（A）	电压（V）	焊速（mm/min）	热输入（kJ/cm）	备注
SGP1	δ28+δ28 (Q345qD)		FCAW 横位	E501T-1L (φ1.2) CO_2	弦杆、平横联、腹杆顶底腹板坡口角焊缝。覆盖板厚：21≤δ≤36	1~6	12~65	280	30	380	13.3	温度10℃ 湿度66% 气流量 15~20L/min
SGP1						7~12	85~145	280	30	360	14.0	
SGP2	δ28+δ28 (Q345qD)		FCAW+SAW 平位	E501T-1L (φ1.2) CO_2 + H08Mn2E (φ5.0) SJ101q	弦杆、腹杆顶底腹板坡口角焊缝。覆盖板厚：21≤δ≤36	1~3	12~95	280	30	300	16.8	温度10℃ 湿度36% 气流量 15~20L/min
SGP2						4~6	65~130	680	30	420	29.1	
SGP3	δ24+δ24 (Q420qE)		FCAW 横位	E501T-1L (φ1.2) CO_2	弦杆顶腹板焊缝。坡口角焊缝。覆盖板厚：18≤δ≤36	1	12	280	30	380	13.3	温度10℃ 湿度36% 气流量 15~20L/min
SGP3						2~6	45~80	280	30	360	14.0	
SGP3						7	75	280	30	380	13.3	
SGP3						8~12	90~120	280	30	360	14.0	
SGP4	δ24+δ24 (Q420qE)		FCAW+SAW 平位	E501T-1L (φ1.2) CO_2 + H60Q (φ4.0) SJ105q	弦杆顶腹板焊缝。坡口角焊缝。覆盖板厚：18≤δ≤36	1~3	12~60	280	30	300	16.8	温度10℃ 湿度66% 气流量 15~20L/min
SGP4						4~6	75~130	680	30	420	29.1	

续表

编号	板厚组合（材质）	坡口形式与尺寸	位置方法	焊接材料	代表接头	熔敷简图	焊缝	道间温度(℃)	电流(A)	电压(V)	焊速(mm/min)	热输入(kJ/cm)	备注
SGP5	$\delta45+\delta45$ (Q420qE)		FCAW 横位	E501T-1L ($\phi1.2$) CO_2	弦杆顶底腹板坡口角焊缝，V撑隔板与节点板坡口焊缝。覆盖板厚:34≤δ≤58		1～6	84～110	280	30	360	14.0	温度10℃ 湿度36% 气流量 15～20L/min
							7～12	90～140	280	30	360	14.0	
							13～20	115～150	280	30	380	13.3	
SGP6	$\delta45+\delta45$ (Q420qE)		FCAW 立位	E501T-1L ($\phi1.2$) CO_2	V撑座隔板与支撑底板。覆盖板厚:34≤δ≤58		1～6	82～130	190	24	130	21.0	温度10℃ 湿度66% 气流量 15～20L/min
SGP7	$\delta45+\delta45$ (Q420qE)		FCAW+SAW 平位	E501T-1L ($\phi1.2$) CO_2+ H60Q ($\phi4.0$) SJ105q	弦杆顶底腹板坡口角焊缝。覆盖板厚:34≤δ≤58 腹板腹板插入部分坡口板厚组合:$\delta20+28,\delta20+56$		1～5	85～90	280	30	300	16.8	温度10℃ 湿度66% 气流量 15～20L/min
							6～10	70～135	380	30	420	29.1	

续表

编号	板厚组合(材质)	坡口形式与尺寸	位置方法	焊接材料	代表接头	熔敷简图	焊缝	道间温度(℃)	电流(A)	电压(V)	焊速(mm/min)	热输入(kJ/cm)	备注
SGP8	δ32+δ32 (Q345qD)		GMAW+SAW 船位	ER50-6 (φ1.2) CO$_2$+ H08Mn2E (φ5.0) SJ101q	弦杆加劲肋坡口角焊缝。覆盖板厚:24≤δ≤41 注:实心焊丝打底填充,埋弧焊盖面		1~12	10~130	280	30	300	16.8	温度10℃ 湿度36% 气流量 15~20L/min
							13~14	100~115	680	30	420	29.1	
SGP9	δ32 (Q345qD+ Q420qE)		GMAW+SAW 船位	ER50-6 (φ1.2) CO$_2$+ H08Mn2E (φ5.0) SJ101q	弦杆加劲肋坡口角焊缝。覆盖板厚:24≤δ≤41 注:实心焊丝打底填充,埋弧焊盖面		1~12	13~130	280	30	300	16.8	温度10℃ 湿度66% 气流量 15~20L/min
							13~14	100~115	680	30	420	29.1	
SGP10	δ32+δ32 (Q420qE)		GMAW+SAW 船位	ER55-G (φ1.2) CO$_2$+ H60Q (φ4.0) SJ105q	弦杆加劲肋角焊缝。覆盖板厚:24≤δ≤41 注:实心焊丝打底填充,埋弧焊盖面		1~8	82~95	280	30	300	16.8	温度10℃ 湿度66% 气流量 15~20L/min
							9~10	100~110	580	30	420	24.9	
SGP11	δ45+δ45 (Q420qE)		GMAW+SAW 船位	ER55-G (φ1.2) CO$_2$+ H60Q (φ4.0) SJ105q	弦杆加劲肋坡口角焊缝。覆盖板厚:34≤δ≤58 注:实心焊丝打底填充,埋弧焊盖面		1~14	83~125	280	30	300	16.8	温度10℃ 湿度66% 气流量 15~20L/min
							15~18	100~110	580	30	420	24.9	

续表

编号	板厚组合（材质）	坡口形式与尺寸	位置方法	焊接材料	代表接头	熔敷简图	焊缝	道间温度(℃)	电流(A)	电压(V)	焊速(mm/min)	热输入(kJ/cm)	备注
SGP12	δ16+δ16 (Q345qD)		FCAW 仰位	E501T-1L (φ1.2) CO_2	横梁腹板与桥面板坡口焊缝。覆盖板厚:8≤δ≤24		1~6	13~120	220	26	300	11.4	温度10℃ 湿度66% 气流量 15~20L/min
SGP13	δ8+δ16 (Q345qD)		GMAW+FCAW 横位	ER50-6 (φ1.2) 80%Ar+20%CO_2+E500T-1 (φ1.6) CO_2	U肋与桥面板坡口焊缝		1	12	280	30	450	11.2	温度12℃ 湿度55% 焊接专机
SGP14	δ8+δ16 (Q345qD)		FCAW 仰位	E501T-1L (φ1.2) CO_2	桥位U肋嵌补段与桥面板焊口焊缝		2	/	300	32	450	12.8	温度10℃ 湿度66% 气流量 15~20L/min
SGP15	δ16+δ16 (Q345qD)		FCAW+SAW 平位	E501T-1L (φ1.2) CO_2+H08Mn2E (φ5.0) SJ101q	弦杆腹板顶底坡口焊缝。覆盖板厚:8≤δ≤24		1~3	12~90	200 680	24 30	400 420	7.2 29.1	温度10℃ 湿度66% 气流量 15~20L/min
SGP15	δ16+δ16 (Q345qD)		FCAW+SAW 平位	E501T-1L (φ1.2) CO_2+H08Mn2E (φ5.0) SJ101q	弦杆腹板顶底坡口焊缝。覆盖板厚:8≤δ≤24		1~2 3	10 20	280 680	30 30	300 420	16.8 29.1	温度10℃ 湿度66% 气流量 15~20L/min
SGP16	δ16+δ16 (Q420qE)		FCAW+SAW 平位	E501T-1L (φ1.2) CO_2+H60Q (φ4.0) SJ105q	弦杆顶底腹板坡口焊缝。覆盖板厚:8≤δ≤24		1~2 3	12 20	280 580	30 30	300 420	16.8 29.1	温度10℃ 湿度66% 气流量 15~20L/min

续表

编号	板厚组合（材质）	坡口形式与尺寸	位置方法	焊接材料	代表接头	熔敷简图	焊缝	道间温度（℃）	电流（A）	电压（V）	焊速（mm/min）	热输入（kJ/cm）	备注
SGP17	δ20+δ24 (Q345qD+Q420qE)		FCAW 横位	E501T-1L (φ1.2) CO_2	弦杆加劲坡口角焊缝。覆盖板厚：15≤δ≤30		1~4	13~20	280	30	360	15.4	温度10℃ 湿度66% 气流量 15~20L/min

T型角焊缝评定试验项目接头形式、焊接方法、代表接头及工艺参数表

表 2.6.11

编号	板厚组合（材质）	坡口形式与尺寸	位置方法	焊接材料	代表接头	熔敷简图	焊缝	道间温度（℃）	电流（A）	电压（V）	焊速（mm/min）	热输入（kJ/cm）	备注
SGT1	δ20+δ20 (Q345qD)		GMAW 平角位	ER50-6 (φ1.2) CO_2	板面板加劲肋角焊缝；8≤K≤14		1~3	15~40	260	28	300	14.6	温度12℃ 湿度70% 气流量 15~20L/min
							4~6	65~125	260	28	300	14.6	
SGT2	δ20+δ20 (Q345qD)		FCAW 平角位	E501T-1L (φ1.2) CO_2	普通贴角焊缝。覆盖焊角尺寸：8≤K≤14		1~2	14~40	280	30	320	15.8	温度12℃ 湿度70% 气流量 15~20L/min
							3~4	70~105	280	30	300	16.8	
							5~6	45~115	280	30	300	16.8	
SGT3	δ20+δ20 (Q345qD)		FCAW 立位	E501T-1L (φ1.2) CO_2	普通贴角焊缝。覆盖焊角尺寸：8≤K≤14		1~2	14~30	190	24	175	15.6	温度12℃ 湿度70% 气流量 15~20L/min
							3~4	65~125	190	24	170	16.1	

续表

编号	板厚组合（材质）	坡口形式与尺寸	位置方法	焊接材料	代表接头	熔敷简图	焊缝	道间温度（℃）	电流（A）	电压（V）	焊速（mm/min）	热输入（kJ/cm）	备注
SGT4	$\delta 20+\delta 20$ (Q345qD)	K10, 20	FCAW 仰角位	E501T-1L ($\phi 1.2$) CO_2	普通贴角焊缝。覆盖焊角尺寸：$8 \leq K \leq 14$		1~6	14	200	24	400	7.2	温度12℃ 湿度70% 气流量 15~20L/min
SGT5	$\delta 20+\delta 20$ (Q345qD)	20, K10, 20	SAW 船位	H08Mn2E ($\phi 5.0$) SJ101q	弦杆加劲肋、工型横联，平联角焊缝。覆盖焊角尺寸：$8 \leq K \leq 14$		1~2	14~55	700	30	360	35.0	温度12℃ 湿度70%
SGT6	$\delta 20+\delta 20$ (Q345qD+Q420qE)	20, Q345qD, K10	FCAW 平角位	E501T-1L ($\phi 1.2$) CO_2	普通贴角焊缝。覆盖焊角尺寸：$8 \leq K \leq 14$		1~2 3~6	14~35 65~105	280 280	30 30	320 300	15.8 16.8	温度12℃ 湿度70% 气流量 15~20L/min
SGT7	$\delta 20+\delta 20$ (Q345qD+Q420qE)	K10, 20, Q345qD, 20	FCAW 立位	E501T-1L ($\phi 1.2$) CO_2	普通贴角焊缝。覆盖焊角尺寸：$8 \leq K \leq 14$		1~4	14~105	190	24	130	21.0	温度12℃ 湿度70% 气流量 15~20L/min

续表

编号	板厚组合（材质）	坡口形式与尺寸	位置方法	焊接材料	代表接头	熔敷简图	焊缝	道间温度（℃）	电流（A）	电压（V）	焊速（mm/min）	热输入（kJ/cm）	备注
SGT8	$\delta20+\delta20$ (Q345qD+Q420qE)		FCAW 仰角位	E501T-1L ($\phi1.2$) CO_2	普通贴角焊缝。覆盖焊角尺寸：$8 \leqslant K \leqslant 14$		1~6	14	200	24	390	7.4	温度12℃ 湿度70% 气流量 15~20L/min
SGT9	$\delta20+\delta20$ (Q345qD+Q420qE)		SAW 船位	H08Mn2E ($\phi5.0$) SJ101q	弦杆加劲肋角焊缝。覆盖焊角尺寸：$8 \leqslant K \leqslant 14$		1~2	14~55	700	30	360	35.0	温度12℃ 湿度70%
SGT10	$\delta20+\delta20$ (Q420qE)		FCAW 平角位	E501T-1L ($\phi1.2$) CO_2	普通贴角焊缝。覆盖焊角尺寸：$8 \leqslant K \leqslant 14$		1~2	14~35	280	30	320	15.8	温度12℃ 湿度70% 气流量 15~20L/min
							3~6	65~105	280	30	300	16.8	
SGT11	$\delta20+\delta20$ (Q420qE)		FCAW 立位	E501T-1L ($\phi1.2$) CO_2	普通贴角焊缝。覆盖焊角尺寸：$8 \leqslant K \leqslant 14$		1~4	14~100	190	24	130	21.0	温度12℃ 湿度70% 气流量 15~20L/min

续表

编号	板厚组合（材质）	坡口形式与尺寸	位置方法	焊接材料	代表接头	熔敷简图	焊缝	道间温度（℃）	电流（A）	电压（V）	焊速（mm/min）	热输入（kJ/cm）	备注
SGT12	δ20+δ20（Q420qE）	K10, 20	FCAW 仰角位	E501T-1L（φ1.2）CO_2	普通贴角焊缝。覆盖焊角尺寸：8≤K≤14		1~6	14	200	24	390	7.4	温度12℃ 湿度70% 气流量15~20L/min
SGT13	δ20+δ20（Q420qE）	20, K10, 20	SAW 船位	H60Q（φ4.0）SJ105q	弦杆加劲角焊缝。覆盖焊角尺寸：8≤K≤14		1~2	14~55	630	30	360	31.5	温度12℃ 湿度70%

焊钉焊接评定试验项目焊缝接头形式、焊接方法、代表接头及工艺参数表　　表2.6.12

编号	板厚组合（材质）	坡口形式与尺寸	位置方法	焊接材料	代表接头	熔敷简图	电流（A）	焊接时间（s）	伸出长度（mm）	提升高度（mm）
SGJ1	φ22栓钉（ML15Al）+32mm（Q345qD）	φ22, 32	平位 SW	焊钉及配套磁环	焊钉焊缝		2100	1.1	6	6

2.6.4.3 力学性能试验

1. 力学性能试验项目

接头力学性能试验项目及试样数量按照《铁路钢桥制造规范》Q/CR 9211—2015 的规定执行，具体见表 2.6.13。

焊接接头力学性能试验项目及试样数量（个）　　表 2.6.13

试件型式	试验项目	试样数量(个)
对接焊缝	接头拉伸试验	1
	焊缝金属拉伸试验[3)]	1
	接头弯曲[1)]	1
	低温冲击试验[2)]	6
	接头硬度试验	1
熔透角焊缝	焊缝金属拉伸试验	1
	低温冲击试验[2)]	6
	接头硬度试验	1
坡口角焊缝 T型角焊缝	焊缝金属拉伸试验[3)]	1
	接头硬度试验	1
栓钉焊接	接头拉伸试验	3
	接头弯曲试验	3

注：
1) 侧弯试验：角度 $\alpha = 180°$，板厚 $\delta \leqslant 16mm$，$d = 2a$；板厚 $\delta > 16mm$，$d = 3a$。
2) 冲击试验缺口开在焊缝中心、热影响区(熔线外 1mm)处各 3 个，异种材质组合，熔合线外 1mm 分别取样。
3) 焊缝有效厚度≤8mm 的角焊缝（即焊角小于 11mm）不进行焊缝金属拉伸试验

2. 力学性能试验

焊缝外观质量检查合格后进行无损检测，检验在试板焊接完成 24h 后进行。无损检验按照《铁路钢桥制造规范》Q/CR 9211—2015 中附录 E 执行。

（1）对接焊缝、全熔透角焊缝超声波探伤，质量等级Ⅰ级；

（2）部分熔透角焊缝超声波探伤，质量等级Ⅱ级；

（3）T型角焊缝为磁粉探伤，验收等级 2X 级，执行标准 JB/T 6061—2007。力学性能试样按现行 GB 2650～2654 标准制备，焊接接头力学性能及硬度试验结果见表 2.6.14～表 2.6.18。

2.6.5 焊接工艺评定试验结果分析

2.6.5.1 接头力学性能评定标准

接头力学性能评定标准包括：

（1）焊缝强度：焊缝屈服强度（R_{el}）和抗拉强度（R_m）不低于母材标准值，且满足焊缝实际屈服强度不超母材实际强度 25% 或满足焊缝屈强比不超 0.9 的规定。

（2）焊缝金属伸长率（A）：不低于母材标准值。

（3）接头韧性：Q345qD、Q345qD+Q420qE 和 Q420qE 对接焊缝、T型全熔透焊接接头焊缝及热影响区低温冲击韧性满足表 2.6.19 要求。

（4）弯曲：对接接头弯曲 180°，试样受拉面上的裂纹总长不大于试样宽度的 15%，且单个裂纹长度不大于 3mm。

（5）接头硬度：焊接接头三区的最高硬度值不大于 $HV_{10}380$。

2 超大跨径连续钢桁梁桥的总体施工方法研究

对接（含工地大间隙对接）试验项目焊缝力学性能及硬度试验结果

表 2.6.14

序号	评定编号	板厚	材质	接头拉伸 R_m (MPa)	断裂位置	焊缝金属拉伸 R_{eL} (MPa)	R_m (MPa)	A (%)	侧弯 180°	低温冲击功 KV_2 (J) 焊缝中心/均值 ($-20/-40$℃)	热影响区/均值 ($-20/-40$℃)	最高硬度 (HV10)	母材强度 (MPa)	焊缝超强 (%)	屈强比
1	SGD01	δ16+δ16	Q345qD	550	母材	544	646	24	合格	150,150,150/150	84,105,79/89	211	425	27.7	0.84
2	SGD02	δ32+δ32	Q345qD	571	母材	496	591	24	合格	64,68,92/75	102,112,74/96	252	440	12.7	0.84
3	SGD03	δ16+δ16	Q345qD+Q420qE	553	母材	522	661	22	合格	141,128,136/135	91,107,74/91(Q345qD侧) 150,147,145/147(Q420qE侧)	241	425	22.8	0.79
4	SGD04	δ32+δ32	Q345qD+Q420qE	640	母材	565	646	26	合格	101,84,97/94	126,115,99/113(Q345qD侧) 150,150,146/149(Q420qE侧)	236	440	28.4	0.86
5	SGD05	δ16+δ16	Q420qE	664	母材	584	662	23	合格	89,102,74/88	145,101,150/132	239	470	24.2	0.88
6	SGD06	δ32+δ32	Q420qE	637	焊缝	571	643	23	合格	126,109,129/112	150,150,150/150	234	460	24.1	0.89
7	SGD07	δ50+δ50	Q420qE	634	焊缝	502	589	25	合格	94,96,72/87	51,150,150/117	239	530	−5.23	0.85
8	SGD08	δ16+δ16	Q345qD	561	母材	527	613	24	合格	105,85,101/100	150,150,150/150	233	425	24.0	0.86
9	SGD09	δ32+δ32	Q345qD	581	焊缝	567	650	21	合格	106,115,112/111	90,107,84/94	233	440	28.9	0.87
10	SGD10	δ16+δ16	Q345qD+Q420qE	555	母材	500	590	23	合格	96,113,82/97	67,64,99/77(Q345qD侧) 150,150,150/150(Q420qE侧)	229	425	17.6	0.85
11	SGD11	δ32+δ32	Q345qD+Q420qE	595	母材	527	569	23	合格	80,65,85/77	149,142,139/143(Q345qD侧) 150,150,150/150(Q420qE侧)	253	440	17.8	0.92
12	SGD12	δ16+δ16	Q420qE	629	母材	520	605	24	合格	41,53,50/48	150,150,150/150	233	470	10.6	0.86
13	SGD13	δ32+δ32	Q420qE	647	母材	562	635	22	合格	93,125,112/110	147,150,150/149	253	460	22.1	0.88
14	SGD14	δ50+δ50	Q420qE	637	焊缝	561	631	22	合格	108,83,102/98	58,57,80/65	221	530	5.9	0.88
15	SGD15	δ16+δ16	Q345qD	558	母材	423	568	30	合格	98,99,101/99	93,66,66/75	326	425	0.7	0.74
16	SGD16	δ32+δ32	Q345qD	573	母材	605	692	21	合格	104,84,89/92	82,77,79/79	232	440	37.5	0.87
17	SGD17	δ16+δ16	Q345qD+Q420qE	582	母材	560	623	25	合格	78,93,97/89	89,86,92/89(Q345qD侧) 150,150,150/150(Q420qE侧)	229	425	31.8	0.89
18	SGD18	δ32+δ32	Q345qD+Q420qE	588	母材	585	674	22	合格	84,68,70/74	124,83,94/100(Q345qD侧) 150,150,123/141(Q420qE侧)	247	440	32.9	0.87
19	SGD19	δ16+δ16	Q345qD	562	母材	497	608	27	合格	60,43,71/58	141,88,129/119	195	425	16.7	0.82
20	SGD20	δ28+δ28	Q345qD	569	母材	465	580	27	合格	115,117,150/127	67,61,63/64	228	445	4.5	0.80

续表

序号	评定编号	板厚	材质	接头拉伸 R_m (MPa)	焊缝金属拉伸 断裂位置	焊缝金属拉伸 R_{eL} (MPa)	焊缝金属拉伸 R_m (MPa)	焊缝金属拉伸 A (%)	侧弯 180°	低温冲击功 KV_2 (J) 焊缝中心/均值 (−20/−40℃)	低温冲击功 KV_2 (J) 热影响区/均值 (−20/−40℃)	最高硬度 (HV10)	母材强度 (MPa)	焊缝超强 (%)	屈强比
21	SGD21	δ16+δ16	Q345qD	545	母材	455	581	30	合格	62,60,65/62	89,42,58/63	281	425	6.8	0.78
22	SGD22	δ32+δ32	Q345qD	529	母材	578	645	26	合格	100,115,112/109	109,117,88/105	208	440	31.4	0.89
23	SGD23	δ16+δ16	Q345qD+Q420qE	578	母材	497	604	28	合格	150,150,150/150	82,77,67/75(Q345qD侧) 122,150,150/141(Q420qE侧)	224	425	23.0	0.82
24	SGD24	δ32+δ32	Q345qD+Q420qE	581	母材	554	632	27	合格	135,123,129/129	132,146,121/133(Q345qD侧) 150,150,150/150(Q420qE侧)	224	440	25.9	0.88
25	SGD25	δ16+δ16	Q420qE	650	焊缝	577	659	26	合格	48,72,48/56	150,150,79/126	217	470	22.3	0.88
26	SGD26	δ32+δ32	Q420qE	638	母材	555	634	23	合格	77,61,77/72	150,150,150/150	231	460	20.7	0.88
27	SGD27	δ50+δ50	Q420qE	646	母材	560	647	23	合格	60,57,59/62	150,150,150/150	217	530	5.7	0.87
28	SGD28	δ16+δ16	Q345qD	546	母材	567	636	24	合格	112,112,111/112	79,77,78/78	253	425	33.0	0.89
29	SGD29	δ16+δ16	Q345qD	571	母材	496	604	21	合格	93,96,74/87	69,73,80/74	230	425	16.4	0.82
30	SGD30	δ32+δ32	Q345qD	573	母材	557	624	23	合格	128,123,128/126	143,130,123/132	238	440	26.6	0.89
31	SGD31	δ32+δ32	Q345qD	584	母材	586	649	22	合格	102,112,108/107	96,90,103/96	241	440	33.2	0.90
32	SGD32	δ16+δ16	Q345qD+Q420qE	583	母材	510	599	23	合格	100,96,97/98	69,100,76/82(Q345qD侧) 150,150,150/150(Q420qE侧)	201	425	20.0	0.85
33	SGD33	δ16+δ16	Q345qD+Q420qE	554	母材	510	600	26	合格	80,64,60/68	89,82,75/82(Q345qD侧) 136,127,123/129(Q420qE侧)	232	425	20.0	0.85
34	SGD34	δ16+δ16	Q420qE	644	母材	556	639	23	合格	100,99,79/92	150,150,150/150	225	470	18.3	0.87
35	SGD35	δ32+δ32	Q420qE	639	焊缝	534	621	26	合格	57,56,55/56	150,97,108/118	244	470	13.6	0.86
36	SGD36	δ32+δ32	Q420qE	626	焊缝	556	588	25	合格	55,112,47/71	150,150,150/150	233	460	20.9	0.94
37	SGD37	δ32+δ32	Q420qE	623	焊缝	541	623	22	合格	79,85,79/81	83,126,146/118	220	460	17.6	0.87
38	SGD38	δ45+δ45	Q420qE	612	母材	556	630	26	合格	119,128,114/120	60,67,45/57	224	497	11.9	0.88
39	SGD39	δ45+δ45	Q420qE	652	母材	559	647	23	合格	90,111,107/103	52,113,150/105	228	497	12.5	0.86
40	SGD40	δ16+δ16	Q345qD	550	母材	485	566	25	合格	122,121,131/125	136,141,145/141	210	425	13.9	0.86
41	SGD41	δ16+δ16	Q345qD	575	母材	538	624	27	合格	99,107,104/103	98,110,100/103	224	425	26.3	0.86
42	SGD42	δ16+δ16	Q345qD	540	母材	470	585	25	合格	110,111,113/111	70,97,66/78	233	425	10.3	0.80

续表

序号	评定编号	板厚	材质	接头拉伸 R_m (MPa)	接头拉伸 断裂位置	焊缝金属拉伸 R_{eL} (MPa)	焊缝金属拉伸 R_m (MPa)	焊缝金属拉伸 A(%)	侧弯 180°	低温冲击功 KV_2(J) 焊缝中心/均值 (−20/−40℃)	低温冲击功 KV_2(J) 热影响区/均值 (−20/−40℃)	最高硬度 (HV10)	母材强度 (MPa)	焊缝超强 (%)	屈强比
43	SGDD01	δ16+δ16	Q420qE	574	焊缝	485	580	26	合格	47、52、67/56	150、150、150/150	218	470	3.2	0.84
44	SGDD02	δ16+δ16	Q420qE	619	焊缝	531	609	24	合格	102、107、106/105	150、150、150/150	222	470	13.0	0.87
45	SGDD03	δ32+δ32	Q420qE	608	焊缝	522	594	26	合格	62、86、76/75	150、150、150/150	221	460	13.5	0.88
46	SGDD04	δ32+δ32	Q420qE	605	焊缝	525	597	22	合格	92、103、103/99	150、150、150/150	226	460	14.1	0.88
47	SGDD05	δ50+δ50	Q420qE	595	焊缝	509	609	30	合格	87、78、100/88	81、93、67/80	221	530	−4.0	0.84
48	SGDD06	δ16+δ16	Q420qE	605	焊缝	549	608	22	合格	128、122、115/122	111、57、150/106	228	530	3.6	0.90
49	SGDD07	δ32+δ32	Q345qD+Q420qE	586	母材	538	601	20	合格	112、118、124/118	107、107、116/110（Q345qD侧）150、150、150/150（Q420qE侧）	228	440	22.3	0.90
50	SGDD08	δ16+δ16	Q345qD	552	母材	482	582	26	合格	96、100、123/106	150、150、150/150	204	425	13.1	0.83
51	SGDD09	δ32+δ32	Q345qD	587	母材	520	599	24	合格	117、145、125/129	100、122、93/105	222	440	18.2	0.87
52	SGDD10	δ16+δ16	Q345qD+Q420qE	560	母材	468	566	28	合格	143、142、139/141	101、93、83/92（Q345qD侧）150、150、150/150（Q420qE侧）	211	425	10.1	0.83
53	SGDD11	δ32+δ32	Q345qD	596	母材	516	598	25	合格	101、85、118/101	58、59、103/103（Q345qD侧）150、150、150/150（Q420qE侧）	217	440	17.3	0.86
54	SGDD12	δ16+δ16	Q345qD	552	母材	464	573	25	合格	131、118、114/121	150、150、150/150	211	440	5.5	0.81
55	SGDD13	δ32+δ32	Q345qD	583	母材	532	606	22	合格	119、110、110/113	119、95、112/109	217	440	21.0	0.88
56	SGDD14	δ16+δ16	Q345qD+Q420qE	557	母材	505	578	26	合格	124、123、109/119	77、118、112（Q345qD侧）150、150、150（150（Q420qE侧）	236	425	7.5	0.90
57	SGDD15	δ32+δ32	Q345qD+Q420qE	589	母材	547	621	23	合格	130、131、126/129	106、107、103（Q345qD侧）150、150、150/150（Q420qE侧）	229	440	24.3	0.88
58	SGDD16	δ16+δ16	Q345qD	558	母材	526	598	22	合格	113、116、121/117	107、54、92/84	228	425	23.5	0.88
59	SGDD17	δ32+δ32	Q345qD	578	母材	586	654	21	合格	98、103、100/100	150、150、136/145	225	440	33.0	0.89
60	SGDD18	δ16+δ16	Q345qD+Q420qE	552	母材	505	580	24	合格	122、78、81/94	91、101、90（Q345qD侧）150、150、150/150（Q420qE侧）	222	425	7.5	0.87
61	SGDD19	δ16+δ16	Q345qD	542	母材	417	544	30	合格	83、112、91/95	94、99、81/93	190	425	27.2	0.77
62	SGDD20	δ28+δ28	Q345qD	560	母材	430	534	29	合格	136、131、131/133	57、57、59/58	199	445	−1.4	0.80
63	SGDD21	δ16+δ16	Q420qE	603	母材	542	603	24	合格	73、89、69/77	150、150、150/150	231	470	7.5	0.84
64	SGDD22	δ32+δ32	Q420qE	621	母材	526	594	23	合格	69、80、73/74	150、150、150/150	233	460	18.5	0.87

表 2.6.15 T型熔透角焊缝试验项目焊缝力学性能及硬度试验结果

序号	评定编号	板厚	材质	焊缝金属拉伸 R_{eL} (MPa)	R_m (MPa)	A (%)	低温冲击功 KV_2 (J) 焊缝中心/均值 (−20/−40℃)	热影响区/均值 (−20/−40℃)	最高硬度 (HV10)	母材强度 (MPa)	焊缝超强 (%)	屈强比
1	SGR01	δ16+δ32	Q345qD	512	622	25	87,94,92/91	88,61,69/73	345	425	20.4	0.82
2	SGR02	δ16+δ32	Q345qD+Q420qE	528	628	23	103,96,97/99	80,104,106/97(Q345qD侧) 150,150,81/127(Q420qE侧)	232	425	24.2	0.84
3	SGR03	δ16+δ32	Q345qD+Q420qE	579	654	28	115,99,113/109	103,102,104/103(Q345qD侧) 150,150,150/150(Q420qE侧)	268	425	25.9	0.88
4	SGR04	δ32+δ32	Q345qD+Q420qE	593	658	22	113,97,104/101	53,62,69/61(Q345qD侧) 150,150,150/150(Q420qE侧)	241	440	34.8	0.90
5	SGR05	δ32+δ32	Q345qD+Q420qE	488	594	27	80,79,79/79	133,150,150/144(Q345qD侧) 150,150,150/150(Q420qE侧)	285	440	6.1	0.82
6	SGR06	δ16+δ32	Q420qE	426	541	28	51,58,150/86	66,64,55/62	236	460	−7.4	0.79
7	SGR07	δ16+δ32	Q420qE	568	649	23	85,90,85/86	76,145,145/122	261	460	23.5	0.88
8	SGR08	δ32+δ32	Q420qE	423	542	28	56,68,53/59	150,113,82/115	326	460	−8.0	0.78
9	SGR09	δ32+δ32	Q420qE	600	667	21	94,56,119/90	53,92,58/68	241	460	30.4	0.89
10	SGR10	δ32+δ32	Q420qE	524	603	25	51,72,77/66	69,60,41/57	241	460	13.9	0.87
11	SGR11	δ50+δ45	Q420qE	574	626	22	86,80,56/74	145,146,116/136	247	530	8.3	0.92
12	SGR12	δ50+δ45	Q420qE	544	608	24	73,82,98/84	145,145,150/148	244	530	2.64	0.89
13	SGR13	δ50+δ45	Q420qE	573	637	24	42,54,48/48	150,150,150/150	233	530	8.11	0.89

注：表 2.6.14 和表 2.6.15 中，焊缝冲击值为 150J 的表示冲击试验时 150J 摆锤未将试样冲断。

T 型部分熔透角焊缝试验项目焊缝力学性能及硬度试验结果　　表 2.6.16

序号	评定编号	板厚	材质	焊缝金属拉伸			最高硬度 (HV10)	母材强度 (MPa)	焊缝超强 (%)	屈强比
				R_{eL} (MPa)	R_m (MPa)	A (%)				
14	SGP01	$\delta28+\delta28$	Q345qD	615	702	21	257	445	38.2	0.87
15	SGP02	$\delta28+\delta28$	Q345qD	576	648	22	321	445	29.4	0.89
16	SGP03	$\delta24+\delta24$	Q420qE	556	627	24	226	540	3.0	089
17	SGP04	$\delta24+\delta24$	Q420qE	579	650	25	233	540	7.2	0.89
18	SGP05	$\delta45+\delta45$	Q420qE	570	643	24	247	497	14.7	0.89
19	SGP06	$\delta45+\delta45$	Q420qE	505	596	23	230	497	1.6	0.85
20	SGP07	$\delta45+\delta45$	Q420qE	623	704	23	241	497	25.3	0.89
21	SGP08	$\delta32+\delta32$	Q345qD	556	645	25	263	440	26.4	0.86
22	SGP09	$\delta32+\delta32$	Q345qD+Q420qE	572	643	22	326	440	30.0	0.89
23	SGP10	$\delta32+\delta32$	Q420qE	613	698	22	255	460	33.3	0.88
24	SGP11	$\delta32+\delta32$	Q420qE	614	685	23	255	460	33.5	0.89
25	SGP12	$\delta16+\delta16$	Q345qD	346	494	34	323	426	−18.8	0.70
26	SGP13	$\delta8+\delta16$	Q345qD	不检测此项			247	—	—	—
27	SGP14	$\delta8+\delta16$	Q345qD	不检测此项			232	—	—	—
28	SGP15	$\delta16+\delta16$	Q345qD	不检测此项			255	—	—	—
29	SGP16	$\delta16+\delta16$	Q420qE	不检测此项			319	—	—	—
30	SGP17	$\delta20+\delta24$	Q345qD+Q420qE	不检测此项			265	—	—	—

T 型角焊缝试验项目焊缝力学性能及硬度试验结果　　表 2.6.17

序号	评定编号	板厚	材质	最高硬度(HV10)
1	SGT01	$\delta20+\delta20$	Q345qD	257
2	SGT02	$\delta20+\delta20$	Q345qD	321
3	SGT03	$\delta20+\delta20$	Q345qD	226
4	SGT04	$\delta20+\delta20$	Q345qD	233
5	SGT05	$\delta20+\delta20$	Q345qD	247
6	SGT06	$\delta20+\delta20$	Q345qD+Q420qE	230
7	SGT07	$\delta20+\delta20$	Q345qD+Q420qE	241
8	SGT08	$\delta20+\delta20$	Q345qD+Q420qE	263
9	SGT09	$\delta20+\delta20$	Q345qD+Q420qE	326
10	SGT10	$\delta20+\delta20$	Q420qE	255
11	SGT11	$\delta20+\delta20$	Q420qE	255
12	SGT12	$\delta20+\delta20$	Q420qE	222
13	SGT13	$\delta20+\delta20$	Q420qE	247

焊钉接头试验结果　　　　　　　　　　　　　　表 2.6.18

序号	编号	焊接接头	弯曲 30°	拉伸试验结果		断裂位置
				标准值	拉力(kN)	
14	SGJ1	$\phi 22$ 焊钉 (ML15Al)＋32mm Q345D	完好	≥159.6	167.6	焊钉
			完好		163.2	
			完好		165.5	
			合格	合格		

焊接接头冲击韧性评定标准　　　　　　　　　　表 2.6.19

钢材材质	焊接接头低温冲击	
	冲击温度	KV_2
Q345qD	−20℃	≥47J
Q345qD＋Q420qE		
Q420qE	−40℃	≥47J

(6) 焊钉弯曲 30°，焊缝及热影响区不裂，试验拉力值大于规定值，且不断于焊缝及热影响区。

2.6.5.2　评定项目结果分析

1. 接头力学性能试验结果分析

由力学性能试验结果可以看出：

(1) 焊缝强度：各接头的焊缝强度均高于母材标准值，且满足焊缝实际屈服强度不超母材实际强度的 25% 或满足焊缝屈强比不超 0.9 的规定；

(2) 塑性：焊缝金属的伸长率均高于母材标准值，弯曲试验结果均完好；

(3) 韧性：焊缝及热影响区冲击值均满足−20/−40℃，$KV_2 \geq 47J$，符合规范及设计要求；

(4) 接头硬度：接头各区的硬度值均低于 $HV_{10}380$。

2. 接头宏观断面酸蚀照片分析

部分焊接工艺评定试件宏观断面酸蚀照片如图 2.6.3 所示。

从焊接接头宏观断面酸蚀照片可以看出，焊缝熔合良好，无裂纹、气孔、夹杂、夹渣等焊接缺陷，焊缝外观成形良好，焊缝过渡匀顺。

3. 焊钉试验结果分析

由焊钉试验结果可以看出：

(1) 焊钉弯曲 30°后，焊缝及热影响区均未产生裂纹；

(2) 拉伸试验拉力值均大于规定值，断裂均未发生在焊缝及热影响区，接头力学性能满足技术要求。

2.6.6　结论

根据焊接工艺评定试验，可得出以下结论：

(1) 试验按照实际操作位置进行，符合该项目焊接作业的实际情况；

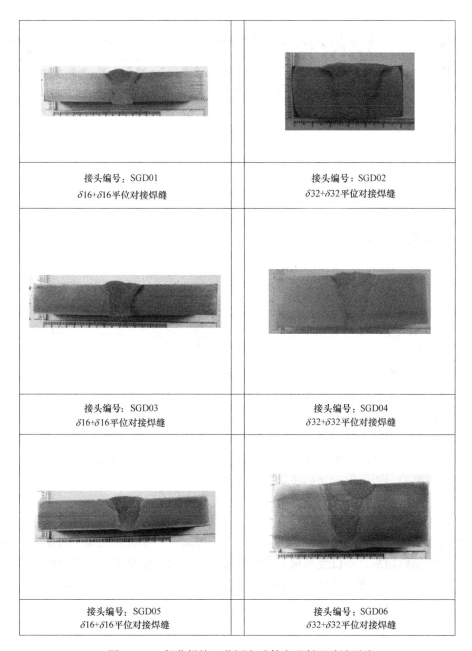

图 2.6.3 部分焊接工艺评定试件宏观断面酸蚀照片

（2）本次试验共计 108 组评定试验项目，涵盖本项目全部接头形式；

（3）试验各焊接接头经外观检查、宏观断面检查，超声波无损检测，质量合格。

焊接工艺评定试验结果表明，试验用焊接工艺合理，可作为编制三官堂大桥及接线工程（主桥）钢桁梁焊接工艺规程的依据。

3 钢桁梁构件的加工制作与运输吊装方法及构件的安装方法研究

3.1 钢桁梁加工制作

3.1.1 工艺设计方案

本桥钢桁梁主要包括主桁、公路桥面系、上平联、横联和桥门架。

主桁弦杆、腹杆以箱形截面为主,主桁上、下弦杆节点以整体节点形式为主。桥面板为密布横梁正交异性整体钢桥面板。节间横梁为倒 T 形截面,节点横梁采用倒 T 形结构,纵梁采用倒 T 形截面。连接系由上平联、桥门架及横向连接系共同构成,连接系杆件采用工字形和箱形截面。

针对各部分结构特点,在钢结构加工基地制造纵梁、横梁及桥面板单元并完成钢桥面板块的组焊,同时在钢结构加工基地进行主桁、连接系杆件的制造,最后拼装成整体节段。其加工制作方案如下:

(1) 钢板预处理。

钢板在切割前全部进行预处理,即先用赶板机赶平,以消除钢板内应力,防止进厂的钢板因弯曲、翘曲等因素影响切割质量。保证钢板平面度,然后抛丸除锈、喷涂车间底漆并烘干。

(2) 钢板下料。

零件尺寸主要通过数控火焰切割机、数控水下等离子切钻机和机加工来保证,用数控水下等离子切钻机切割,不仅变形量小,而且效率高。对于重要零件的边缘或焊接边缘应进行机加工(如工字形和箱形杆件的腹板),以保证零件的尺寸和焊接坡口精度,如图 3.1.1 所示。

(3) 组装方案。

所有杆件均采用胎型或平台组装,并针对不同的杆件确定不同的组装方法和定位基准。采用先孔法的杆件组装时以孔定位,配合组装样板定位组对。

(4) 焊接方案。

主要杆件的主焊缝优先采用埋弧自动焊,于悬臂焊接中心对杆件主焊缝的焊接,可以稳定控制焊接质量;采用 CO_2 气体保护焊,可以提高生产效率,减小焊接变形。焊接时要严格按照焊接工艺中的规范参数、焊接顺序及方向进行焊接。

(5) 制孔方案。

普通箱形、工形杆件组焊修后,采用龙门式数控钻床钻孔。数控钻床可对杆件进行一次性立体制孔,效率高、精度高。对于超过数控钻床出孔能力的整体节点弦杆,先用数控

图 3.1.1 钢板下料与切坡口

钻床钻定位孔,然后利用钻孔样板接钻其余孔。对于非组焊件均采用卡样板或平板数控钻床制孔。

(6) 涂装方案。

结合本桥结构特点,本桥涂装分三个阶段完成。第一阶段为下料前预涂车间底漆;第二阶段为车间涂装,在厂内完成所有构件除成桥后最后一道面漆外的全部涂装工作;第三阶段为补涂装及成桥涂装,即完成桥上焊接、运输及安装中受损涂层的补涂装及最后一道面漆涂装等工作。图 3.1.2 所示为出厂前的涂装漆膜厚度检测。

3.1.2 钢桁梁制造方法

图 3.1.2 出厂前涂装漆膜厚度检测

1. 普通杆件制造

普通杆件包括主桁腹杆、上平纵联、桥门及横联系统中的普通箱形和工字形杆件及其连接件等。对这些杆件制造仍沿用过去成熟的传统工艺,此处仅作简单介绍。

(1) 普通箱形杆件工艺流程,如图 3.1.3 所示。

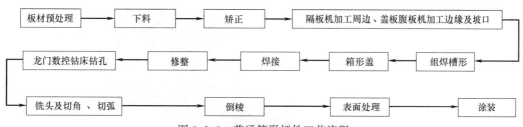

图 3.1.3 普通箱形杆件工艺流程

钢板下料、槽形组焊修、箱体组焊修均在胎型上或平台上进行,防止或减少热加工中因杆件自重影响而产生变形;同时使用链式翻转胎具及吊具,保证杆件在起吊、翻身、打吊时平稳安全。防止因吊运、翻转不当造成杆件塑性变形。

有横向连接的箱形杆件,如桥门、横联杆件,杆件两端出完孔后,精确划线组焊横向连接件。

(2) 普通工字形杆件工艺流程,如图 3.1.4 所示。

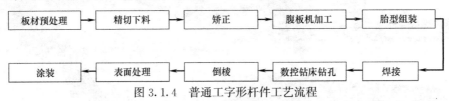

图 3.1.4　普通工字形杆件工艺流程

(3) 连接件,主要指节点板、拼接板、填板等,其工艺流程如图 3.1.5 所示。

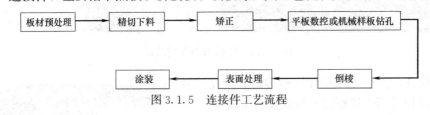

图 3.1.5　连接件工艺流程

(4) 技术措施。

箱形内隔板加工精度控制。

箱形内隔板为箱形内胎,它的加工尺寸控制直接关系到箱形杆件外形尺寸的精度。隔板切割下料后,机加工四边,同批次机加工的隔板同一边缘作标记,在划线组装时根据标记同向组隔板,以保证杆件直度。

所有杆件两端的手孔、切角均在杆件组焊、修整、制孔完成后切除,以有利于保证杆件外形尺寸公差。

2. 整体节点弦杆制造

整体节点弦杆是本桥制造的一个重点和难点。由于杆件结构复杂,焊接量较大,制孔相对困难,因此,在制造中应重点控制。下面将重点介绍整体节点弦杆中较复杂的下弦杆的制造过程。

下弦杆是本桥杆件中比较有代表性的杆件,下弦杆侧向与桥面板、横梁连接,上方与斜、竖杆连接,螺栓连接面较多,如图 3.1.6 所示。杆件制造采用专用胎型上组装、可靠

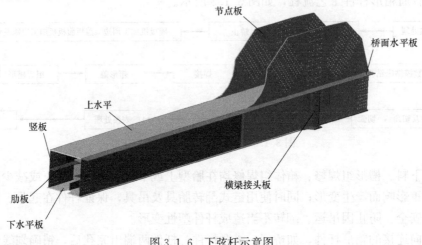

图 3.1.6　下弦杆示意图

的钻孔工艺，严格控制组焊和制孔精度，保证杆件的制造质量符合规范要求。

下弦杆工艺过程如下：

（1）下料。

板材经过预处理后，采用数控切割机下料。下料时对主要边缘和焊接边等预留机加工量（图3.1.7）。

图3.1.7 下料

（2）机加工。

机加工节点板、竖板（图3.1.8）。

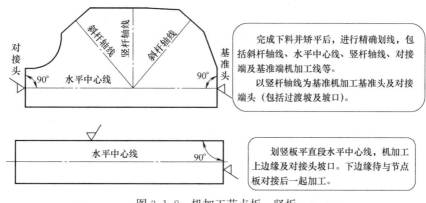

图3.1.8 机加工节点板、竖板

机加工水平板（图3.1.9）。

图3.1.9 机加工水平板

（3）接长。

严格保证焊接质量及接料直线度（图3.1.10、图3.1.11）。特别是保证节点板与竖板平直段的直线度。

（4）机加工。

机加工焊接底边及焊接坡口（图3.1.12）。

机加工上水平板的两边及焊接坡口（图3.1.13）。

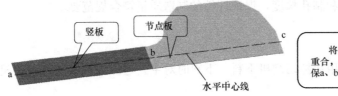

图 3.1.10 竖板、节点板接长

图 3.1.11 水平板接长

图 3.1.12 机加工焊接底边及坡口

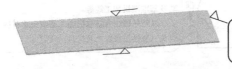

图 3.1.13 机加工两边及坡口

加工横隔板四边,保证垂直度(图 3.1.14)。

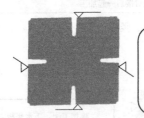

图 3.1.14 机加工横隔板四边

机加工横梁接头板(图 3.1.15)。

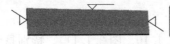

图 3.1.15 机加工横梁接头板

机加工桥面水平板焊接边缘、过渡坡及坡口,预留焊接收缩量(图 3.1.16)。

(5)组焊板单元。

组焊板单元(图 3.1.17)。

3 钢桁梁构件的加工制作与运输吊装方法及构件的安装方法研究

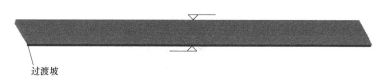

图 3.1.16 机加工焊接边缘、过渡坡及坡口

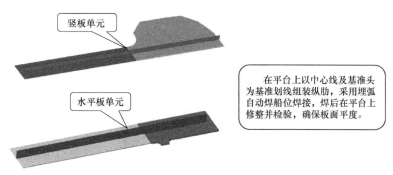

图 3.1.17 组焊板单元

（6）组焊槽形。

采用正装法，利用胎型组装，将下水平板置于胎型的平台上，以节点中心线和纵基线为基准划线组装横隔板，然后组装两侧竖板单元并焊接（图 3.1.18）。

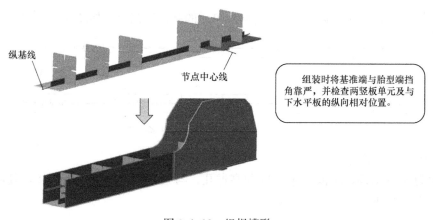

图 3.1.18 组焊槽形

（7）组焊箱形。

以节点端端部为基准组焊上水平板单元，然后焊接四条主焊缝（图 3.1.19）。

（8）组焊桥面水平板。

组焊桥面水平板（图 3.1.20）。

3. 桥面板块制造工艺

正交异性桥钢面板桥面系由正交异性桥面板、纵梁、横梁三个部分组成。钢桥面板全桥纵、横向连续，纵向与箱形纵梁顶板伸出肢焊接，横向分段焊接。

（1）桥面板单元制造工艺。

桥面板单元由 U 肋和桥面板组成，由于桥面板与纵梁上盖板，相邻桥面板之间均需

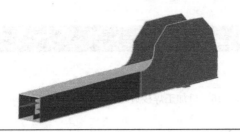

图 3.1.19 组焊箱形

四条主焊缝的焊接也必须在测平的胎架上进行,并采用同向对称焊接,防止扭曲变形。采用边焊边修的工艺,防止焊接变形积累。

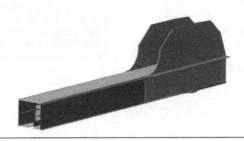

图 3.1.20 组焊桥面水平板

组装桥面水平板前必须严格检查杆件旁弯,不可向桥梁外侧弯曲。采用线能量较小的焊接工艺,焊后在平台上修整,严格控制杆件的弯曲和扭曲。

对接焊,故桥面板边缘须加工坡口,桥面板单元的制造工艺流程如图 3.1.21 所示。

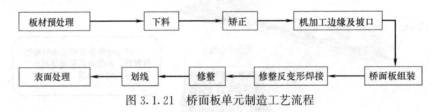

图 3.1.21 桥面板单元制造工艺流程

(2) 横梁制造工艺。

横梁为 T 形结构,腹板上部设 U 肋穿过孔,与弦杆的横梁接头板焊接,其制造工艺流程如图 3.1.22 所示。

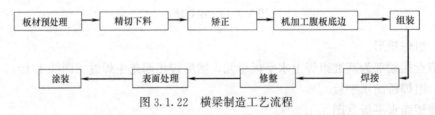

图 3.1.22 横梁制造工艺流程

为消除因切割而产生的热变形,腹板采用水下等离子数控切割机切割下料,保证其外形尺寸精度;并准确预留焊接收缩量和横向预拱度。在 T 形组装胎上组焊 T 形横梁盖腹板,组装以中心线为基准,用埋弧自动焊船位施焊;最后组焊腹板两侧的加劲肋,注意加劲肋焊接顺序和方法,尽量减小焊后的修整量。

横梁腹板较薄,为消除因切割而产生的热变形,采用水下等离子数控切割机切割下料,保证其外形尺寸精度;在 T 形组装台上组焊 T 形横梁,组装以栓孔定位,并在平台上修整。

(3) 纵梁制造工艺。

纵梁采用倒 T 形截面,T 形纵梁制作工艺流程如图 3.1.23 所示。

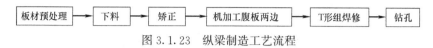

图 3.1.23 纵梁制造工艺流程

(4) 桥面板块拼装工艺流程。

桥面板块组拼采用连续匹配组焊及预拼装并行的工艺方案,即一轮次组拼不少于 5 个节间的长度,一轮组拼完成后,留最后 1 个节间的桥面板块与下一轮匹配组拼。为实现此方案,设计制作胎架,胎架为模拟弦杆设置横梁定位装置,用以控制横梁位置。为保证在温度变化时胎架与桥面板块同步伸缩,胎架长度范围内设置通长胎架纵梁,定位装置固定其上。为控制桥面板块的装配位置,在胎架上设置纵横基线和基准点,同时胎架外设置独立的基线、基点,对胎架进行监控。

桥面板块制作按照横梁→中间桥面板→边桥面板→纵梁→焊接纵梁与面板焊缝→翻身焊接板单元对接焊缝的顺序,实现逐节段桥面板块的组装与焊接。板块间的纵梁、纵肋用工艺板连接定位,以确保其栓孔重合率。

3.1.3 试拼装工艺及要求

试拼装采用对主桁、公路桥面板、横向连接系全部进行空间试拼法,每次试拼装 5 个节间。

试拼装以孔定位,用冲钉定位,用普通螺栓紧固,调整拱度、旁弯、桁高、主桁中心距。试拼装在胎架上进行。

试拼装胎架基础有足够的承载力,在使用过程中不会发生沉降。胎架在节点部位或拼接口处均设支点,各支点标高相对差不大于 1mm。边腹杆外侧设置可调节的腹杆支撑。胎架上设置纵、横基线。胎架外设置独立的基线、基点,以便随时对胎架进行检测。

试拼装工艺及要求如下:

(1) 试装前绘制试装图,编写详细的试拼装工艺,并报监理工程师批准。

(2) 参加试装的杆件须是经验收合格的产品,并在杆件涂装前进行试装。

(3) 试拼装胎架基础必须有足够的承载力,在试装过程中不会发生沉降。胎架在节点部位或拼接口处均设支点,各支点标高相对差不大于 1mm。

(4) 试拼装时各杆件用冲钉以孔定位,用普通螺栓紧固,所用冲钉不得少于螺栓孔总数的 10%,螺栓不得少于螺栓孔总数的 25%,使连接件各板层密贴。调整拱度、旁弯、桁高、主桁中心距。

(5) 试装过程中检测拼接板有无相互抵触的情况,有无不易施拧螺栓处,当发现问题及时进行矫正。

(6) 试装时,必须用试孔器检查所有螺栓孔,钢桁架的螺栓孔应 100% 自由通过较设计孔径小 0.75mm 的试孔器;正交异性钢桥面板、桥面系和连接系的螺栓孔应 100% 自由通过较设计孔径小 1.0mm 的试孔器。

(7) 磨光顶紧处有 75% 以上面积密贴，用 0.2mm 塞尺检查，其塞入面积不得超过 25%。

(8) 钢桁梁试装的主要尺寸允许偏差应符合表 3.1.1 的规定；正交异性桥面板试拼装的主要尺寸允许偏差应符合表 3.1.2 的规定。

(9) 试拼装应有详细记录，经鉴定合格后方可批量生产。

钢桁梁试装的主要尺寸允许偏差　　　　　　　　　　　表 3.1.1

序号	项目	允许偏差(mm)	说明
1	桁高	±2	上下弦杆中心距离
2	节间长度	±1.5	—
3	旁弯	$L/5000$	桥面系中线与其试装全长 L 的两端中心所连接直线的偏差
4	试装全长	±5	$L \leqslant 50000$（L 为试拼装长度）
5	试装全长	$\pm L/10000$	$L > 50000$（L 为试拼装长度）
6	拱度	±3	当 $f \leqslant 60$ 时（f 为计算拱度）
7	拱度	$\pm 5f/100$	当 $f > 60$ 时（f 为计算拱度）
8	对角线	±3	每个节间
9	主桁中心距	±3	每个节间
10	平联节间对角线差	3	每个节间

正交异性桥面板试装的主要尺寸允许偏差　　　　　　　　　表 3.1.2

序号	项目	允许偏差(mm)	说明
1	节间长度	±2.0	节间长度＝理论长度＋伸长量＋工艺预留量
2	拼装长度	±5.0	3 个节间
3	旁弯	$L/5000$	桥轴线与预拼长度两端中心连线的偏差
4	节间对角线差	±3.0	每个节间
5	纵梁中心距	±2.0	
6	桥面板块宽度	±5.0	
7	桥面板块对接焊缝错台	1.5	横梁盖板与面板、相邻面板之间
8	桥面板块平面度	纵向 $W_1/500$ 且 $\leqslant 3.0$ 横向 $W_2/300$ 且 $\leqslant 1.5$	W_1 为横肋间距 W_2 为纵肋间距
9	桥面各点标高	±5.0	测点　横梁　桥面板

桁片与大节段的试拼装如图 3.1.24 所示。

图 3.1.24 桁片与大节段试拼装

3.2 钢桁梁场外运输

3.2.1 构件存放

1. 一般要求

构件存放一般要求为:

(1) 板单元存放场地要求地基坚实,支撑处有足够承载力,地面平整,通风条件好,排水系统通畅,防止积水。

(2) 构件在厂内和钢结构加工基地存放和装运时,按照拼装顺序进行编号,按照调运顺序合理安排摆放位置,方便装运。

2. 板单元存放、杆件及节段存放

对于板单元存放:

(1) 板单元码放时最下面一层板单元与地面间应加垫木楞,以增强其稳固性,防止板单元因局部不平发生变形。木楞截面不得小于 150mm×150mm,长度不小于板单元宽度。

(2) 木楞支撑点应选择在板单元的板肋处,层与层之间的木楞应垫在同一断面处,同一层的垫点应设在同一水平面上。

(3) 板单元码放时,相同种类、相同规格和形状的板单元宜码放在一起,且标记牌应清晰明了。在拼装场码放板单元时,应尽量按板单元在总拼时的状态码放,从而减少总拼吊运时的翻身操作。

(4) 在工厂和钢结构加工基地,板单元码放高度应适宜,应保证整体稳定性,避免倾覆及处于下部的板单元因压力过大产生塑性变形。一般情况下,板单元码放高度不宜超过 3m,且一般不宜超过 10 层。板单元件距地面不得少于 100mm。

对于杆件及节段的存放:

(1) 杆件的存放要分别种类及拼装顺序,堆放整齐。

(2) 杆件的支承点应设在自重作用下杆件不致产生永久变形处。

(3) 杆件刚度较大的一面应竖向放置。

(4) 长直杆件下应有足够的支垫，并调整到自重弯矩为最小的位置上，以防杆件挠曲变形。

(5) 同类杆件多层堆放时，各层间的垫块应在同一垂直面上。

(6) 每堆杆件之间应留有适当宽度，以便于吊装人员操作和查对。

(7) 由于整体桁片体积较大，重心较高，必须加固定设施和足够的支垫，防止杆件变形，同时要注意存放安全。

3. 构件标识

本桥所有构件的标识均采用字模进行喷涂，字体均采用同一规格，要求清晰、醒目，构件的标识喷涂位置和内容根据构件形式而定，一般分为两类，一类为板件及小型构件，另一类为大型杆件。下面分别进行叙述说明：

(1) 板件及小型构件。板件及小型构件可仅喷涂构件编号作为构件标识。

(2) 大型杆件。大型杆件的标识必须标明桥名、杆件号、规格、重量、公司名称，喷涂位置选在杆件竖板较小端头的面漆部位，字体颜色根据面漆颜色选用，要求醒目。

3.2.2 运输方案

宁波三官堂大桥钢桁梁从钢结构加工基地拼装成节段后，再从钢结构加工基地装船，由船舶运输至宁波桥址施工水域。采用 2 台 800t 龙门式起重机，1 台 40t 门座式起重机在港池装船，如图 3.2.1 所示。

根据钢结构的运输外形尺寸、单件重量、体积及海江运输航线的特点，海上运输船舶要满足在海上部分航段稳性好，功率大且有舱门盖的自航深舱船舶。江上运输船舶要选择既能满足节段尺寸，稳性好且舱位尺寸大，又能满足靠泊起卸货物需要的前驾驶甲板自航驳船。

图 3.2.1　出厂装船与海上运输

此外，甬江为海运Ⅲ级航道，经向宁波海事局相关单位调查，自甬江入海口至本工程桥位处，甬江航道共有三座大桥，桥下通航净空及通航能力相关数据见表 3.2.1 和图 3.2.2，水位刻度如图 3.2.3 所示。

3 钢桁梁构件的加工制作与运输吊装方法及构件的安装方法研究

图 3.2.2 运输船通过明州大桥

图 3.2.3 水位刻度尺

本工程甬江下游桥梁通航净空一览表   表 3.2.1

桥名	招宝山大桥	清水浦大桥	明州大桥	备注
位置	位于甬江招宝山与金鸡山之间	位于甬江王家洋水域	位于北高教园区水域	
设计通航净空高度(m)	23	30.86	24	
设计通航净空宽度(m)	200	200	180	
设计最高通航水位(m)	2.13	3.27	2.23	
通航船舶吨位(t)	3000	3000	1000	海船

拟投入的运输船舶主要外形尺寸和技术参数及船舶数量见表 3.2.2。

拟投入的运输船主要外形尺寸（m）和技术参数及船舶数量   表 3.2.2

船名	船长(m)	船宽(m)	型深(m)	空载吃水(m)	满载吃水(m)	主机功率(kW)	货位长(m)	货位(m)	载重吨位	类型	备注
海船资料											
吉鑫9	91	15	6.5	2.882	5.15				4296	舱驳船	
擎鹏	85.82	13.6	7	1.51	5.7				4000	舱驳船	
江海联运船资料											
京润88	64.35	15	3.18	2.012	2.2		58.5	15	980	甲板船	
晨晓6	97.41	18.8	4.5	2.41	3.5		84	18.8	2700	甲板船	

3.2.3 钢结构装船绑扎方案

发运节段运输船甲板上临时支墩的布置（以主梁节段为例）。在运输船上分别采用 8 个 700mm×700mm×5000mm 和 24 个 700mm×700mm×700mm 钢墩作大节段的临时支墩，以船舶中线为基准，横向间距为 9m，纵向间距为 3.5m，甲板驳全船总计布置 32 个重型支撑钢墩（项目操作时再根据实际情况增减钢墩），如图 3.2.4 所示。

为防止节段局部凹凸变形，节段支墩结构设计成两部分。第一部分是钢墩，结构形式及规格满足承载强度要求；第二部分是橡胶垫木墩，由若干个楔木和橡胶垫组成，在大节段摆放前，将楔木和橡胶垫敷设在钢墩上，楔木长度方向垂直于横隔板，并基本调平。在节段摆放定位后，将上下楔木对楔紧密，橡胶垫既保护节段底面，又增大节段与支墩之间的摩擦力，减缓大节段支撑点处的受力，同时可提高船舶纵横向稳性。楔木主要作用是调整节段装载后的水平度，以保证所有支墩与节段全部紧密接触使各个支墩均匀承载，避免由个别支墩集中承载而导致的节段支点处局部凹凸变形。

支墩横向（船宽方向）布置在节段外部强度相对较强的横隔板处，以保证节段支撑处

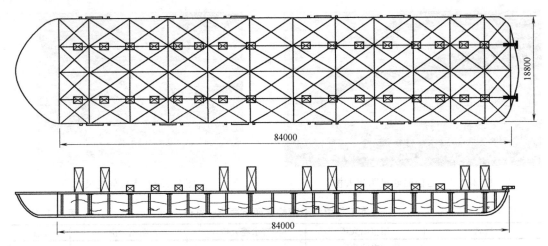

图3.2.4 前驾驶甲板驳支撑钢墩布置图

不产生局部变形,支墩纵向(船长方向)布置在船舶甲板强横梁处,利于载荷向其他方向扩散,以提高甲板单位面积承载能力。

由于主梁节段重量大、重心高、外形尺寸复杂及装载方案相对复杂,因此,绑扎方案以主梁节段为主进行介绍。主梁节段装船完成后,按设计绑扎方案对节段进行绑扎固定。绑扎方案设计采用栓接方式,以减少焊接扣点对节段的损伤。绑扎时,在梁外检修车轨道的竖横支架梁上安装栓接式绑扎扣点,栓接式绑扎扣点与运输船甲板上的绑扎扣点间用10t螺旋扣、双$\phi 28$mm钢缆、10t卸扣及专用销接件进行连接,纵横向绑扎与运输船甲板夹角均为45°的八字形。

绑扎方式如图3.2.5和图3.2.6所示。

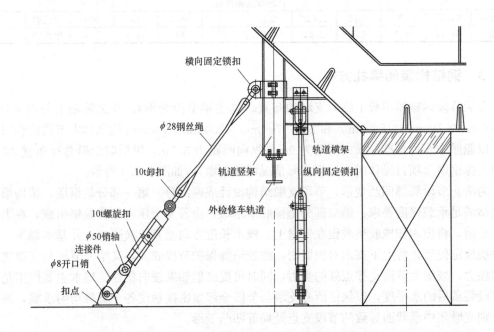

图3.2.5 节段支承及捆扎固定横截面细部图

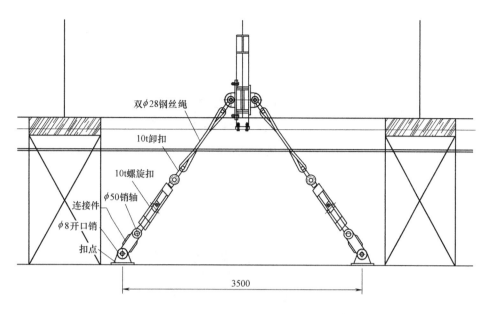

图 3.2.6 节段支承及捆扎固定侧向细部图

为了确保节段运输船舶在运输途中的安全,梁段上船后除检修车轨道的支架梁上要装栓接式绑扎扣点外,再以不影响梁段为前提布设 $\phi 28$mm 钢丝绳穿过吊耳,使用牙扣锁紧,下端与运输船甲板面上的预设牛耳连接,扣上花兰螺栓,再加固形成双保险。

3.2.4 发运船桥址抛锚定位

运输船只具备四锚定位能力。每艘船上都安装有四个锚,四个锚都具有一定程度固定船只的能力。由于桥址江心处流速大、水又深,自航驳自身体积较大,抛锚难度很大,需要抛锚艇协助;当自航驳进入业主指定作业区域后,根据吊装单位所指定的吊点,选定一处下锚后,再由抛锚艇在第二下锚处进行下锚,依次抛第三个锚、第四个锚。当四锚都锚稳以后通过船上的锚机进行微调,这样就能达到精确定位的效果,如图 3.2.7 所示。

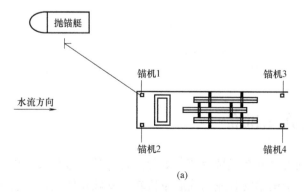

(a)

图 3.2.7 抛锚定位步骤(一)
(a) 步骤一

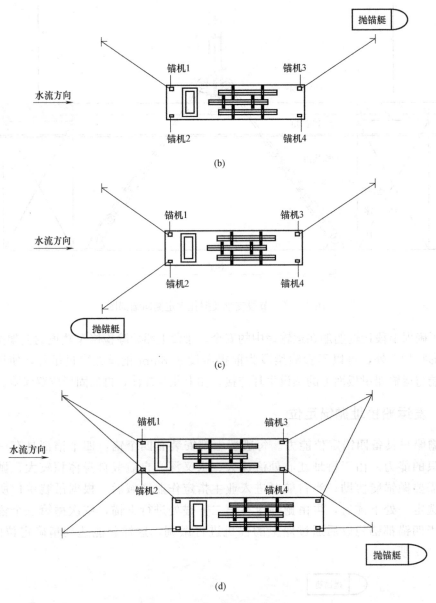

图 3.2.7 抛锚定位步骤（二）
(b) 步骤二；(c) 步骤三；(d) 步骤四

3.3 钢桁梁安装施工准备

总体上，根据边跨钢桁梁安装线型及节段划分位置，搭设边跨及三角区钢桁梁安装支架、临时码头，同时施工钢桁梁安装龙门式起重机轨道基础及轨道，安装并调试好龙门式起重机。边跨钢桁梁采用支架法施工，利用龙门式起重机起吊，按从岸侧至江侧顺序依次分节段安装。三角区钢桁梁采用支架法施工，利用龙门式起重机起吊，按先下后上的顺序，分榀逐步安装。钢桁梁中跨节段采用运输船运送至桥位安装点正下方，利用1台2×325t桁上起重机逐段对称安装，合龙段则采用2台2×325t桁上起重机抬吊。合龙后顶升边墩横梁，恢复预偏至设计位置。

3.3.1 测量总体方案

在钢桁梁安装前，仔细检查墩顶帽和支座中心的坐标及标高、跨距，并设出纵横十字线及梁中心线交点。

为确保钢梁线性顺直，拱形符合设计要求，以及利用钢梁悬臂端实测扰度值来复核杆件的内力和支撑点的反力，钢梁架设过程中及时测量，发现问题及时矫正，测量工程如下：

(1) 钢梁中心线的测量，每拼装一个节间测量一次，为减少光照对钢梁的影响，测量工作应选在早晨日出前或太阳日落时，无风或微风状况进行。

(2) 钢梁主桁梁扰度测量，每拼装一个节间测量一次，为减少光照对钢梁的影响，测量工作选择作业环境同第一点。

(3) 主桁梁横断面测量，每阶段按照施工要求测若干断面。

(4) 钢桁梁安装完毕，钢梁中心、支座标高调整复核设计要求后，应对梁中线、拱度、支座标高进行竣工测量。

(5) 钢桁梁测量资料填写需标注测量时间、温度、天气情况等环境条件。

3.3.2 测量点布设方案

本工程对散装钢桁梁采用冲钉标记，钢桁梁整体安装节段采用预埋棱镜底座；棱镜底座预埋位置为每节段距离端头10cm的中轴线上，如图3.3.1所示。

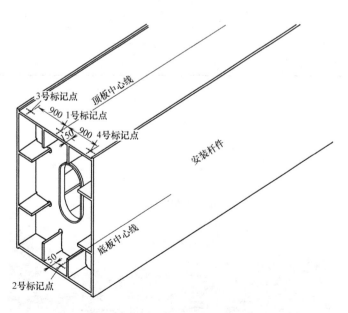

图3.3.1 散件冲钉标记示意图

3.3.3 技术准备、物资准备与现场准备

1. 技术准备

（1）完成相关所有专项施工方案的评审及报批。

（2）如ME A4 300/50+300t龙门式起重机、2×325t桁上起重机等特种吊装设备，在使用前请宁波市特种设备研究中心进行验收，并向宁波市市政公用工程安全质量监督站进行备案。

（3）向宁波海事局申请并办理好水上水下施工作业许可证。

（4）委托专业河道警戒单位做好航道警戒工作。

（5）过甬江大道施工前须向高新区交警部门办理好临时交通管制手续。

（6）提前计算好各杆件安装位置的放样、测量坐标，注意边跨及三角区钢梁安装状态为：绕主墩支座旋转，按边墩处下压800mm进行预偏。

2. 物资准备

包括各类起吊设备、钢绳、卸扣等吊装工具等，甬江大道两侧交通管理所需制标识标牌、水上安全作业设施及随身防护用品、防汛沙袋，并分别在三角区、中跨钢桁梁安装前完成ME A4 300/50+300t龙门式起重机、660t桁上起重机的安装，完成试吊试验（图3.3.2）。ME A4 300/50+300t龙门式起重机性能参数见表3.3.1。

ME A4 300/50+300t 性能参数表　　　　表3.3.1

模块　　项目		起升模块		模块　　项目		运行模块	
		主起升（两套）	副起升			小车（两套）	大车
起重量	t	300	50	轨距	m		50（净跨48）
起升速度	m/min	0～1（重载）～2（空载）	0～5（重载）～10（空载）	运行速度	m/min	0～10	0～12（重载）～17（空载）
工作级别		M4	M4	工作级别		M4	M4
起升高度	m	52.5	52.5	缓冲行程	mm	150	188
总功率	kW	289		最大轮压	kN		240
电源		三相交流	380V 50Hz	钢轨型号		100×80	P43

图3.3.2　ME A4 300/50+300t龙门式起重机安装

3. 现场准备

同时作好现场准备：

(1) 完成临时便道、栈桥码头及钢桁梁安装支架施工。

(2) 对支座按设计要求进行预偏后临时固定主墩各单向或双向滑移支座，约束其水平位移，但不约束转动。

(3) 按要求完成甬江河道清淤，使运输船舶可顺利向临时码头靠泊。

(4) 临时码头两侧设置好临时锚桩。

(5) 设置好桥位处甬江航道助航标牌及警示设施。

3.4 钢桁梁卸船施工

3.4.1 卸船施工工艺流程

卸船施工工艺流程如图 3.4.1 所示。

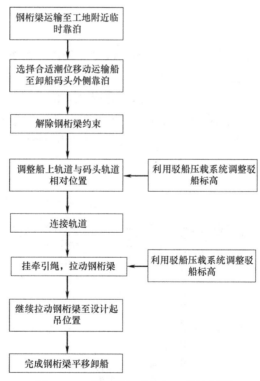

图 3.4.1 钢桁梁卸船施工工艺流程图

3.4.2 梁段上岸前的准备

1. 橡胶护舷的设置

钢桁梁运输船停靠至设计位置时，运输船会对卸船码头产生一定冲击力，为确保卸船码头结构安全，需事先在码头外侧钢管上安装橡胶护舷。根据《港口工程荷载规范》JTS

144—2010规定，撞击力标准值应根据船舶有效撞击能量、橡胶护舷性能曲线和靠船结构的刚度确定。根据计算，船舶有效撞击能量$E_0=54kJ$，故选用DA-A300H型橡胶护舷，根据性能曲线，撞击力标准值为150kN，满足结构受力要求。为进一步增强码头抗撞击能力，码头钢管桩插打完毕后，在端部钢管桩立柱内灌注细沙。

2. 卸船时间的选定

采用2500t驳船进行钢桁梁的运输，根据厂家提供船舶参数，钢桁梁运输过程中船舶吃水深度为1m，船舶最大吃水深度为3.2m，船底至甲板高度为4.2m，船舶龙骨横桥向间距3.75m。

根据船舶参数，采用$2H600\times200\times11\times17$型钢作为船上滑移轨道，轨道两侧加焊1.2cm厚钢板。施工前，向中国海洋信息相关单位购买甬江潮汐水位表，施工时根据潮汐时间，选择合适的水位高度进行滑移施工作业。现场实际施工时，应选择高平潮进行滑移施工，且施工期间水位不得低于$-0.282m$，且不得高于$+1.918m$。

3. 运输姿态的确定

为方便现场吊装施工，减少节段转身等施工工序，钢桁梁装船姿态应尽量与安装姿态一致。

3.4.3 船舶停靠

高平潮前1.5h通知驳船准备靠泊，现场确认海况条件，检查施工电源及应急电源到位情况及是否完好，做好轨道搭接准备工作。

高平潮前1h，通知驳船驶入卸船码头，在现场技术人员的指挥下进行靠泊，驳船停靠在最佳位置后，抛定位缆绳。通过临时缆绳调整船舶平面位置，使轨道精确对接，使船舶滑移轨道轴线与码头滑移轨道轴线一致，缆绳布置与船舶停靠示意分别如图3.4.2、图3.4.3所示。

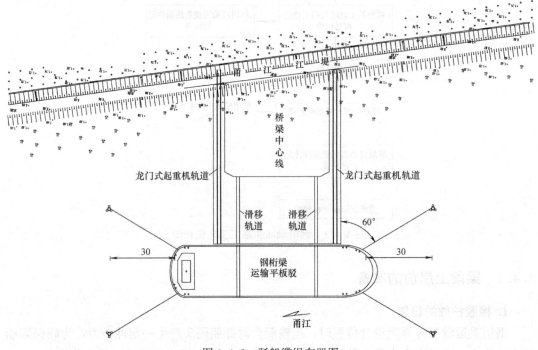

图3.4.2 驳船缆绳布置图

运输船上滑移轨道需事先安装完成，轨道需伸出船边一定长度作为过渡梁，施工时，过渡梁直接搭接至卸船码头处的搭板系统上。搭板系统采用钢板焊接，为克服船舶滑移过程中的水平力，单套搭板系统采用 3 根 φ325×5mm 钢管进行支撑，支撑钢管一端置于搭板系统上，另一端置于栈桥钢管立柱或平联上。栈桥设计时已考虑水平荷载对钢管立柱的作用，并根据受力需要已插打斜撑钢管。搭板系统如图 3.4.4 所示。

图 3.4.3　船舶停靠

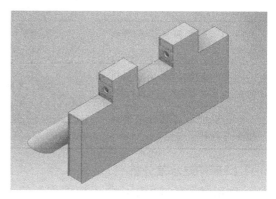

图 3.4.4　搭板系统三维示意图

在梁段从运输船移动到卸船码头的过程中，为防止波浪作用下船体上浮使轨道与搭板脱开，在对接处采用扣件将驳船轨道与搭板系统进行固定，如图 3.4.5 所示。

图 3.4.5　搭接处固定方式示意图

为防止在滑移过程中船舶向外移动，轨道对接的同时，船舶两侧采用链子滑车与栈桥进行连接。

在正式滑移前须完成：

（1）牵引设备准备到位，如卸扣、滑轮、导向轮等，当轨道搭接好后立刻进行滑移工作，缩短梁段滑移至卸船码头的时间；

（2）检查船舶调载系统是否完好，随时准备进行运输船的压载和减载。

3.4.4　卸船施工

本项目需滑移的构件种类繁多，为加强施工过程控制，确保滑移过程中的安全，针对不同形式的构件采用不同的方式进行滑移施工,见表3.4.1。

构件滑移方式一览表　　　　　　　　　　表3.4.1

编号	滑移方式	构件编号或部位	备注
1类构件	A类四氟滑板滑块滑移(12个滑块)	S1-S2、S2-S3、S3-S4、S4-S5、S5-S6、S6-S7、X9-X10、X10-X11、X11-X12、X14-X15、X15-X16、V2X8	4条轨道、单条3个滑块
2类构件	A类四氟滑板滑块滑移(4个滑块)	V2	单侧2条轨道、单条2个滑块
3类构件	B类四氟滑板滑块滑移	下桥门架横梁、V2X13、X12-X14、X7-X9、X7-X8、X8-X9、X12-X13、X13-X14	单侧两套
4类构件	直接置于船舶上、采用200t履带式起重机吊装	S0-S1(分段)、平联、横联及上下三角区桁架	
5类构件	C类四氟滑板滑块滑移	S7-S9 上弦杆、S14-S15 三角区、S9-S11 上弦杆、S11 三角区、S11-S14 三角区	单侧两套、需加临时轨道

1. 船舶吃水差分析

钢桁梁滑移过程中,由于构件重心的移动,会使船舶出现倾斜,从而使滑块受力不均,影响结构安全。桥址区为不正规半日潮,钢桁梁滑移时潮位变化最大为0.5m/h。因此滑移过程中需持续对吃水差进行调整,使船舶尽量处于平吃水状态。

采用10t慢速卷扬机进行牵引,牵引速度为0.8m/min。在最大节段(600t)滑移时,注水速度不得低于$45m^3/min$。

钢桁梁节段滑移施工过程中,当滑块即将滑移至码头轨道上时缓慢停止滑移作业,然后向船舶靠码头侧隔舱内注水,注水方向与滑块支点反力方向一致,以防止滑块上岸后船舶荷载突变使船舶产生较大吃水差。

2. 1类构件滑移卸船

1类构件主要是边跨及部分中跨钢桁梁整体节段。根据节段重量,每岸各设置4条滑移轨道。滑移过程中,由于构件重心的偏移会使船舶下沉或上浮,此时利用驳船调载系统调节驳船与码头的相对高度,确保船舶滑移轨道高程与码头轨道高程始终保持一致。

钢桁梁节段采用A类四氟滑板滑块进行滑移施工。采用10t慢速卷扬机进行牵引,卷扬机布置在内侧滑移轨道后端,每个轨道上设置3套滑块。滑块应置于下弦杆横隔板正下方,现场施工时,根据不同节段横隔板位置对滑块位置进行调整。

钢桁梁节段运输至现场后,将滑车组与构件上耳板进行连接,启动码头上10t卷扬机进行牵引施工。牵引过程应缓慢进行,2套卷扬机应同步进行牵引,牵引应保持匀速前进。钢桁梁滑移过程中,应密切观察钢桁梁在轨道上的姿态,保证滑移时不侧滑、不摆动,并保证钢桁梁与滑块不滑脱。钢梁卸船滑移如图3.4.6所示。

钢桁梁滑移前,为确保钢桁梁滑移过程中的安全,防止滑移过程中钢桁梁节段产生倾覆,在节段两端端头设置防倾覆扣件。防倾覆扣件采用[20槽钢,通过$\phi 32mm$高强度螺栓与下弦杆匹配件连接,底部设置钢板牛腿,当钢桁梁节段产生倾覆时,钢板牛腿通过滑移轨道翼缘限位,从而起到防止梁段倾覆的作用。

3. 2类构件滑移卸船

V2杆件采用与1类杆件相同的方式施工,由于V2杆件宽度仅2.2m,故采用单侧两

图 3.4.6　钢梁卸船滑移图

条轨道进行 V2 杆件的滑移施工，每条轨道上设置两道 A 类滑块。

4. 3 类构件滑移卸船

3 类构件主要是三角区杆件以及桥面系。3 类构件采用 2 套 B 类滑块进行滑移施工。构件安装时应尽量靠近滑块，并根据需要在相应位置设置支垫，如图 3.4.7 所示。3 类构件也采用 10t 卷扬机进行牵引施工。

部分构件由于运输限制，装船时需要对构件姿态进行调整。现场起吊施工时，通过起重钢丝绳长度调整以及吊点受力调整，使构件恢复至安装姿态。

5. 4 类构件滑移卸船

4 类构件主要是平联、横联及三角区桁架等，采用 200t 履带式起重机进行吊装施工。钢桁梁运输驳船将杆件运输至卸船位置抛锚定位，然后采用 200t 履带式起重机将杆件吊至码头，如图 3.4.8 所示。杆件装船时，需根据船舶龙骨位置进行合理的摆放，防止因摆放不当造成杆件变形。根据设计图纸，最大杆件重量约 30t，现场履带式起重机吊装半径约 12m，故采用 200t 履带式起重机能满足要求。

图 3.4.7　桥面系滑移卸船　　　　　　图 3.4.8　三角区桁架滑移卸船

6. 5 类构件滑移卸船

5 类构件主要是三角区上弦杆节段等，采用 2 套 C 类四氟滑板滑块进行滑移施工。边跨钢桁梁整体节段滑移完毕后，根据设计图纸安装临时滑移轨道，并用 2I25b 型钢将临时轨道与钢管上纵向分配梁进行连接，5 类构件滑移完毕后，拆除临时轨道。

3.4.5 滑移施工控制要点

滑移施工控制的要点包括：

（1）构件平移作业应选择在6级风以下进行，涨潮过程中根据现场技术人员的安排进行滑移作业，以确保潮水位标高及涨落潮速度满足卸船要求。

（2）运输船靠泊至卸船码头时应缓慢靠拢。

（3）岸上牵引卷扬机应采用慢速卷扬机缓慢拖动钢构件在运输船轨道上向码头轨道滑移，并保证卷扬机同步、匀速作业。

（4）滑移钢桁梁节段时，应确保滑块位于下弦杆横隔板处，以防止应力集中使下弦杆产生变形。

（5）滑移过程中应安排专人对钢桁梁节段姿态进行观测，发现异常应立即停止施工，待查明原因并处理完成后方能继续施工。

（6）施工过程中应加强对潮水水位的观测。

3.4.6 滑移卸船系统计算

1. 船舶轨道计算

滑移 V2X8 杆件时轨道承受最大荷载，施工时考虑1.3倍不均匀负载系数，则单个支点受力

$$P = \frac{1.3G}{12} = \frac{1.3 \times 226}{4} = 73.45\text{t}$$

船舶滑移轨道采用 2H600×200×11×17 型钢，H型钢腹板两侧加焊 1.2cm 厚钢板。其主要力学参数如下：

$$I = 1.851 \times 10^9 \text{mm}^4$$
$$W = 6.17 \times 10^6 \text{mm}^3$$
$$I_x/S_x = 484\text{mm}$$
$$E = 2.06 \times 10^5 \text{MPa}$$

根据船舶参数，船舶龙骨间距 $L = 3.75\text{m}$，则

$$M_{max} = PL = 734.5 \times 3.75 \times 0.25 = 688.594 \text{kN} \cdot \text{m}$$
$$Q_{max} = P = 734.5 \text{kN}$$

强度验算：

$$\sigma_{max} = \frac{M_{max}}{W} = \frac{688.594 \times 10^6}{6.17 \times 10^6} = 111.6\text{MPa} < [\sigma] = 190\text{MPa}$$

$$\tau_{max} = \frac{Q_{max} S_m}{I_m \delta} = \frac{734.5 \times 10^3}{484 \times 46} = 94.85\text{MPa} < [\tau] = 125\text{MPa}$$

刚度验算：

$$f_{max} = \frac{PL^3}{48EI}$$

$$= \frac{734.5 \times 10^3 \times 3750^3}{48 \times 2.06 \times 10^5 \times 1.851 \times 10^9} = 2.12\text{mm} < [f] = \frac{L}{400} = 9.37\text{mm}$$

经计算，船上轨道满足规范要求。

2. 滑移轨道搭板计算

钢桁梁运输驳船抵达施工现场后，选择合适潮位驶入卸船码头，调整船舶位置，使船上滑移轨道端头置于卸船码头轨道搭板系统上，滑移施工时，最大节段重量 $G=600\mathrm{t}$，滑移时采用 12 个聚四氟乙烯滑板进行滑移施工，施工时考虑 1.3 倍不均匀负载系数，则单个支点受力

$$P=\frac{1.3G}{12}=\frac{1.3\times 600}{12}=65.6\mathrm{t}$$

卷扬机牵引过程中，轨道对搭板产生向内的水平力，则

$$F=KGf$$

式中　K——负载不均匀系数，取 1.3；

　　　G——最大节段重量，取 600t；

　　　f——聚乙烯四氟滑板走道与钢板间摩擦系数，取 0.08。

根据上述计算公式：

$$F=1.3\times 600\times 0.08=62.4\mathrm{t}$$

利用 ABAQUS 建立实体有限元分析模型，在承载能力极限状态验算中结构有效应力计算结果如图 3.4.9 所示。

正常使用极限状态验算中结构变形计算结果如图 3.4.10 所示。

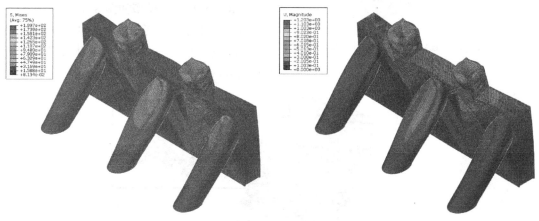

图 3.4.9　滑移轨道搭板有效应力图（单位：MPa）　　图 3.4.10　滑移轨道搭板位移图（单位：mm）

由计算结果可知，滑移轨道搭板应力最大值出现在顶部纵肋与变截面附近，有效应力为 189MPa，最大位移出现在顶部，最大值为 1.20mm，均满足相关规范要求。

3. 轨道对接扣件计算

轨道对接采用 5cm 可旋转扣件进行固定，计算时，考虑海浪瞬时作用时船舶上移 10cm，故船舶浮力

$$F_{浮}=\rho g V_{排}=16\times 80\times 0.1=128\mathrm{t}$$

单个船舶采用 8 个对接扣件进行固定，则单个扣件荷载为

$$F_1=\frac{F_{浮}}{8}=16\mathrm{t}$$

利用 ABAQUS 建立实体有限元分析模型，计算结果如图 3.4.11、图 3.4.12 所示。

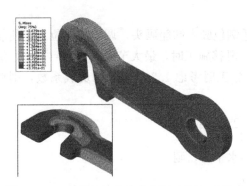

图 3.4.11 对接扣件有效应力图（单位：MPa）

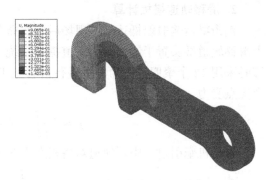

图 3.4.12 对接扣件位移图（单位：mm）

对接扣件采用 Q420 钢材，经计算，对接扣有效应力为 267MPa＜305MPa，满足规范要求。最大位移为 0.9mm，满足要求。

4. 滑移上岸钢桁梁下弦杆局部分析

在钢桁梁滑移上岸施工过程中，钢桁架下弦杆会存在局部受力的情况，使用 ABAQUS 建立有限元模型，进行滑移上岸钢桁梁下弦杆最不利工况局部分析验算。

ABAQUS 有限元模型如图 3.4.13 所示。

施工滑移上岸过程考虑施工中可能的冲击效应，取系数 $\eta=1.05$。承载力极限状态结果，下弦杆的有效应力（Mises 应力）如图 3.4.14 所示。

图 3.4.13 ABAQUS 有限元计算模型

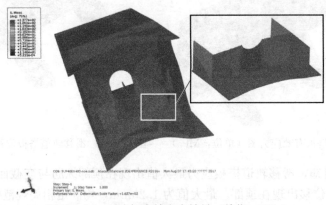

图 3.4.14 下弦杆有效应力结果（单位：MPa）

计算结果表明，结构有效应力最大值出现在下弦杆横隔板附近，其结果为 138MPa。

$$\sigma=138\text{MPa}<f=190\text{MPa}$$

结构安全。

正常使用极限状态结果，下弦杆的变形结果如图 3.4.15 所示。

计算结果表明，结构变形最大值出现在吊装节段下弦杆开口附近，其结果为 3.68mm。

$$\omega=3.68\text{mm}<[\omega]=l/200=6\text{mm}$$

结构安全。

3 钢桁梁构件的加工制作与运输吊装方法及构件的安装方法研究

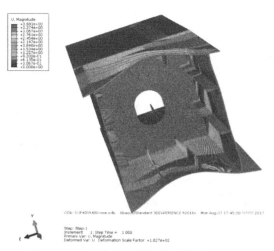

图 3.4.15 下弦杆变形结果（单位：MPa）

3.5 钢桁梁安装施工

3.5.1 下三角区钢桁梁安装

下三角区（V撑）钢桁梁各杆件样式变化多、尺寸差异大，因此下三角区搭设支撑支架，分节分块采用龙门式起重机现场组拼的方式安装。节段划分参照 ME A4 300/50＋300t 龙门式起重机起吊重量及运输便捷性，采用尽量减小节段划分、减少现场焊接工作量的原则进行确定。下三角区钢桁梁由水路运至现场后，采用滑块滑移或履带式起重机吊装进行卸船，然后采用 ME A4 300/50＋300t 龙门式起重机进行安装施工。

钢梁支架采用 $\phi 800 \times 10mm$ 钢管，间距 3m×3.5m（纵向×横向），钢管灌入地基深度依据地质条件及受载要求确定，管间横联采用 $\phi 325 \times 10mm$ 钢管。钢管顶横桥向分配梁采用 2I40a 工字钢，对斜杆及杆件变化圆弧段结合特制马凳，确保支撑稳定，受力明确。边跨侧顶高程按下压 80cm 布置。由于下三角区杆件截面高宽尺寸较大，因此支架固定时考虑侧向约束，需固定各杆件位置，防止偏移，保证安装精度。安装时，各节段杆件之间采用临时匹配件固定，待焊接完成并经检测验收合格之后予以拆除。钢桁梁整体节段下弦杆匹配件位置需根据需要适当调整。下三角区钢桁梁安装示意及实景如图 3.5.1、图 3.5.2 所示。

图 3.5.1 下三角区钢桁梁安装示意图

图 3.5.2 下三角区安装实景

3.5.2 三角区桥面系安装

下三角区支架安装完成后,利用驳船将桥面系运输至卸船码头,采用 10t 慢速卷扬机牵引滑移至起吊位置后采用 ME A4 300/50＋300t 龙门式起重机进行安装。下三角区安装:按(V2→V1→V3→X7X8→~→X14X15)顺序进行。三角区桥面系吊装示意与桥面吊装实景分别如图 3.5.3、图 3.5.4 所示。

图 3.5.3 三角区桥面系吊装示意图

图 3.5.4 桥面系吊装

钢桁梁节段在工厂制作完成后,通过船舶运输至桥位码头处,利用潮汐滑移至卸船码头,通过 ME A4 300/50＋300t 龙门式起重机起吊并运输至边跨梁段安装位置,缓慢下放至搁梁支架上的临时支点上。卸下龙门式起重机吊具,桥面系梁段通过梁下三向千斤顶调整至设计位置,落梁后临时固定;较轻杆件则采用捯链调整到位。钢桁梁其余梁段就位后,微调时,其横向位置调整采用在已安装梁端设置限位块,用千斤顶对其进行横向位置调节,其高程由设置在安装支架横向分配梁上的千斤顶进行调节。梁段微调完成,经检测其平面位置及高程准确无误后,临时固定,安装下一梁段。

三角区桥面系安装完成后,对所有钢梁平面位置及高程进行联测,当线性达到预定值后再进行焊接。焊接顺序:由中间节段向两侧对称焊接。

起吊吊耳计算如下。

吊耳采用 Q235 的钢材,板厚主要为 20mm。

吊耳所受永久作用为节段的自重、各类型钢临时杆件等结构自重。吊耳均采用 Q345 钢材。

根据施工的过程和节段划分可以知道最重节段重量为 575t，考虑 25t 的临时杆件以及设备荷载，则吊装总荷载 Q 最大为 600t。

1 个节段由 4 个吊耳组（每组有吊耳 2 个）共同承受，根据施工的经验考虑吊耳内力的不均匀性，取不均匀系数 $\gamma=0.85$，4 点起吊考虑 3 点的不利情况，则单个吊耳最大荷载 F 为：

$$F=\frac{Q}{n\gamma}=600/(3\times2\times0.85)=118t=1180kN$$

计算采用 ABAQUS 有限元分析软件，如图 3.5.5 所示。

边界条件，吊耳与上弦杆的连接采用接触的方式，考虑螺栓连接使得接触面紧密相连，因此在计算中采用"绑定"的方式模拟。弦杆吊耳对称布置，因此在计算采用 1/2 模型计算，对称面使用对称约束，与腹板连接处约束所有的平动位移。

栈桥在不利荷载组合下，结构的有效应力云图如图 3.5.6～图 3.5.9 所示，吊耳与上弦杆各部分的应力计算结果汇总见表 3.5.1。

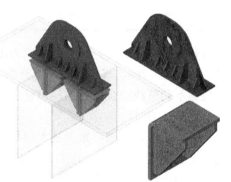

图 3.5.5　有限元计算模型示意图

图 3.5.6　上弦杆有效应力计算结果（单位：MPa）

图 3.5.7　上弦杆横隔板有效应力
　　　计算结果（单位：MPa）

图 3.5.8　吊耳上部有效应力
　　　计算结果（单位：MPa）

图 3.5.9　吊耳扣板有效应力计算结果（单位：MPa）

吊耳构件与上弦杆部件的有效应力计算结果表　　　　表 3.5.1

部位名称	结果(MPa)
上弦杆整体	140
上弦杆横隔板	106
吊耳上部	221.6
吊耳扣板	92.8

由计算结果可知，弦杆最大应力出现在横隔板和上翼缘交汇处，吊耳最大应力出现在吊耳耳板受压区，其中最大应力值 $\sigma=221.6\text{MPa}<f=295\text{MPa}$，满足相关规范要求。

正常使用时，主要考虑结构的刚度与变形，根据不利荷载组合得到结构位移云图如图 3.5.10 所示。

图 3.5.10　上弦杆位移计算结果（单位：mm）

由计算结果可知，最大位移出现在上弦杆上翼缘处，其中最大值为 $\omega=0.34\text{mm}$，小于相关规范要求。

连接件 M22，10.9 级的高强度螺栓均采用承压连接的方式。参考《钢结构高强度螺栓连接技术规程》JGJ 82—2011 可知，预紧力 $P=190\text{kN}$，螺纹处有效截面面积 $A_{\text{eff}}=303\text{mm}^2$，螺栓抗拉强度、抗剪强度、承压强度分别为 $f_t^b=500\text{MPa}$、$f_v^b=310\text{MPa}$、$f_c^b=590\text{MPa}$。

横隔板处螺栓连接受剪面数 $n_v=2$。

由此可以计算，受剪承载力设计值 N_v^b：

$$N_v^b = n_v \frac{\pi d^2}{4} f_v^b = 2 \times \frac{\pi 22^2}{4} 310 = 235.68\text{kN}$$

承压承载力设计值 N_v^b：

$$N_c^b = d \sum t f_c^b = 22 \times 20 \times 590 = 259.6\text{kN}$$

由此可知在受剪方向的承载力设计值 $N_v = \min(N_v^b, N_c^b) = 235\text{kN}$

由于计算横隔板处的螺栓群受力很复杂，因此考虑一种不可能出现的最不利情况，将所有的荷载均由横隔板螺栓群来承受。

$F=1180\text{kN} < nN_v = 16\times 235 = 3760\text{kN}$,安全。

施工过程中吊耳上部有大梁,大梁上部通过伸缩杆调节节段的空中姿态。因此上翼缘板的螺栓群主要受拉力。

由此可以计算,受拉承载力设计值 N_t^b:

$$N_t^b = \frac{\pi d_{\text{eff}}^2}{4} f_t^b = A_{\text{eff}} f_t^b = 303\times 500 = 151.5\text{kN}$$

由于计算上翼缘板处的螺栓群受力很复杂,因此考虑一种不可能出现的最不利情况,将所有的荷载均由上翼缘板螺栓群来承受。

螺栓连接长度 $l_1 = 1160\text{mm}$,承压型连接螺栓的孔径取 24mm。因此 $60d_0 > l_1 > 15d_0$,取折减系数 $\eta = 1.1 - l_1/(150d_0) = 0.778$,$N_t^b = \eta N_t^b = 117.8\text{kN}$。

$F=1180\text{kN} < nN_t^b = 16\times 117.8 = 1884.8\text{kN}$,安全。

3.5.3 边跨钢桁梁安装施工

边跨钢桁梁采用分段拼装方案,对于悬挑杆件采用临时杆件进行固定。施工方法与三角区桥面系钢梁相同。梁段安装顺序为:从边跨向中跨侧安装,每节梁段先调整控制位置,满足设计要求后,临时固定,暂不焊接。焊接顺序:由三角区的 X11 向两侧逐段焊接。

边跨钢桁梁段安装前,应先在一次性浇筑的边墩盖梁上安装好临时竖向支座与横桥向限位支座:①临时竖向支座高程根据桁梁预偏高度确定(按照设计要求,边墩处向下预偏 80cm,但考虑到为合龙前钢桁梁线形调整留出一定调整余地,因此按 90cm 调整空间设置);②在临时竖向支座正上方对应端横梁底部固定上支垫滑移槽(可沿顺桥向滑动,但须采用限位块暂时约束其顺桥向移动)。

边跨钢桁梁安装施工如图 3.5.11、图 3.5.12 所示。

针对边墩临时支座的计算如下:如图

图 3.5.11 边跨钢桁梁安装示意图

3.5.13 所示,边墩限位板直接焊接于下弦杆底板设计位置,焊缝高度 $h_f = 12\text{mm}$,根据计算,在中跨最大风荷载作用下,边跨承受最大水平力 $V=340\text{kN}$,则最大弯矩 $M_{\max} = 340\times 0.25 = 85\text{kN}\cdot\text{m}$。

根据设计,焊缝长度 $l_w = 350\text{mm}$,故

$$\sigma_{f,A} = \frac{M}{W} = \frac{85000000}{0.7\times 12\times 350^2} = 82.60\text{N/mm}^2$$

$$\tau_{f,A} = \frac{V}{\sum h_e l_w} = \frac{340000}{0.7\times 12\times 6\times 350} = 19.27\text{N/mm}^2$$

风荷载作用下考虑水平力为动荷载,故

图 3.5.12 大节段吊装

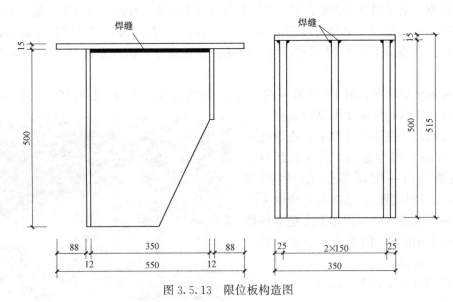

图 3.5.13 限位板构造图

$$\sqrt{\left(\frac{\sigma_{f,A}}{\beta_f}\right)^2 + \tau_{f,A}^2} = \sqrt{\left(\frac{82.60}{1.00}\right)^2 + 19.27^2} = 84.81\text{N/mm}^2 < f_f^w = 140\text{N/mm}^2$$

满足要求。

根据计算,在最不利情况下,边墩临时支座承受竖向力 $N=10360\text{kN}$,水平力 $V=340\text{kN}$,预埋板计算时,考虑风压作用下边跨不产生竖向力,忽略压力对预埋板的有利作用。故按弯剪预埋件进行计算。根据设计图纸,

$$M = V \times 0.61 = 207.4 \text{kN} \cdot \text{m}$$
$$V = 340 \text{kN}$$

对于同时承受弯矩与剪力的预埋件,其锚筋截面面积取下列两个公式的最大者:

$$A_{S1} = \frac{V}{a_r a_v f_y} + \frac{M}{1.3 a_b a_v f_y Z}$$

$$A_{S2}=\frac{M}{0.4a_b a_v f_y Z}$$

计算得：

$$A_{S1}=\frac{340\times10^3}{0.85\times0.359\times360}+\frac{207.4\times10^6}{1.3\times0.779\times0.359\times360\times600}=5736.08\text{mm}^2$$

$$A_{S2}=\frac{207.4\times10^6}{0.4\times0.779\times0.359\times360\times600}=8583.47\text{mm}^2$$

则取二者最大值可知：

$A'_S=12\times803.84=9646.08\text{mm}^2>A_{S2}=8583.47\text{mm}^2$，满足设计要求。

临时支座按最不利工况进行计算，即承受竖向力 $N=10360\text{kN}$，水平力 $V=340\text{kN}$。

利用 ABAQUS 建立实体有限元分析模型，在承载能力极限状态验算中结构有效应力计算结果如图 3.5.14 所示。

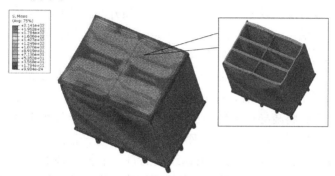

图 3.5.14 临时支座有效应力图（单位：MPa）

正常使用极限状态验算中结构变形计算结果如图 3.5.15 所示。

计算结果表明，结构有效应力最大值为 $\sigma=214.1\text{MPa}<[f]=270\text{MPa}$。最大位移出现在顶部，最大值为 0.53mm，均满足相关规范要求。

3.5.4 上三角区钢桁架安装

待边跨钢桁梁安装完毕，施工上三角区钢桁架，上三角区钢桁架均为高长杆件，运输安装容易变形，故运输及安装过程中需加焊临时连接杆，如图 3.5.16 所示。三角区及边跨焊接顺序：从主墩向两侧焊接，三角区焊接完成后，再依次焊接 B5 号～B11 号节段。

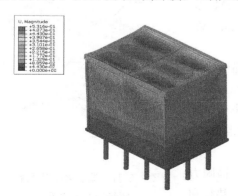

图 3.5.15 临时支座位移图（单位：mm）

图 3.5.16 上三角区桁片安装

3.5.5 三角区及边跨钢桁梁体系转换

三角区及边跨钢桁梁安装完成后,中跨钢桁梁安装前,须依次进行以下几项工作:

(1) 边墩临时支座约束解除:解除两岸边墩处临时竖向支座上支垫滑移槽的顺桥向限位块,使边墩支座可以在边跨落梁与温度变化时沿顺桥向自由滑动;

(2) 钢桁梁安装支架拆除:拆除钢桁梁安装支架,使三角区及边跨钢桁梁由多跨连续梁超静定系统转换成简支静定结构,以便于中跨安装时边跨的位移及内力均匀协调地作自适应调整;

(3) 边墩锚固、顶升体系施工:张拉边墩锚固体系有助于中跨钢桁梁安装的结构稳定,是保证中跨钢桁梁安装安全的一项重要保障措施。

边墩顶升设备安装是将锚固油缸安装到端横梁预应力束锚固端,用7字夹板固定好顶升油缸。边墩锚固设备安装须根据油缸布置图,将顶升油缸及相应支撑支架安装在边墩顶升位置处,张拉锚固油缸安装在端横梁上。600t 张拉锚固油缸重为 2.3t,400t 顶升油缸重为 1.2t;根据提升泵站布置图,提升泵站就近布置在边墩盖梁靠引桥侧,泵站重量为 2t 左右;将边墩锚固系统固定在端横梁上;逐根将钢绞线穿过疏导板和地锚,在钢绞线头部压 P 锚,一束钢绞线 P 锚压好后,在 P 锚前面加上锚片,将钢绞线及锚片拉入锚座,在 P 锚后加一块挡板固定;将疏导板疏导到顶升油缸附近,注意疏导板上的记号,钢绞线不许有翻转情况;根据疏导板上的记号,将钢绞线逐根穿入顶升油缸,提升油管安装,控制设备安装;用 2t 捯链拉钢绞线,使得一束钢绞线的每一根长度基本一致,然后顶升油缸用 1MPa 压力带整齐钢绞线,调整个别不整齐的钢绞线。为了减少钢绞线预紧工作量,在切割钢绞线时,钢绞线切割长度尽量一致,穿钢绞线的过程中,注意穿出的长度要一致。边墩锚固体系预张拉中,每束锚固束采用 ϕ_s15.2-25 钢绞线束,下端固定压花锚,上端(边跨端横梁上)张拉,工具锚,每束锚固力为 250t,每墩设 4 束。

锚固系统局部验算如下所述。

为保证中跨钢桁梁安装的结构稳定及安全,在边墩设置张拉边墩锚固体系。边墩锚固体系采用体外预应力锚固,体外上锚索每束采用 ϕ_s15.2-15 钢绞线束,穿过盖梁处预埋 ϕ250mmPVC 管(预留温度变化引起钢桁梁的伸缩适应空间),下端通过转换梁固定 P 锚,上端(边跨端横梁上)张拉,工具锚,每束锚固力为 250t,每墩设 4 束;预埋下锚索采用 ϕ50mm40CrMn 钢拉杆,下锚板至地面以上 150mm 的部分套 ϕ60mmPVC 管进行防护隔离。

端横梁锚固体系锚固在钢桁梁两侧,内侧锚索穿过端横梁混凝土,由混凝土承压,承压面积为 480mm×570mm=273600mm^2,压应力为 9.14MPa,远小于混凝土抗压强度,外侧锚索穿过翼缘,锚缘内腔没有混凝土。以下对端横梁翼缘局部承压进行验算。

端横梁翼缘部位张拉钢绞线,采用工具锚,锚固力为 250t。翼缘底部锚固区域焊接 20mm 厚加劲板,垫板和

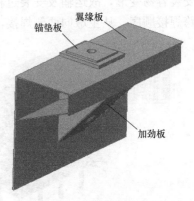

图 3.5.17 端横梁锚固系统翼缘局部示意图

加劲板材质与端横梁材质相同，为 Q345 钢。翼缘及加劲板局部布置示意如图 3.5.17 所示。

采用 midas FEA 建立端横梁翼缘局部模型，如图 3.5.18、图 3.5.19 所示。

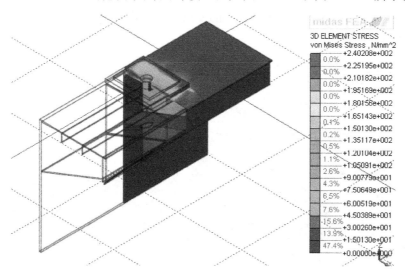

图 3.5.18　端横梁翼缘局部 von-Mises 应力图（单位：MPa）

经计算，端横梁局部有效应力最大值为 240.2MPa，最大有效应力位于垫板开孔外侧，满足规范要求。

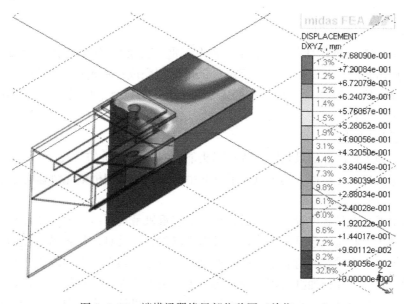

图 3.5.19　端横梁翼缘局部位移图（单位：mm）

经计算，端横梁翼缘局部最大位移为 0.77mm，最大位移位于锚垫板最外侧位置，满足规范要求。

3.5.6　桁上起重机安装及试验

中跨钢桁梁 Z5 号～Z15 号均采用布置在中跨钢桁梁悬臂端的桁上起重机竖直起吊

钢桁梁节段进行安装。中跨钢桁梁安装前，先拆除边跨及三角区钢梁安装支架，临时固定球形支座。在Z4号悬臂端安装一台2×325t桁上起重机，桁上起重机安装完成后须进行试吊试验，试吊满足桁上起重机设计的要求后方可进行正式吊装作业，如图3.5.20、图3.5.21所示。

图3.5.20　桁上起重机示意图

图3.5.21　桁上起重机荷载试验

3.5.7　中跨钢桁梁安装

1. Z5号、Z6号梁段安装

1）准备工作

以Z5号梁段安装为例。

Z5号梁段安装之前的准备工作包括：桁上起重机安装在Z4号梁段所处设计位置；钢桁梁吊装专用吊具制作及安装；桁上起重机试吊顺利完成；钢桁梁吊耳与Z5号用高强度螺栓进行可靠连接；在Z5号梁段上作好定位标记点；吊点及吊具根据Z5号梁段的重心位置已调整到预定位置等。

2）钢梁滑移上岸

根据实际施工情况，如果临时栈桥与码头能及时拆除，则Z5号、Z6号节段无需滑移上岸，运梁船直接运送至桁上起重机正下方起吊，否则采用钢桁梁先滑移再起吊方案。

3）垂直起吊

当钢桁梁滑移至吊装位置正下方后，将桁上起重机吊具缓缓下放至梁段处，与临时吊耳连接，启动桁上起重机起重千斤顶，微微提升以预紧各吊具，使各吊点受力均匀。桁上起重机逐步提升，将梁段的荷载由驳船转换至起重机千斤顶上，当梁段85%以上重量由千斤顶承载后，调整千斤顶油缸行程，同时启动千斤顶连续提升，将梁段脱离滑移平台，此时再次检查梁段是否处于水平状态、吊点的连接和起重机的工作状况。若状态正常则继续提升梁段至安装高程，否则缓慢下放梁段，找出原因并调整到位，之后再继续提升。

4）姿态调整定位

临时起吊滑车组作为待安装梁段姿态微调装置，采用10t捯链和80t滑车组结合的形式进行调节梁段高差。

5）临时连接

梁段起吊至设计高程后调整至设计位置，将Z5号梁段与Z4号梁段通过临时匹配件连接,安装焊接防护作业平台。

6)钢桁梁焊接

安装设计焊接顺序:依次焊接 Z4 号、Z5 号梁段间环焊口及 U 肋。

7)桁上起重机卸载

在完成梁段间连接的各类焊接工作并完成焊缝检测后,解除桁上起重机吊具与 Z5 号梁段连接,并拆除 Z5 号临时吊耳,移动桁上起重机至下一个吊装位置进行其他梁段吊装。

8)Z5 号梁段吊装流程

步骤 1:航道警戒,运梁船抛锚定位,桁上起重机下放吊具。

步骤 2:利用桁上起重机垂直提升 Z5 号梁段,与 Z4 号梁段相连接,撤走运梁船。

步骤 3:安装环焊口焊接防护作业平台。

步骤 4:待线性满足要求后,进行焊接作业。

2. 一般梁段安装

一般梁段包含 Z7 号～Z14 号钢桁梁,在此以 Z7 号梁段安装为例。

首先解除 Z6 号梁段焊接工作平台与梁段的连接,保证桁上起重机能自由行走,将桁上起重机行走至 Z6 号梁段并锚固。

1)钢桁梁水中定位

钢桁梁通过运输船装运至桥区,在待安装位置下放进行抛锚定位,同时在南岸滩涂区及北岸堤岸上设计两个辅助锚,确保运输船舶定位误差控制在 40cm 以内。

2)垂直起吊

当运梁船精确定位后,将桁上起重机吊具缓缓下放至梁段处,与临时吊耳连接,启动桁上起重机吊起千斤顶,微微提升以预紧各吊具,使各吊点受力均匀。桁上起重机逐步提升,将梁段的荷载由驳船转换至起重机千斤顶上,当梁段 85% 以上重量由千斤顶承载后,调整千斤顶油缸行程,同时启动千斤顶连续提升,将梁段脱离驳船,此时再次检查梁段是否处于水平状态、吊点的连接和起重机的工作状况,确认一切正常后,再次同步提升至梁段高出驳船 5m 以上时,驳船可收锚起航离开,当梁段基本提升至安装高度后(高于桥位处通航限高),水上警戒船也可撤收。中跨钢桁梁吊装如图 3.5.22 所示。

3)后续工序

钢桁梁起吊后的后续工序:钢桁梁姿态调整、临时连接、焊接、卸载同 Z5 号梁段安装工艺一致。

图 3.5.22 中跨钢桁梁吊装

3.5.8 压重混凝土施工

根据设计图纸统计,下层混凝土密度＞23kN/m³,上层混凝土密度＞31kN/m³。考虑钢箱梁压重混凝土均为箱室内部灌注,灌注完成后箱室需要封堵,即为密闭空间混凝土施工。施工中按两种规格混凝土进行控制,密度要求＞23kN/m³,选用 C35 普通混凝土；密度要求＞31kN/m³，选用钢砂混凝土。压重混凝土按设计要求分阶段浇筑。压重混凝土施工时，堵头板与横隔板焊接，将横隔板人孔封堵即可，钢箱梁铁砂混凝土按设计要求的部位浇筑。铁砂混凝土在拌合站集中拌和，自动计量，混凝土罐车运输到现场，汽车泵入仓浇筑，插入式振捣器振捣。填芯压重区顶板开设冒浆孔、浇筑孔及临时人孔。

施工工艺流程：施工前准备→原材计量→铁砂混凝土拌合站集中拌和→出料→运至现场→混凝土分层浇筑→灌浆封闭。

施工一般要求如下：

（1）混凝土配比：根据设计图纸要求，提前做混凝土配比试验，配出符合设计指标的混凝土。压重混凝土主要指标参数为密度，对钢材不会造成腐蚀。

（2）施工设备：混凝土泵车入仓手段安全快捷，采用泵车入仓。施工前泵车提前就位。

（3）钢箱梁整体焊接完成并经检测合格，与支座连接及抗倾覆装置安装完，检查无误后，按照设计图纸，在箱梁设计有压重混凝土部位开孔，做好孔内两端头的封堵。留好封堵下料孔的钢板。浇筑气孔设置如图3.5.23所示。

（4）箱梁上部做好安全防护，接通电源，夜间做好照明，每个灌注面配5台振捣棒，2台备用。

在现场钢箱梁焊接、探伤、内箱室涂装及支座焊接、抗倾覆装置安装完成，经检测合格后方可进行压重混凝土浇筑。待钢箱梁焊接、检测、验收完成后方可进行配重混凝土施工。进度安排每次均在一天内施工完成。

箱梁清理干净，做好浇筑准备，经监理工程师验收同意后进行灌注。泵车司机调整泵车站位，使泵管软管刚好能从下料孔放入，直接泵送入仓。配重混凝土浇筑如图3.5.24所示。

具体施工方法如下：

（1）混凝土采用汽车泵入仓浇筑，插入式振捣器振捣。混凝土入仓前先做坍落度、含气量试验。入模温度控制在5～30℃，每工作班至少测温3次，并填写测温记录。

（2）在混凝土的浇筑过程中，要保持施工的连续性，同时运输过程中确保混凝土不发生离析、漏浆、严重泌水及坍落度损失过多等情况。

（3）混凝土施工分层浇筑，分层厚度控制在30cm，在下层混凝土初凝或能重塑前浇筑完上层混凝土。

（4）浇筑过程中还应注意箱梁、支座，如有变形、位移、沉陷等现象应立即校正并加固。

（5）箱室内侧布置振捣点，各点间的间距严格控制在30cm左右。振捣采用插入式振动器，振捣时严禁碰撞箱梁。

（6）采用汽车泵入仓，混凝土浇筑速度控制为40m³/h左右，不宜太快。浇筑应连续进行。如必须间歇，其间歇时间应尽量缩短，并应在前层混凝土凝结之前，将次层混凝土浇筑完毕。

（7）炎热天气时应选择当日最低温度进行施工，避免造成混凝土水分过快散失。

图 3.5.23 浇筑气孔

图 3.5.24 配重混凝土浇筑

3.5.9 合龙段施工及体系转换

1. 合龙原理

拼装采用悬臂施工工艺的结构内力状态的差异是由于最终结构的合龙状态差异造成的。而能在合龙前消除这种转角差值有三种方法：①合龙前，在合龙前一节段（Z14 号）施加绕支点（PM25、PM26）向上的力矩；②合龙前，在合龙前一节段施加向上的集中力；③合龙前，悬臂结构绕支点（PM25、PM26）向上预转动一定角度，合龙后，绕支点（PM25、PM26）向下转动归位。由于本桥条件限制，无法采用第①②种方式，因此采用第③种方式。

该工艺是通过边墩支点下降，同时利用钢结构自身强度、主桁架梁预抬加工线形来满足钢桁架梁合龙条件。结合理论分析计算，通过对合龙前悬臂节段的过程安装控制，在不同的温度条件下，对合龙口宽度及高程进行连续观测，配切合理的合龙段尺寸，并在合适时段内完成合龙焊接工作，再通过边墩支点顶升，钢桁梁结构绕主墩支座转动归位，最终实现桁架梁跨中的合龙。

2. 中跨合龙难点

中跨合龙存在以下难点：

（1）合龙点较多，主桁杆件有 4 个合龙接点、斜撑杆件有 4 个合龙接点、此外还有桥面系。

（2）合龙点空间坐标的变化因素较多，钢桁梁在纵向（顺桥向）的长度偏差 X 受温度的影响、钢桁梁加工制造与安装偏差的影响及风向的影响；横桥向的偏差 Y 受安装顺序、日照、吊索安装位置精度及风力的影响；竖向偏差 Z 受安装荷载及悬臂挠度值的影响。在合龙调整时，X、Y、Z 互相影响，变化不定，较难掌控。

（3）合龙精度要求高，属全焊合龙，在合龙时，合龙接口互相影响，难度较大。

（4）杆件制造误差的累计对合龙的影响较大，基本无法预测该值，从而导致合龙难度增加。

（5）杆件安装误差的累计对合龙的影响较大，基本无法预测该值，从而导致合龙难度增加。

3. 中跨合龙施工

合龙是本桥成功与否的关键步骤，该步骤包括内容有：

(1) 应力（内力）控制：尽可能减轻悬臂端的临时荷载。

(2) 线形控制：①精确统计临时荷载重量，同步收集结构温度，为监控分析提供准确可靠数据；②在悬臂拼装阶段根据各施工状态及荷载情况分析计算出待安梁段的安装位置，以保证安装线形控制；③在中跨安装过程中，不断根据已安装梁段在安装过程中线形的变化，推导待安装梁段的安装位置，与理论线形安装位置比对，保证安装梁段与已安梁段的线形按安装设计线形变化。

(3) 稳定性控制：①通过约束主墩支座位移、浇筑边跨压重混凝土和施加边墩锚固，在边墩设置侧向挡块等综合措施，保障钢桁梁整体稳定性；②通过杆件应力监控、悬臂端荷载控制，防止杆件或结构局部失稳。

(4) 安全性控制：①通过杆件应力监控防止杆件应力超标；②通过多种全面的焊缝检测手段保障焊缝质量满足施工及设计要求；③通过强化管理、精心施工防止削弱杆件截面面积及强度的施工行为。

其中对于分阶段施工的桥梁结构的内力及位移由四个因素确定：外荷载、结构体系、支承边界条件、单元无应力长度和曲率。由于本工程除外荷载外，其余三个因素已确定，因此减小施工过程中的外荷载是控制结构内力与位移的唯一途径，并且与结构的形成过程无关。

当中跨南北侧钢桁梁完成 Z14 号钢桁梁安装后，对两端的控制点高程进行联合测量，并收集数据，重点测量夜间温度稳定后至日出前（一般为凌晨 1：00～5：00）的结构温度。根据南北侧高程，利用边墩千斤顶调整合龙口桁架标高及位置，再连续全桥联测合龙口尺寸，查找最佳合龙时机规律，确定合龙段尺寸。

在最佳合龙时机，用两台桁上起重机同时起吊合龙段；起吊就位后，先临时锁定一侧，待温度升高，合龙缝隙达到要求后，再锁定另一侧；调整边墩千斤顶，达到设计线形条件。合龙段吊装示意如图 3.5.25 所示。

4. 合龙流程

合龙流程及工序见图 3.5.26 和表 3.5.2。

图 3.5.25　合龙段吊装示意图

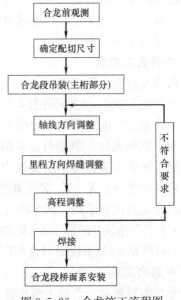

图 3.5.26　合龙施工流程图

合龙段施工主要施工工序表　　　　　　　　表 3.5.2

序号	施工工序	内容
1	线形调整1	Z12号、Z13号和Z14号钢桁梁定位时的线形调整,以保证Z14号钢桁梁定位后合龙口两端线形满足合龙要求
2	线形调整2	Z14号钢桁梁节段脱钩后,进行合龙前线形调整,若线形不满足合龙要求,则需要调整边墩下压高度以达到合龙目标线形
3	合龙口连续观测	对钢桁梁线形进行48h连续观测,并在合适的时间、温度条件下测量合龙口形状
4	合龙口配切	完成合龙段的配切
5	焊接	合龙段吊装、匹配并完成焊接

5. 合龙前准备

中跨钢桁梁施工在调节安装线形时,应提前为合龙做准备。

为实现跨中钢桁梁的合龙条件,从中跨钢桁梁安装开始,每吊装一段都应将两岸钢桁梁调节到相同标高。钢桁梁的长短可以通过配切的方式确定,轴线应避免出现偏位不一致的情况。

Z14号安装完成后,钢桁梁节段标高通过顶升或降低千斤顶行程来进行调节。

Z14号节段吊装完成以后,开始对合龙口高程及轴线进行连续观测(为避免合龙口出现较大偏差,在进行Z12号~Z14号钢桁梁吊装安装时均按合龙状态进行相应节段的安装),确定合龙段合龙长度及合龙时间。

合龙前观测采用3台全站仪对8个合龙口进行连续观测,每个合龙口共4个观测点,连续观测时测量棱镜采用固定在合龙口的形式,全桥共布置32个合龙口连续观测棱镜。此外,其他拱节段单个节段上布置1个棱镜,用于全桥的线性测量,棱镜的布置位置在上弦杆腹板上。

1) 全局线形连续观测

测量目的:观测和掌握钢桁梁悬臂线形随温度变化的情况,最终确定合龙时间。

测量方法:采用2台TCA1800/2003全站仪,测站分别位于高新、江北两岸大堤上,同时观测高新、江北侧悬臂钢桁梁节段线形变化。

测点布置:在Z14号上弦杆腹杆外侧顶面安装固定棱镜进行三维坐标测量,测点纵向位于该节段的直腹杆中心位置。

测量时间:16:00~次日早上8:00,每2h测量一次,重点测量夜间温度稳定后至日出前(一般为凌晨1:00~5:00)的结构温度。

2) 局部线形观测

测量目的:观测和掌握钢桁梁合龙口尺寸和形状随温度变化的情况,得到确定合龙时间条件下合龙口具体形状。

测量方法:采用2台TCA1800/2003全站仪,在高新、江北两侧钢桁梁悬臂端Z14号节段横撑中间位置设站(安装强制对中装置,控制全站仪最大俯角小于30°),后视观测江北、高新侧Z14号节段上、下弦杆悬臂端口截面的4个角点三维坐标。

测点布置:在Z14号节段上、下弦杆悬臂端每个端口截面4个角点位置安装固定棱镜进行三维坐标测量,测点具体布置如图3.5.27所示。

图 3.5.27　合龙口测量棱镜布置图

测量内容：18：00～次日早上 6：00，每 2h 测量一次，重点测量夜间温度稳定后至日出前（一般为凌晨 1：00～5：00）的结构温度。

3）合龙口宽度连续观测

测量目的：观测和掌握钢桁梁合龙口尺寸随温度变化的情况，校核确定合龙时间条件下合龙口具体尺寸。

测量方法：在钢桁梁悬臂端两侧 Z14 号节段上、下弦杆顶板上设标识线，采用钢尺测量 8 个上角点合龙口宽度（先测量好标识线至焊缝端部的距离）。

测量内容：18：00～次日早上 6：00，每 2h 测量一次，重点测量夜间温度稳定后至日出前（一般为凌晨 1：00～5：00）的结构温度。

4）线形观测过程中的温度测量

线形观测过程中，每次测量前应记录大气温度和钢桁梁结构温度场；钢桁梁结构温度场测量采用监控单位埋设的温度传感器进行。

合龙前对钢桁梁节段连续观测时间不少于 48h（根据现场实际情况增加观测时间，循环观测时间控制在 1～2h），通过测量数据绘制钢桁梁合龙口长度、高程、轴向偏位随温度变化的关系曲线。结合关系曲线，找出温度与合龙口长度、高程、轴向偏位都相对稳定的时间段作为合龙时间，最终确定合龙段长度及合龙配切方案。

在合龙段焊接时焊缝易受温度变化影响，为避免影响焊缝质量，考虑在上下弦顶板设置临时锁定牛腿。临时锁定牛腿由两大部分组成，第一部分为弦口顶板的抗拉压及抗剪高强度螺栓临时连接；第二部分为腹板及底板的高强度螺杆双螺母临时锁定，Z14 号节段的临时锁定牛腿在厂内提前焊接，合龙段的临时锁定牛腿在合龙段配切完成后焊接。

根据理论计算分析，得出合龙段在温升 20℃ 时的主要受力情况见表 3.5.3。

合龙段受力计算表（温升 20℃）　　　　　　　表 3.5.3

荷载 受力工况	轴力 (kN)		弯矩(−Y) (kN·m)		弯矩(−Z) (kN·m)		剪力(−Z) (kN·m)	
	上弦	下弦	上弦	下弦	上弦	下弦	上弦	下弦
合龙脱钩后	14424	−5987	−3817	−3048	−2001	−1761	369	−464

续表

荷载 受力工况	轴力 (kN)		弯矩(-Y) (kN·m)		弯矩(-Z) (kN·m)		剪力(-Z) (kN·m)	
	上弦	下弦	上弦	下弦	上弦	下弦	上弦	下弦
整体温升20℃	1588	-79	-62	229	-242.2	141	-17	141
合龙脱钩+整体温升20℃	16012	-6066	-3879	-2819	-2243.2	-1620	352	-323
备注	"-"表示受压, "+"表示受拉							

根据初步计算，钢桁梁合龙后（临时连接连好后），在结构整体温升20℃的极端情况下，单个弦口最大轴向受力均小于±18000kN（考虑弯矩影响），根据设计，单个弦口布置6根10.8级D80高强度螺杆，单根螺杆允许承受最大拉力约4000kN，单根螺杆实际最大受力（仅考虑腹板及顶底板螺杆受力按3000kN考虑）±500kN，单根螺杆最大变形 $\Delta l = FL/EA = 2 \times 10^{-4}$ mm，变形很小，满足临时锁定要求。抗压稳定及抗剪（仅考虑弦口顶板高强螺栓加劲板抗剪）计算略，均满足受力要求。

此外，根据计算，江北侧主墩支座反力最大值为6841kN，因此临时水平约束按7000kN进行设计，完全满足受力要求。

6. 合龙口位置调整

1）整体检查

在合龙口位置调整前须完成表3.5.4中整体检查。

调整前整体检查　　　　表3.5.4

序号	检查项目		检查内容
1	液压锚固系统检查	顶升油缸	油缸上锚、下锚和锚片应完好无损，复位良好； 油缸安装正确； 精轧螺纹钢束安装正确
		液压泵站	泵站与油缸之间的油管连接必须正确、可靠； 油箱液面应达到规定高度； 放张前检查溢流阀； 根据各点的负载，调定主溢流阀； 锚具溢流阀调至4~5MPa； 提升过程中视实际荷载，可作适当调整； 利用截止阀闭锁，检查泵站功能，出现任何异常现象立即纠正； 泵站要有防雨措施； 压力表安装正确
		控制系统检查	各路电源，其接线、容量和安全性都应符合规定； 控制装置接线、安装必须正确无误； 应保证数据通信线路正确无误； 各传感器系统，保证信号正确传输； 记录传感器原始读值备查
2	顶升支撑结构检查		检查顶升支墩 检查锚固锚点 检查锚固锚具及支架
3	锚固结构检查		主体结构质量、外形均符合设计要求； 主体结构上去除与顶升工程无关的一切荷载； 顶升将要经过的空间无任何障碍物、悬挂物； 主体结构与其他结构的连接全部去除

续表

序号	检查项目	检查内容
4	各种应急措施与预案检查	检查顶升、锚固设备的备件等是否到位 检查防雨、防风等应急措施是否到位

在设备安装完毕后,检查各种传感器信号和控制信号是否到位,初始读数是否正确,并作必要的调整。

接着启动液压泵站,检查油管安装是否正确,检查油缸空缸动作和截止阀工作是否正常。

后续进行顶升系统联调,空载运行2h,检查顶升系统各信号稳定性。

2) 试顶升

为了观察和考核整个顶升施工系统的工作状态,在正式顶升之前,按下列程序进行试顶升(试运行前先卸除边墩临时支座)。

(1) 锚固系统放张。

锚固油缸施加荷载,锚固束进行放张。

操作:按要求进行放张;

观察:各个观察点应及时反映观察情况;

测量:各个测量点应认真做好测量工作,及时反映测量情况;

校核:数据汇交现场施工设计组,比较实测数据与理论数据的差异;

分析:若有数据偏差,有关各方应认真分析;

决策:认可当前工作状态,并决策下一步操作。

(2) 顶升支撑结构与顶升结构的检查。

检查结构的焊缝是否正常;

检查结构的变形是否在允许的范围内。

(3) 控制方案的检查。

检查同步情况,对控制参数进行必要的修改与调整。

(4) 锚固、顶升设备的检查。

检查各传感器工作是否正常;

检查锚固与顶升油缸、液压泵站和计算机控制柜工作是否正常。

(5) 停滞。

顶升开始后,停滞一定时间(具体时间待定)。悬停期间,要定时组织人员对结构进行观察。有关各方也要密切合作,为下一步作出科学的决策提供依据。

3) 正式调整

正式调整包括以下步骤。

(1) 顶升前的准备。

各种备件、通信工具是否完备。

(2) 锚固与顶升设备的检查。

检查传感器信号是否到位;

检查控制信号是否到位;

检查锚固与顶升油缸、液压泵站和控制系统是否正常；

检查锚具压力和主泵溢流阀压力设定。

（3）正式顶升。

① 经过试顶升，观察后若无问题，便进行正式顶升。

② 正式顶升过程中，记录各点压力和高度。

正式顶升，须按下列程序进行，并做好记录：

操作：按要求进行加载、放张和顶升；

观察：各个观察点应及时反映测量情况；

测量：各个测量点应认真做好测量工作，及时反映测量数据；

校核：数据汇交现场施工设计组，比较实测数据与理论数据的差异；

分析：若有数据偏差，有关各方应认真分析；

决策：认可当前工作状态，并决策下一步操作。

③ 顶升注意事项。

考虑到控制系统下降的风险较大，顶升结束位置应稍微低于理论标高，就位时再作进一步的精确调整；

应考虑突发灾害天气的应急措施；

顶升关系到主体结构的内力水平及线形精确性，各方要密切配合；每道程序应签字确认。

（4）顶升过程的监控。

监视各点的负载及内力；

监视结构的空中位置姿态、线形，监视顶升上升通道是否顺畅。

7. 合龙段配切

合龙段 Z15 号节段两端各留 500mm 配切量，Z15 号节段按照安装要求在工厂内拼装场或桥址现场完成配切。桁梁节段配切设备选择场内拼装场和桥址现场切割设备，工艺和施工环境相同。若合龙时工期或时间要求紧张，合龙段可选择桥址现场完成配切。

配切方法：根据现场 Z14 号节段安装姿态进行测量，总监理工程师根据监控数据下达合龙段配切指令；根据配切指令，完成合龙段配切划线，安装自动火焰切割机轨道和切割机，专人调试完成开始垂直切割；垂直切割完毕，调节自动火焰切割机切割角度，按照焊接工艺要求切割一定比例坡度的焊接坡口（坡口根据板厚及焊接方式在焊评合格试件的种类中进行选择），双面坡口箱体内侧的坡口手工火焰切割完成；切割完成的坡口打磨平整度和光洁度满足焊接工艺要求，最后对合龙段尺寸和坡口进行报检，检查合格后方可吊装。

返线切割时注意环境温度及日照温差对测量的影响，切割前项目部必须由检查人员对尺寸进行检查校核后方可进行配切。

8. 合龙段合龙

合龙段施工若继续采用整体吊装的施工方法，合龙时需要同时对位的合龙口较多，难以精确控制，所以考虑将整体吊装方式改为分部分吊装合龙。

吊装顺序采用先同时合龙左右幅两个桁片（含斜腹杆，但斜腹杆与下弦杆吊装时先不焊接，而是采用临时匹配件临时连接固定），再吊装焊接水平斜杆，最后吊装桥面系的顺序合龙。

为保证合龙段的顺利吊装就位,上弦杆长度、斜腹杆悬臂端的顺桥向水平距离、下弦杆长度应依次增加,以便使合龙口形成上小下大的"八"字形开口。其具体尺寸合龙前在钢桁梁合龙专项施工方案中明确。

合龙段桁片须增加临时杆件以增强合龙段结构稳定性。

选定合龙时间后,提前将运输船移到指定位置(待配切完成后),将吊点挂好,起吊至合龙口以下1m位置。等达到合龙条件(温度稳定以及合龙口长度满足吊装条件)时,由技术人员复测合龙口长度、高程等,看是否需要对合龙段钢桁梁进行精确切割(微调),高程是否有变化,是否需要再对高程进行微调。

合龙段的吊装(图3.5.28)在温度下降且未降至当天最低温度(或第二天凌晨)时进行,合龙段吊装到位后,先进行单侧(高新侧或江北侧)4个接口的临时调整和连接,调整方法与悬臂节段的调整方法相同,待一侧4个弦口调整到位临时锁定后(如两侧8个接口满足锁定条件即全部进行临时锁定),等待已确定的合龙温度(监控指令),待另外一侧4个弦口的临时连接螺杆和螺栓完全对位后,立即进行最后4个合龙口的精确对位临时连接。如最后4个合龙口不能进行精确对位,个别断面存在偏差时,需进行临时调节。

合龙段线形调节应满足监控指令及规范要求,调节误差要求见表3.5.5。

合龙段调节容许误差表　　　　　　　　　　　　　　　表3.5.5

项目	高程	轴线	焊缝宽度(10mm)
允许误差(mm)	±10mm	±10mm	±5mm

合龙口调节包括以下步骤:

(1)在钢结构初步吊装到位之后,首先对钢结构进行轴线调节,调节方式采用千斤顶顶推的方式进行,每个合龙口配2台100t横向调整螺旋千斤顶。

首先对合龙段进行初测定位,确定轴线偏差量,确定调节量。在钢桁梁箱内底板焊接T形临时顶推牛腿,T形牛腿轴线与合龙口焊缝夹角约为15°且此角度不应过大,过大不但调节效率低且对桥梁纵向的调节影响较大。在临时牛腿之间架设千斤顶横向顶推钢箱,最终实现调节结果符合监控要求,腹板错边量不大于10mm。

钢桁梁轴线调节到位后及时安装ϕ80mm钢拉杆,用两颗螺母一前一后夹住连接牛腿板实现定位。在钢桁梁钢箱腹板内侧焊接临时限位挡板,焊接的临时挡板焊缝强度应能承受拆除千斤顶后的水平力。

(2)调节好轴线后先上好一部分螺杆做临时连接,在腹板内侧焊接限位挡板,对横向顶推千斤顶拆除。观察里程方向焊缝是否符合要求,若不符合采用千斤顶和拉杆相结合的方式进行调节。

利用临时连接牛腿架设纵向调节千斤顶,确定调节量。若需要向外顶,则放松钢拉杆,利用千斤顶顶推;若需要向内拉,则调节钢拉杆螺母实现向内调节;使得最终焊缝宽度为10mm,误差在±5mm。

(3)钢拉杆临时固定(两颗螺母不拧紧,留有一定的活动量方便调节),对合龙段再次测量,通过起降缆索吊来实现对合龙段高程的调节。高程误差为±10mm,但应让合龙口接口处保持平顺。

（4）复测数据，若结果符合要求则将数据上报监控及监理单位，复核通过后由监理单位通知焊接单位焊接；若不符合要求，重复以上步骤直至调节结果符合要求。

图 3.5.28 合龙段吊装

9. 合龙焊接

三官堂大桥工程主桥钢桁梁合龙段（主要材质为 Q345qD、Q420qE 钢）的焊接，工艺规程按照《公路桥涵施工技术规范》JTG/T F50—2011、《铁路钢桥制造规范》TB 10212—2009 和《三官堂大桥钢结构制造规则》QZ/CX—2014 执行。

1）合龙焊接顺序

（1）桥位将钢桁梁节段吊装就位后，同时开始左右幅上下弦杆环口处钢桁梁箱形对接焊缝，先从两侧对称焊接两侧腹板的对接焊缝，再从中间向两端对称焊接下、上盖板的对接焊缝；

（2）组装上下弦杆内加劲肋嵌补段，对称焊接嵌补对接及两侧角焊缝；

（3）焊接斜腹杆与钢桁梁节点间对接焊缝；

（4）焊接水平斜撑节段间对接焊缝；

（5）桥面、U 肋焊缝；

（6）焊接其他焊缝。

2）合龙注意事项

（1）合龙时应充分考虑天气自然条件的影响，应避开不利天气因素进行合龙焊接；

（2）整个合龙过程，起重机吊点不能拆除，合龙后方可拆除；

（3）加强施工测量监控，为吊装合龙提供精确的测量数据；

（4）钢桁梁在总成后根据测量数据进行分析，消除余量，满足吊装合龙过程精度需求。

中跨合龙段安装完成并焊接完成后，解除边墩临时下压约束，利用千斤顶顶升边墩钢桁架横梁至设计位置，并实时监测钢桁梁特征杆件的应力值是否趋近于零，同时测量各特征点空间位置是否与该阶段设计位置相吻合。

3.5.10 钢桁梁内力调整

1. 内力调整工艺简述

在边墩盖梁上设 8 个 600t/20cm 千斤顶,并分为两组:A 组顶升,B 组支垫。一个行程后,由 B 组顶升,A 组支垫,如此循环,直至顶升至设计标高。若最后顶升行程内单组顶升力不足,可使两组千斤顶串联联动顶升,以满足顶升力要求。工艺流程如图 3.5.29 所示。

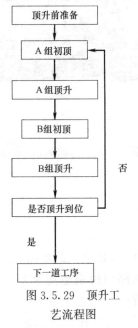

图 3.5.29 顶升工艺流程图

2. 顶升前准备

顶升前须准备:

(1) 清除钢桁梁上一切大型临时设施及重载构件,减小对钢桁梁内力调整的影响;

(2) 应力监测埋设原件及初始值测定;

(3) 位置测量观测点设置完成并测量初始值;

(4) 安装顶升千斤顶及油缸系统;

(5) 解除支座临时约束(转动约束与平移约束);

(6) 解除并拆除边墩锚固系统约束。

3. 边墩支点顶升

施工工艺同合龙前和合龙口位置调整顶升方式一致。须注意的是,内力调整顶升与合龙前合龙口位置调整顶升对顶升工艺及设备的要求不同:①合龙口位置调整属于微调,顶升或下压高度较小,单个边墩支点位置只需一组千斤顶即可;②合龙后的内力调整时已解除主墩水平限位装置,PM26 墩支座将在顶升过程中向江北侧滑移。因此 PM27 墩的顶升千斤顶须在千斤顶与钢桁梁底板间设置纵桥向滑移支垫槽,使边墩支点顶升过程中横桥向受到约束,纵桥向可自由移动。

千斤顶安装完毕后,再次检查放置位置,均无意外情况后开始初顶,初顶主要是为了消除格构钢管支架的弹性变形,使各个千斤顶达到同步的状态,在钢桁梁还没有正式顶起时停止,并停滞 10min 进行观察,安排人员检查各千斤顶的受力情况及行程,无任何异常后开始整体顶升。两组千斤顶整体顶升前均需要初顶。

初顶完成后,在专业人员的统一指挥下使所有千斤顶缓慢升高,根据所需顶升高度分几个行程,每个行程顶升时应分级顶高。

根据计算顶升高度 800mm,滑移距离约 284mm,单次顶升行程 150mm,滑移距离约 53mm,共分 6 级。顶升过程中应特别注意各千斤顶的行程,行程到位后应停止顶升(为了防止千斤顶油缸冲顶,保留 5mm 行程不顶以策安全),每组顶升后及时安排人员固定支架及千斤顶垫块,垫实后回油及垫高千斤顶进行下一行程顶升。过程中测量跟踪固定支架及钢桁梁的变化情况,一旦发现异常立即停止顶升,待查明原因及处理后才进行顶升。

经过数个行程到达预期位置,最终施工结果应比设计标高略高一点,主要考虑回油时垫块间的压缩变形。

最后经多次测量复测标高符合要求后,安装边墩支座,回油及拆除千斤顶,边墩支点顶升工作完成。

顶升过程质量、安全应严格控制：

（1）千斤顶必须经标定合格后使用；

（2）严格控制起梁速度，过程要缓慢；

（3）顶升起钢桁梁体时应对梁起顶位移和千斤顶起顶力进行双控，以位移控制为主，保证边跨钢桁梁前后位移缓慢精确进行，如若梁体顶端两外缘起升高差大于5mm，则应停止顶升，查明原因；

（4）单个行程加载应逐步增加，每次增加的油压为2~4MPa，使各个千斤顶之间的顶升力均衡增加，达到同步顶升；

（5）顶升过程中，测量组必须全程跟踪、控制；

（6）顶升工作应由专业人员进行操作，设专人指挥；

（7）顶梁过程须密切注意顶梁系统的工作是否正常，同时顶升过程中每级顶升完毕必须对桥梁进行检查，检查结构是否异常，钢桁梁的提升是否同步；

（8）顶升过程做好详细施工记录；

（9）钢桁梁顶升到位后应尽快安装边墩支座，避免产生再次下沉；

（10）工作人员应戴好安全帽、穿工作鞋、高处作业人员系好安全带，工作范围内设置警戒线，无关人员严禁进入。

3.5.11 支座限位装置的安拆

北岸主墩支座为纵向活动球形钢支座与多向活动球形钢支座，施工时结构的不对称拼装、温度影响和横向约束体系失效等均会对支座产生水平分力，故在北岸支座顺桥向设置支座限位装置（图3.5.30），单个支座设置6套。承台混凝土浇筑时可同时安装支座限位装置，施工时应采取妥善措施使支座限位装置稳固，防止错位，确保支座限位装置安装精度，待中跨钢桁梁合龙后，方可拆除该装置。

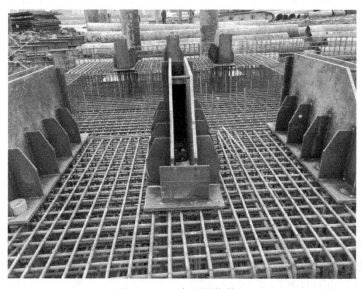

图3.5.30　支座限位装置

1. 支座限位系统设计

在北岸纵向滑移支座顺桥向两端设置限位系统，单个支座共设置 6 套，考虑拼装过程可能产生的不对称状态，计算得到支座水平反力 P_1 为 155.7t，故单个支座限位系统设计水平抵抗荷载为 $P=P_1/3=51.9$t。

2. 支座限位系统计算

支座限位系统采用钢板焊接而成，其结构受力点距混凝土顶面高度为 0.505m，结构形式如图 3.5.31 所示。

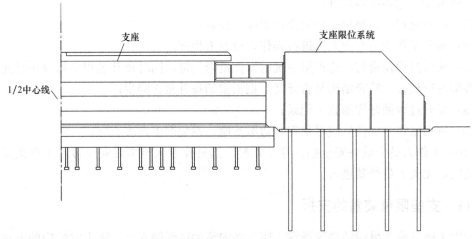

图 3.5.31 支座限位系统立面布置图

由图 3.5.31 可知，此支座限位系统主要承受弯矩及剪力。

$M = P \times 0.505 = 519 \times 0.505 = 260.095 \text{kN} \cdot \text{m}$

$V = P = 519 \text{kN}$

对于同时承受弯矩与剪力的预埋件，其需求的锚筋截面面积，取下列两个公式的最大者：

$$A_{S1} = \frac{V}{a_r a_v f_y} + \frac{M}{1.3 a_b a_v f_y Z}$$

$$A_{S2} = \frac{M}{0.4 a_b a_v f_y Z}$$

式中　A_S——实配钢筋总截面面积，应大于 $\max(A_{S1}, A_{S2})$；

　　　a_r——钢筋层数影响系数，取 0.85；

　　　a_v——顺剪力作用方向锚筋层数影响系数，

　　　　　　$a_v = (4-0.08d)\sqrt{\dfrac{f_c}{f_y}} = (4-0.08 \times 32)\sqrt{\dfrac{14.3}{360}} = 0.287$；

　　　a_b——钢板弯矩变形的折减系数，取 0.779。

根据《预埋件设计手册》（严正庭、严捷编，中国建筑工业出版社出版），采用直钢筋作为预埋件中的锚筋，其不宜多于 4 层，超过 4 层的按 4 层计算。本设计中锚筋层数为 5 层，计算时按 4 层进行计算。

计算得：

$$A_{S1} = \frac{519 \times 10^3}{0.85 \times 0.287 \times 360} + \frac{260.095 \times 10^6}{1.3 \times 0.779 \times 0.287 \times 360 \times 900} = 8671.68 \text{mm}^2$$

$$A_{S2} = \frac{260.095 \times 10^6}{0.4 \times 0.779 \times 0.287 \times 360 \times 900} = 8976.513 \text{mm}^2$$

则取二者最大值可知：

$A_S = 12 \times 803.84 = 9646.08 \text{mm}^2 > A_{S1} = 8976.513 \text{mm}^2$，满足设计要求。

采用 midas FEA 建立支座限位系统模型对主板强度进行计算，如图 3.5.32 和图 3.5.33 所示。

经计算，支座限位系统主板有效应力最大值为 171MPa＜190MPa，满足规范要求。

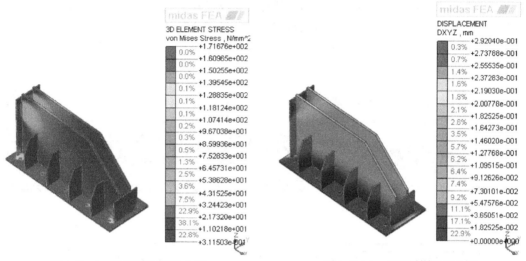

图 3.5.32　支座限位系统主板
有效应力图（单位：MPa）

图 3.5.33　支座限位系统主板
位移图（单位：mm）

经计算，支座限位系统主板最大位移为 0.29mm，发生在支撑点处，满足规范要求。

由于支座限位系统距支座支撑点距离较远，设计采用箱形支撑杆将支座的水平力传递给支座限位系统。

根据设计图纸，箱形支撑杆相关力学参数如下：

截面面积 $A = 12800 \text{mm}^2$

长度 $l_0 = 620 \text{mm}$

X 轴截面惯性矩 $I_x = 45226666.66 \text{mm}^4$

Y 轴截面惯性矩 $I_y = 50346666.66 \text{mm}^4$

回转半径 $i_x = \sqrt{\dfrac{I_x}{A}} = 59.44 \text{mm}$

长细比 $\lambda = \dfrac{l_0}{i_x} = 10.43 \text{mm}$

根据现行《钢结构设计标准》GB 50017 轴心受压构件的截面分类，本构件为 C 类截面，查附表得：

$$\varphi = 0.983$$

故支撑杆稳定性 $\dfrac{N}{\varphi A} = \dfrac{519000}{12800 \times 0.983} = 41.24 \text{MPa} < [f] = 190 \text{MPa}$，满足规范要求。

3.6 吊装节段比选及有限元分析

3.6.1 合龙段吊装节段模拟

1. 计算说明

合龙是本桥成功与否的关键步骤，合龙精度要求高，属全焊合龙，在合龙时，合龙接口互相影响，难度较大。如何平稳且精准地将合龙段提升至目标位置是一个难点，因此需考虑对合龙段进行吊装模拟，分析其自重大小及吊点分布对结构整体内力及位移的影响情况，以便顺利完成合龙；主梁节段划分及合龙段构造如图 3.6.1、图 3.6.2 所示，该模

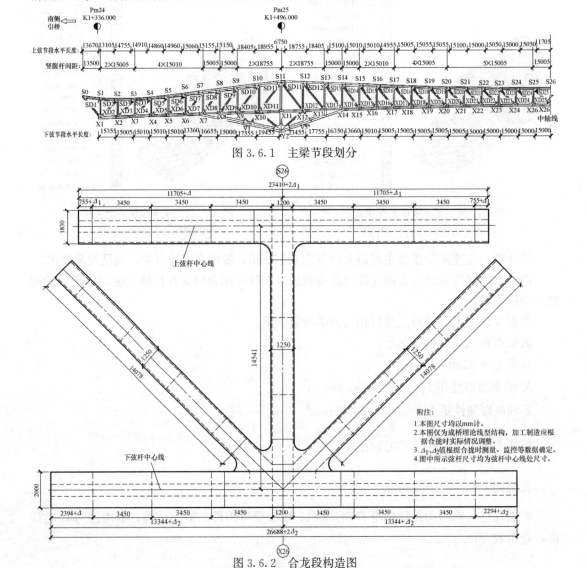

图 3.6.1 主梁节段划分

图 3.6.2 合龙段构造图

型模拟 S25～S'25 节段进行计算。

2. 有限元建模

考虑到需要分析合龙段最不利工况（整体节段或一半节段自重及吊点分布对吊装的影响），因此需要建立两种模型进行分析比较，利用 ABAQUS 建立如图 3.6.3 所示模型。通过板壳单元建立主桥钢结构部分，桁架单元模拟吊索部分；由于在吊装过程中需保证结构的整体稳定，因此增加横向临时支撑、竖向临时支撑、斜撑来增强结构整体稳定性；模型荷载为自重，动力系数为 1.2，自重系数为 1.2。

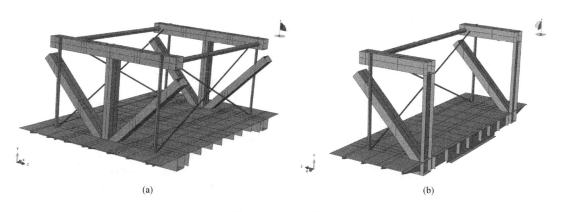

图 3.6.3　几何模型
（a）整体模型；（b）一半模型

模型边界条件设置如图 3.6.4 所示，以四吊点模型为参考，约束吊索上部所有吊点，但此时整个结构机动，计算不收敛，因此需要约束上弦杆、斜杆及下弦杆一端水平面上两个自由度；由于吊索轴线均垂直于上弦杆表面，能够有效避免横向水平力的影响。

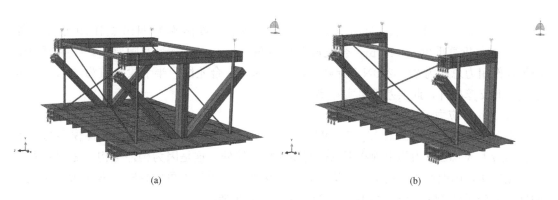

图 3.6.4　边界条件
（a）整体模型；（b）一半模型

吊索与主桥结构的接触采用 MPC-Tie 的方式进行连接，单个吊点与上弦杆局部进行绑定，以此来模拟吊索吊装主桥结构，如图 3.6.5 所示。

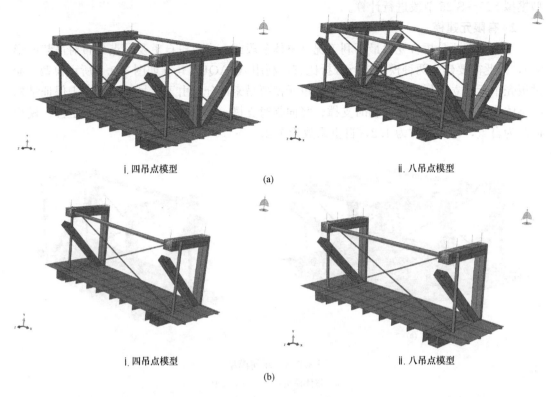

图 3.6.5 接触方式
(a) 整体模型；(b) 一半模型

3. 吊装节段比选

在吊装节段比选中，以四吊点模型为基础进行比较，分析其节段长度对吊装的影响。

1）自重校对

由图 3.6.6 可知，在以四吊点为基础的模型中，整体模型四吊点作用力总和为 5456000N，折算重量为 545.6t，合龙段节段自重为 545.6t，满足实际要求。一半模型中四吊点作用力总和为 2765200N，折算重量为 276.5t，合龙段一半节段自重为 273.3t，考虑到临时支撑杆件，此误差满足实际要求。

2）Mises 应力云图

由 Mises 应力云图（图 3.6.7）可知，在以四吊点为基础的模型中，整体模型与一半模型的最大 Mises 应力均出现在下弦杆与横隔板连接处，这是因为构件与构件之间并未进行强化连接，因而产生了局部应力集中，所以该处的应力集中可以忽略；整体构件与一半构件大部分区域 Mises 应力均不超过 28.7MPa。满足要求。

3）竖向位移图

由竖向位移图（图 3.6.8）可知，在以四吊点为基础的模型中，整体模型与一半模型的最大竖向位移均出现在人行道板的四角，这是因为未将加劲肋建入模型，而是将加劲肋折算为人行道板厚进行计算，因此该处不真实位移可以忽略。最大竖向位移应当参考主桥纵向中心线处，该处最大位移：整体模型竖向位移为 43.2mm，一半模型竖向位移

3 钢桁梁构件的加工制作与运输吊装方法及构件的安装方法研究

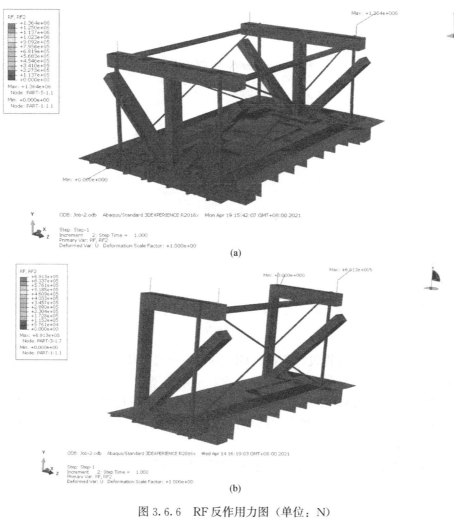

图 3.6.6 RF 反作用力图（单位：N）
(a) 整体模型；(b) 一半模型

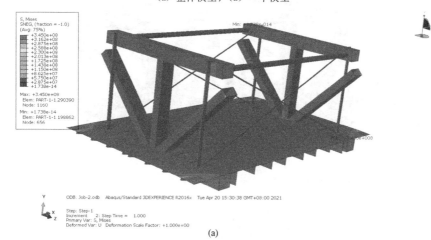

图 3.6.7 Mises 应力云图（单位：Pa）（一）
(a) 整体模型

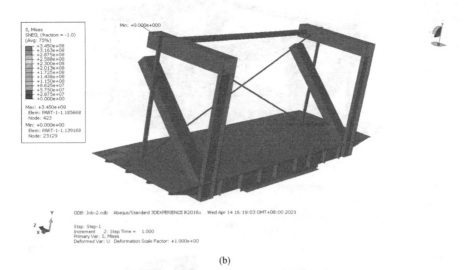

(b)

图 3.6.7 Mises 应力云图（单位：Pa）（二）

(b) 一半模型

为 82.19mm。根据《钢结构设计标准》GB 50017—2017 附录 B 的要求，挠度允许值为 31500/500＝63mm，整体模型可满足要求；一半模型竖向位移过大，原因考虑为，只吊装合龙段一半结构时，下弦杆一端力矩过大，仅靠现阶段竖向临时支撑难以达到结构整体的稳定，并且通过合龙段中部进行合龙锁定，所需考虑的定位点过多，增大合龙难度。

综上所述，基本可以认为，合龙段应当以整体结构进行吊装。

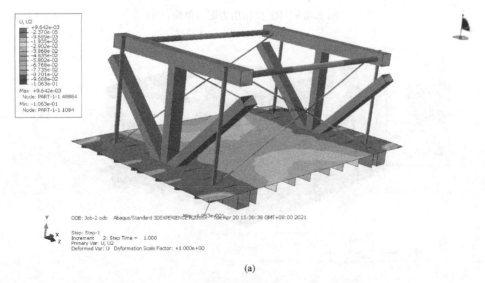

(a)

图 3.6.8 竖向位移图（单位：m）（一）

(a) 整体模型

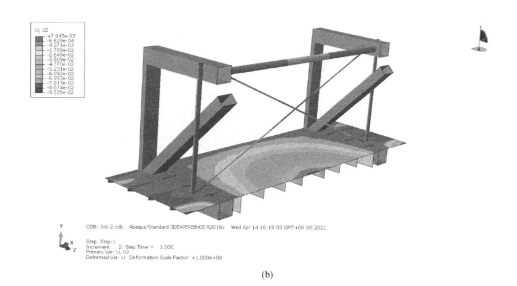

(b)

图 3.6.8　竖向位移图（单位：m）（二）

(b) 一半模型

4. 吊点比选

1) Mises 应力云图

由 Mises 应力云图（图 3.6.9）可知，四吊点与八吊点模型的最大 Mises 应力均出现在下弦杆与临时支撑的连接处，这是因为构件之间的连接并未强化，因而产生了局部应力集中，此类情况可以忽略；不同吊点的数量及位置对结构整体受力影响并不明显；两种吊点方式下，结构整体 Mises 应力大部分都在 28.7MPa 以内。

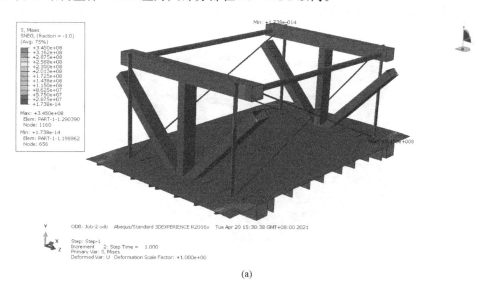

(a)

图 3.6.9　Mises 应力云图（单位：Pa）（一）

(a) 四吊点 Mises 应力云图

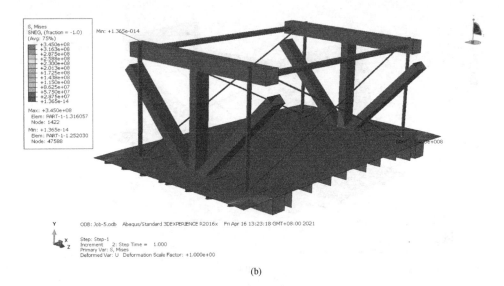

(b)

图 3.6.9 Mises 应力云图（单位：Pa）（二）

(b) 八吊点 Mises 应力云图

2）竖向位移图

由竖向位移图（图 3.6.10）可知，在四吊点和八吊点的模型中，最大竖向位移均出现在人行道板的四角，这是因为未将加劲肋建入模型，而是将加劲肋折算为人行道板厚进行计算，因此该处不真实位移可以忽略。最大竖向位移应当参考主桥纵向中心线处，选取左右两个最大位移参考点：四吊点模型左右两端最大位移分别为 52.6mm，43.2mm；八吊点模型左右两端最大位移分别为 49.8mm，40.3mm。根据《钢结构设计标准》GB 50017—2017 附录 B 的要求，挠度允许值为 31500/500＝63mm，两种模型可满足要求。四吊点模

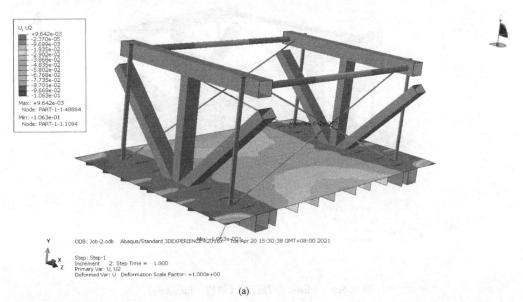

(a)

图 3.6.10 竖向位移图（单位：m）（一）

(a) 四吊点竖向位移图

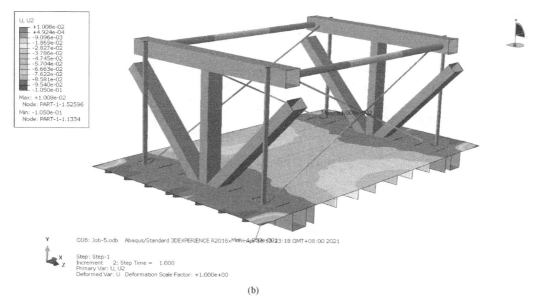

(b)

图 3.6.10　竖向位移图（单位：m）（二）

(b) 八吊点竖向位移图

型与八吊点模型左右两端最大位移的差值分别为 2.8mm，2.9mm；根据竖向位移的差值比较可以认为，吊点的数量及位置（也可以考虑为吊点与结构的接触面大小）对结构整体受力及位移有一定的正向作用。

5. 结果分析及结论

(1) 一半结构相比于整体结构的吊装，不仅需要考虑下弦杆力矩较大的问题，使得结构整体更不稳定，而且进一步增大合龙难度，综合考虑认为合龙段整体吊装方案更优。

(2) 吊点的数量及位置（实际考虑为吊点与结构的接触面大小）对结构整体受力及位移有一定的正向作用；吊索与结构的接触面应尽量加大，避免局部应力过大，从而影响到主桥结构；综合考虑为八吊点方案更优。

3.6.2　最不利节段吊装模拟

1. 计算说明

吊装是本桥成功与否的关键步骤。吊装精度要求高，在吊装时，需要考虑各个节段的结构内力状态及位移大小，以便平稳且精准地将各个节段提升至目标位置，保证成桥的平稳性。因此需考虑对节段进行吊装模拟，分析其自重大小及吊点分布对结构整体内力及位移的影响情况，确保吊装至目标位置，主梁节段划分和一般节段构造见图 3.6.11 和图 3.6.12，由于吊装节段较多，本次计算考虑以最不利节段进行模拟，即 S15-S16 节段。

2. 有限元建模

考虑到需要分析该节段最不利工况（整体节段或一半节段自重及吊点分布对吊装的影响），因此需要建立两种模型进行分析比较，利用 ABAQUS 建立如图 3.6.13 所示模型。通过板壳单元建立主桥钢结构部分，桁架单元模拟吊索部分；由于在吊装过程中需保证结构的整体稳定，因此增加横向临时支撑、竖向临时支撑来增强结构整体稳定性；模型荷载为自重，动力系数为 1.2，自重系数为 1.2。

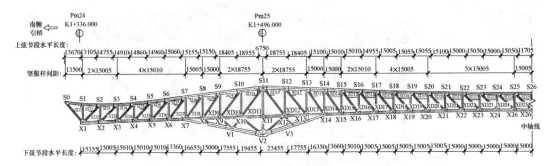

图 3.6.11 主梁节段划分

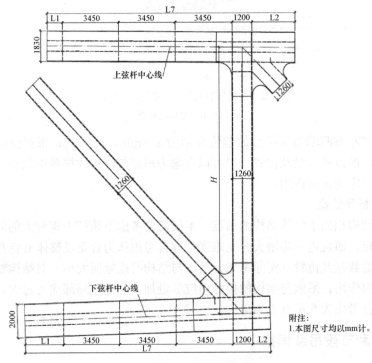

图 3.6.12 一般节段构造图

附注:
1. 本图尺寸均以mm计。

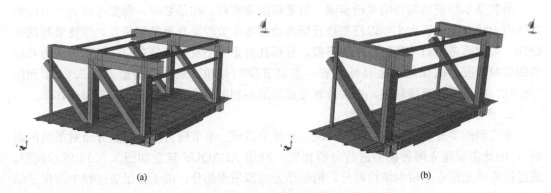

(a)   (b)

图 3.6.13 几何模型
(a) 整体模型;(b) 一半模型

模型边界条件设置如图 3.6.14 所示,以四吊点模型为参考,约束吊索上部所有吊点,但此时整个结构机动,计算不收敛;因此需要约束上弦杆、下弦杆及斜杆一端水平面上两个自由度;由于吊索轴线均垂直于上弦杆表面,能够有效避免横向水平力的影响。

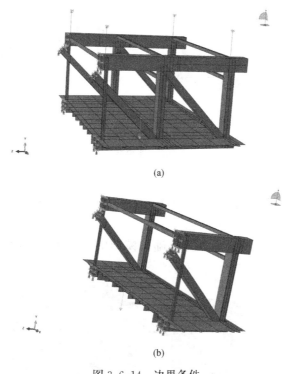

图 3.6.14 边界条件
(a) 整体模型;(b) 一半模型

吊索与主桥结构的接触采用 MPC-Tie 的方式进行接触,单个吊点与上弦杆局部进行绑定,以此来模拟吊索吊装主桥结构,如图 3.6.15 所示。

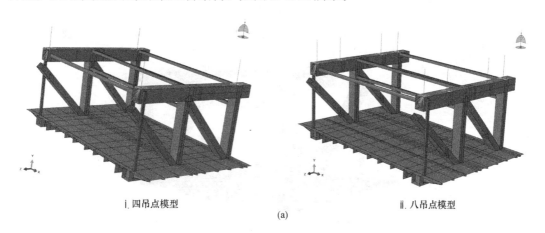

i. 四吊点模型　　　　　　　　　ii. 八吊点模型
(a)

图 3.6.15 接触方式(一)
(a) 整体模型

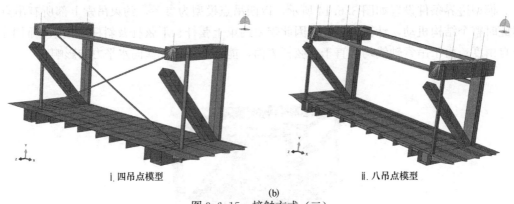

i. 四吊点模型 ii. 八吊点模型

(b)

图 3.6.15 接触方式（二）

(b) 一半模型

3. 吊装节段比选

在吊装节段比选中，以四吊点模型为基础进行比较，分析其节段长度对吊装的影响。

1）自重校对

由图 3.6.16 可知，在以四吊点为基础的模型中，整体模型中四吊点作用力总和为

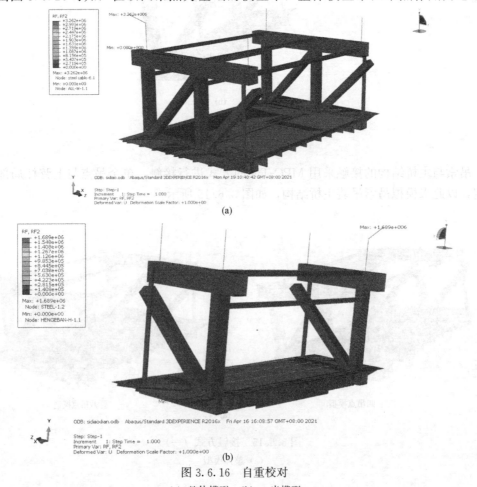

(a)

(b)

图 3.6.16 自重校对

(a) 整体模型；(b) 一半模型

12324420N，折算重量为 1232.4t，S14-S16 节段自重为 1222.5t，考虑到临时荷载，该误差满足实际要求。一半模型中四吊点作用力总和为 6756000N，折算重量为 675.6t，S14-S15 节段自重为 664.7t，考虑到临时荷载，此误差满足实际要求。

2) Mises 应力云图

由 Mises 应力云图（图 3.6.17）可知，在以四吊点为基础的模型中，整体模型与一半模型的最大 Mises 应力均出现在下弦杆与横隔板连接处，这是因为构件与构件之间并未进行强化连接，因而产生了局部应力集中，所以该处的应力集中可以忽略；整体构件大部分区域 Mises 应力不超过 20.97MPa，一半构件大部分区域 Mises 应力均不超过 28.7MPa。满足要求。

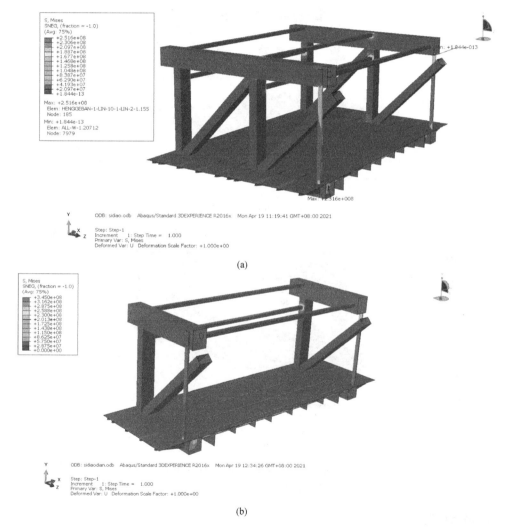

图 3.6.17　Mises 应力云图（单位：Pa）
(a) 整体模型；(b) 一半模型

3) 竖向位移图

由竖向位移图（图 3.6.18）可知：在以四吊点为基础的模型中，整体模型的最大竖向位移出现在平联中部，达到 8.15mm，根据《钢结构设计标准》GB 50017—2017 附录 B 的要求，挠度允许值为 31500/500＝63mm，整体模型可满足要求；一半模型竖向位移过大，原因考虑为，只吊装一半结构时，下弦杆一端力矩过大，且桥面自重对下弦杆所造成的横向拉力较大。

综上所述，对于最不利节段如果考虑两节段同时提升，显然其结构整体稳定性较好，但因为其自重过大，从经济性及安全性的角度考虑，难以实施，因此考虑对单个节段进行优化。

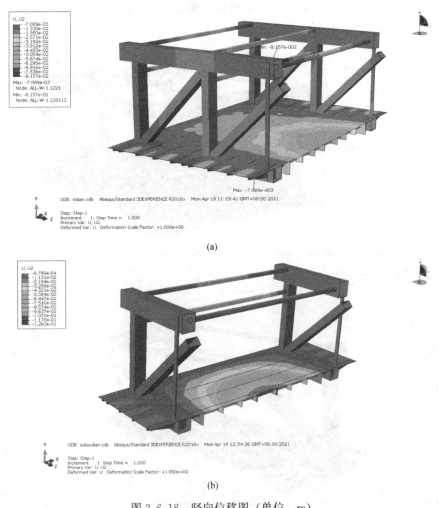

图 3.6.18 竖向位移图（单位：m）
(a) 整体模型；(b) 一半模型

4. 吊点比选

1) Mises 应力云图

由 Mises 应力云图（图 3.6.19）可知，四吊点与八吊点模型的最大 Mises 应力均出现在下弦杆与横隔板的连接处，这是因为构件之间的连接并未强化，因而产生了局部应力集中，此类情况可以忽略；不同吊点的数量及位置对结构整体受力影响并不明显；两种吊点方式下，结构整体 Mises 应力大部分都在 28.7MPa 以内。

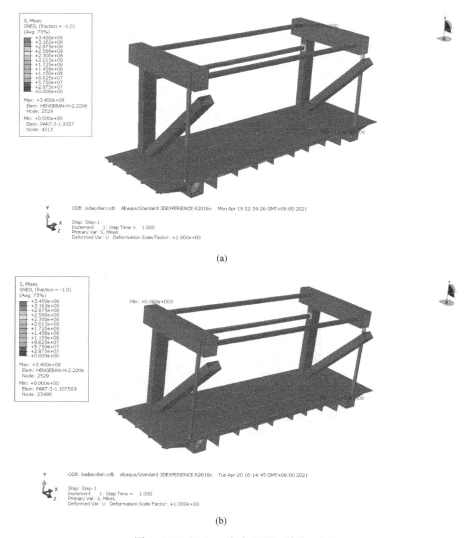

图 3.6.19 Mises 应力云图（单位：Pa）
(a) 四吊点模型；(b) 八吊点模型

2) 竖向位移图

由竖向位移图（图 3.6.20）可知，在四吊点的模型中，最大竖向位移出现在主桥纵向中心线结构较弱处，这是因为未将加劲肋建入模型，而是将加劲肋折算为人行道板厚进行计算，因此该处不应作为实际位移，但其位移较大的趋势是可以肯定的；在八吊点模型中，最大位移处与四吊点模型相同，最大位移 113.4mm，根据《钢结构设计标准》GB 50017—2017 附录 B 的要求，挠度允许值为 31500/500＝63mm，两种模型显然并不能满足要求；因此考虑对八吊点模型施加底部横向临时支撑进行优化。

由 Mises 应力云图（图 3.6.21）可知，增加横向临时支撑后，结构整体应力变化不大。

由竖向位移图（图 3.6.22）可知，增加横向临时支撑后，可以有效降低桥面中心竖向位移，最大位移出现在平联下部，由于此处并未进行局部强化，因此其实际位移应当比计

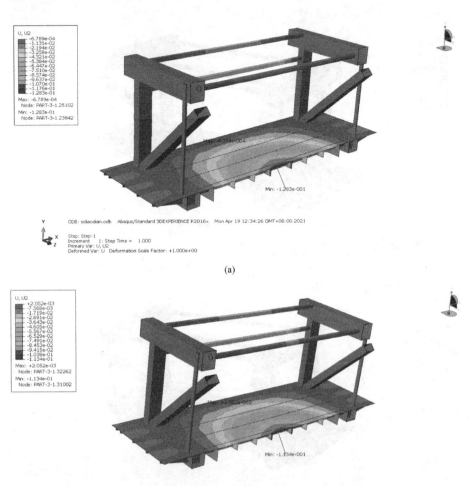

图 3.6.20 竖向位移图(单位:m)
(a) 四吊点模型;(b) 八吊点模型

图 3.6.21 Mises 应力云图(单位:Pa)

算位移量更小,因此该处不真实位移可以忽略;查询桥面中心点最大位移值为 41mm,根据《钢结构设计标准》GB 50017—2017 附录 B 的要求,挠度允许值为 31500/500＝63mm,该模型满足要求。

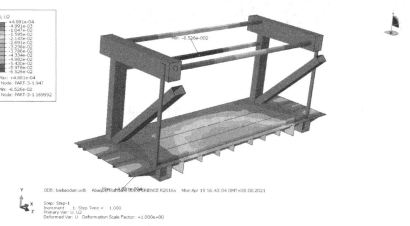

图 3.6.22 竖向位移图(单位:m)

5. 结果分析及结论

(1) 一半结构相比于整体结构的吊装,虽然其结构整体稳定性较高,但其自重过大,从经济性及安全性的角度考虑,单个节段吊装更为可行。

(2) 吊点的数量及位置(实际考虑为吊点与结构的接触面大小)分布对结构整体受力及位移有一定的正向作用;吊索与结构的接触面应尽量加大,避免局部应力过大,从而损坏到主桥结构;对于一般节段,需在竖向临时支撑下安装横向临时支撑,增强结构整体稳定性。

4 超大跨径连续钢桁梁桥施工整体与局部受力研究

4.1 钢桁梁悬臂施工桥面系连接时机研究

4.1.1 工程概况

本钢桁梁桥主桁采用变截面钢箱桁架，腹板尺寸从跨中12mm、三角区桁架末端45mm变化到主墩附近16mm，底板及加劲肋尺寸也在部分关键节点局部加强。桥面系主体为多根小纵梁支的U肋加劲正交异性桥面板，横联包括设置在下弦杆节点对应位置的横梁和节段内部的多道横隔板。行车道桥面板厚度16mm，主墩三角区部分加厚至20mm，悬挑部分的人行道桥面板厚度12mm；U肋尺寸300mm宽×280mm高，厚度8mm，间距500~600mm；腹板厚度14mm小纵梁6道，腹板厚度16mm与下弦杆等高的小纵梁2道；横隔梁与下弦杆等高，腹板厚度14~16mm，间距与桁架节间距一致，主墩三角区末端横隔梁局部加强；节段内横隔板厚度12mm，间距3.45m。

主梁施工边跨及三角区钢桁梁采用全支架拼装，此后分别以两边跨作为锚固跨，利用桁上起重机悬臂拼装至跨中合龙，中跨悬臂拼装节段共21个，包括合龙段及两侧各10个钢桁梁节段（Z5~Z14）。具体施工流程如图4.1.1所示。

在中跨钢桁梁拼装施工过程中，待已吊装节段完成全部连接工作后，再进行后续节段施工，此时悬臂体系将具有较大的刚度，应力水平也相对较低，但工期明显较长；若仅连接全部弦杆及腹杆，桥面系暂不连接或只连接节段内部桥面系，不连接桥面系嵌补段，能明显省工期成本，但相应悬臂体系的刚度被削弱，应力水平和挠度均较大。三官堂大桥中跨超过400m，单边最大悬臂达到150m，桥面系连接时机对施工过程中主梁的影响不可忽视。

4.1.2 有限元建模

1号施工次序对应不连接桥面系即进行后续节段吊装，2号施工次序对应连接节段内部桥面系再进行后续节段吊装，3号施工次序对应完成全部桥面系连接后进行后续节段吊装。考虑到需要对三种不同的施工次序进行比较，利用ABAQUS建立如图4.1.2所示两个主要模型。

模型1以梁单元模拟全部杆件，对应已吊装节段不进行桥面系连接的1号施工次序，该过程中，桥面系未完成连接，在模型中仅考虑横梁的作用，桥面系自重转化成荷载，施加到相应下弦杆上。

模型2对应已吊装节段进行桥面系连接的2号和3号施工次序，该过程中，桥面系分别完成部分和全部连接，通过约束节段之间的不同位置来实现（2号施工次序对应模型仅

4 超大跨径连续钢桁梁桥施工整体与局部受力研究

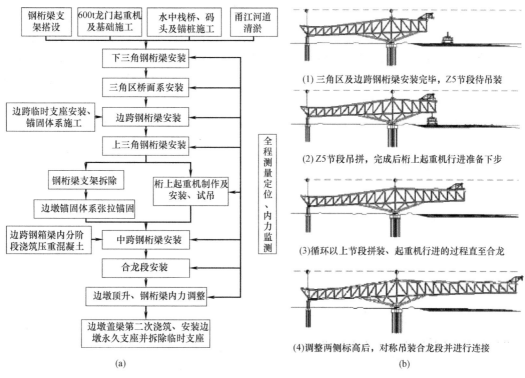

图 4.1.1　三官堂大桥总体施工方案及中跨钢桁梁悬臂拼装流程
(a) 三官堂大桥主桥施工；(b) 中跨钢桁梁悬臂拼装具体流程

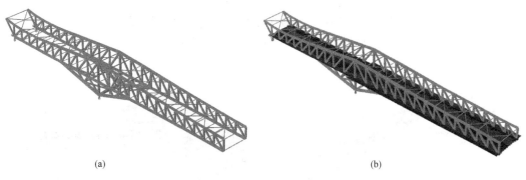

图 4.1.2　ABAQUS 有限元模型示意图
(a) 模型 1；(b) 模型 2

约束节段间腹杆及弦杆部分，3 号施工次序对应模型增加节段间桥面系的约束），节段内桥面系与下弦杆为一整体共同工作。由于节段间桥面系与下弦杆形成共同工作的整体，因此考虑用壳单元模拟桥面系及下弦杆，上弦杆、腹杆及除横梁外的全部连接系均用梁单元模拟，因此将涉及梁单元与壳单元的连接问题。在实际钢桁梁体系中，连接部位即是最为关注的桁架节点，但在整体计算中，很难模拟节点连接的局部应力。因此在该模型中，将下弦杆节点附近区域视为近似刚体，与梁单元体系的对应节点耦合，由圣维南原理可知，距节点区域一定范围之外的应力均可视为实际值。而由于选择的耦合区域在纵桥向上的尺寸较小，对悬臂体系的挠度影响相对较弱，模型计算的挠度虽相对实际值偏小，但偏差应在可接受范围内。

边界条件均选取边墩及中墩支座处节点进行全固结约束,荷载考虑包括结构自重、各工况吊装主梁的质量及 2×325t 规格桁上起重机自重、边跨混凝土压重。吊装主梁质量与桁上起重机自重以前后支点集中力的形式作用于主梁(分三阶段浇筑,共 38349kN,以面力形式施加在相应节段底板上)。

三种不同工序的最大悬臂状态(合龙段吊装阶段)应力及挠度计算结果分别如图 4.1.3~图 4.1.5 所示。

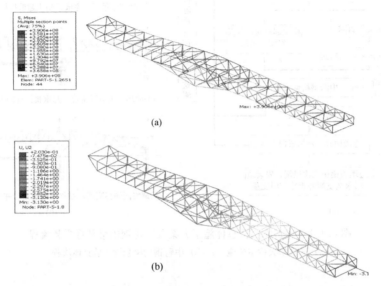

(a)

(b)

图 4.1.3 工序 1:不连接桥面系即进行后续节段吊装
(a) 应力(单位:Pa);(b) 挠度(单位:m)

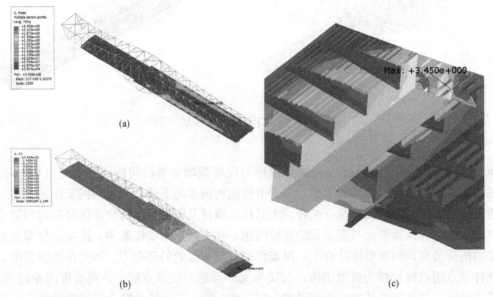

图 4.1.4 工序 2:连接节段内部桥面系再进行后续节段吊装
(a) 应力(单位:Pa);(b) 挠度(单位:m);(c) 局部最大应力示意(单位:Pa)

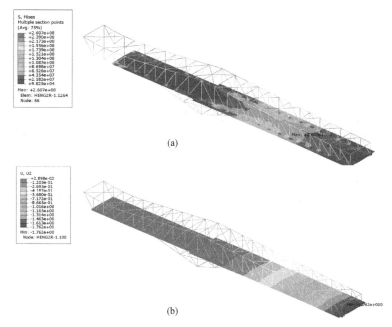

图 4.1.5 工序 3：完成全部桥面系连接后进行后续节段吊装
(a) 应力（单位：Pa）；(b) 挠度（单位：m）

桥面系不连接、部分连接和全连接的 Mises 折算应力最值分别为 390MPa、345MPa 和 261MPa，挠度最值分别为 3130mm、2049mm 和 1762mm。应当注意到，对于应力最值，桥面系不连接和部分连接的模型，最大应力均出现在悬臂根部的下弦杆节点附近，且在桥面系部分连接模型中出现了明显的应力集中，但在桥面系全连接模型中最大应力体现为中跨上弦杆应力。对于挠度最值，桥面系不连接的模型，最大挠度即为下弦杆悬臂端挠度，而在桥面系部分连接与全连接的模型中，实际悬臂端附近桥面系的挠度为全桥最大。

4.1.3 结果汇总及分析

将三种工序各 11 个工况的最大 Mises 折算应力值和下弦杆悬臂端挠度值结果汇总，见表 4.1.1。

不同工序各工况最大折算应力与下弦杆悬臂端挠度结果汇总　　　　表 4.1.1

工序	节段编号	Z5	Z6	Z7	Z8	Z9	Z10	Z11	Z12	Z13	Z14	合龙段
不连接	最大折算应力(MPa)	169	164	147	160	157	154	165	199	268	337	390
	下弦杆悬臂端挠度(mm)	32.7	65.4	148	248	413	610	896	1260	1781	2470	3109
部分连接	最大折算应力(MPa)	142	144	145	153	161	171	181	249	262	319	345
	下弦杆悬臂端挠度(mm)	61.8	89.9	130	190	271	393	554	885	1105	1568	2040
全连接	最大折算应力(MPa)	142	144	145	153	162	171	182	201	208	223	261
	下弦杆悬臂端挠度(mm)	61.8	89.7	128	185	259	367	508	794	978	1356	1746

中跨钢桁梁吊装施工过程中，仅连接全部弦杆及腹杆，桥面系暂时不形成统一整体，对于节省工期有较大益处。但由于桥面系简化为自重荷载，不参与受力，悬臂下弦杆的应

力数值大幅度超标,材料屈服甚至破坏。此外,该工序中悬臂端挠度达到3109mm,即使在施工设计时对线形作了预抛高及角度处理,这样的挠度值也难以得到补偿。

若节段内部桥面系部分连接,节段间嵌补段不连接,在合龙段吊装的最不利工况下,下弦杆远离桁架节点区域的应力值处于安全范围内,但多个节点附近应力值超出设计强度。该工况中悬臂端挠度(2040mm)较桥面系不参与受力的体系大大减小,依据挠度值之比,可近似认为该工序下的悬臂体系截面抗弯刚度是对应不连接工序中的1.52倍。

若选择桥面系全连接施工,即在完成已吊装部分全部桥面系连接工作后,再进行后续节段吊装,悬臂体系的抗弯刚度达到最大,应力(下弦杆应力最值在200MPa以内,上弦杆应力最值261MPa)及挠度(1746mm)都大为降低,依据挠度值之比,可近似认为该工序下的悬臂体系截面抗弯刚度是对应不连接工序中的1.78倍,将所得结果绘制为折线图(图4.1.6)。

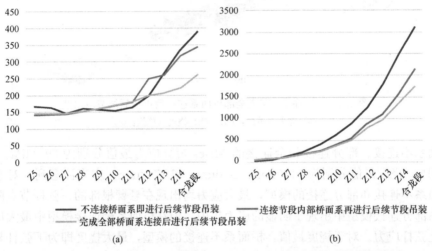

图4.1.6 不同工序各工况最大折算应力与下弦杆悬臂端挠度结果折线图
(a)各工况最大折算应力折线图(单位:MPa);(b)各工况下弦杆悬臂端挠度折线图(单位:mm)

随着中跨节段拼装一步步进行,悬臂长度一步步增加,结构最大应力及挠度整体呈明显上升趋势,且斜率逐渐增大。桥面系不连接模型中,其边跨部分的刚度相较于其他工序更小,对于一开始悬臂节段较少、边跨受力控制的局面,该工序会出现较大的折算应力值和较小的悬臂端挠度。此后随着悬臂长度的增加,体系逐步由边跨受力控制向悬臂根部受力控制转化,应力极值位置从边跨三角区附近杆件向中跨移动。在桥面系部分连接和全连接工序中,同样存在上述应力极值位置移动的现象,节段Z11吊装之前,最大应力值均出现在边跨,因而两者在折线图中具有完全一致的最大应力变化路径,但从节段Z12吊装开始,应力极值开始出现在中跨悬臂部分,两者最大应力出现差异。Z8、Z12等节段拼装过程中最大应力值和悬臂端挠度值增长速度明显变缓,其原因在于分三阶段浇筑压重混凝土,此外合龙段施工时的吊装重量相对单个节段而言较小,也导致折线最后一段斜率有所减小。

从Z12节段吊装开始至合龙的过程,体系主要由中跨悬臂受力控制,桥面系不连接和部分连接工序的应力最值都出现在悬臂根部(主墩下三角桁架末端)的下弦杆节点附近,而桥面系全连接的工序中最大应力位于靠近悬臂根部的上弦杆。究其原因,桥面系不连接的体系截面刚度最小，因而应力最大，且较小的下弦杆刚度使得截面中和轴位于上部，使得下弦杆应力值进一步增加；桥面系部分连接的体系，节段内部截面刚度与全连接相仿，因而整体挠度及远离下弦杆节点的区域应力值均相较不连接体系有明显减小，但由于未进行桥面嵌补段的施工，在下弦杆节点附近应力分布应当与不连接体系几乎一致，但由于有限元模型中单元选择和桁架节点模拟差异的影响，计算应力值有所区别；桥面系全连接的体系，下弦杆与桥面系组成的整体共同受力，截面刚度增大，中和轴下移，下弦杆应力进一步减小，悬臂端挠度同样为三者中最小值。若单独考量三种工序的上弦杆应力，随着下弦杆与桥面系整体刚度的增加，上弦杆应力水平总体相近，略有上升，最终反映为全连接体系中的应力极值。

4.1.4 结论

本桥作为连续钢桁梁桥的典型，采用钢箱主桁和正交异性板桥面，选取先三角区桁架及边跨施工，再采用以边跨为锚固端悬臂拼装中跨钢桁梁节段至合龙的施工方式，桥面系连接时机的选择直接影响到大桥施工工期成本和安全性能。在前述小节中对三官堂大桥中跨钢桁梁施工各工况进行了有限元建模分析，探讨钢桁梁悬臂拼装工法中桥面系连接时机对钢桁梁受力响应和施工安全性的影响，通过对应力和挠度计算结果的分析，可得到以下结论：

（1）在钢桁梁悬臂拼装过程中，若仅仅连接主桁，滞后桥面系与下弦杆整体受力体系的形成，将对主梁截面刚度有明显削弱，在三官堂大桥这类跨径进一步增加的桥梁结构中产生过大的应力和变形，不利于安全施工的需要。在此基础上，考虑先连接节段内部桥面系，暂不连接桥面系嵌补段的施工工序，远离桁架节点处桥面系与下弦杆能够共同工作，这部分构件的应力及整体挠度均有明显改善。但由于施工过程中桥面系在桁架节点处不连续，不能为该区域附近的截面提供额外的抗弯能力，应力极值更偏向于不连接体系的结果。

（2）待已拼装节段完成全部连接工作后，再进行下一节段的吊运拼装，此时下弦杆与桥面系组成整体共同受力，截面抗弯刚度明显增大，下弦杆应力及悬臂端挠度均为三种工序中最小。该工序中应力极值出现在上弦杆处，相较不连接和部分连接体系略有上升，此后随着合龙后边墩支点顶升和桥面铺装等二期荷载的施加，中跨负弯矩值减小，仅需对可能出现的跨中正弯矩控制的情形进行验算。

（3）桥面系全连接的施工工序主梁刚度较大，应力及挠度改善明显，而对于桥面系不连接和部分连接的施工工序，主梁均因应力过大而难以满足施工要求，此外，被削弱的截面刚度也使得施工过程中主梁的稳定性问题变得突出。

（4）根据计算结果，若不采取额外施工措施，桥面系完全不连接，或只连接节段内部桥面系不连接嵌补段的施工次序，均无法完全满足施工需求。因此，推荐采用在完成已吊装部分全部桥面系连接工作后再进行后续节段吊装的施工方法。

4.2 合龙段临时锁定环境温度影响研究

4.2.1 工程概况

本钢桁梁桥钢桁梁合龙段施工时，待两侧悬臂端部调整到合适位置后，吊装合龙段钢桁梁，利用预留临时连接件临时锁定合龙段与悬臂端的主桁弦杆部分，为后续焊接工作提供定位作用。此时，合龙段的自重仍由两悬臂端的桁上起重机承担，与起重机自重一起以前后支点力的形式作用到前续已安装阶段上。但整体升降温引起的临时锁定区域内力将由所预留的临时连接件承担，因此临时连接件在整体升降温下的强度问题成为保证临时锁定作用的关键。在小变形、线弹性范围内讨论临时连接件的受力问题，临时连接件仅需承担超静定体系因整体升降温产生的内力，且当体系刚度越大时，内力水平越高，因此可偏于安全地将临时锁定考虑为固接。

此外，临时锁定使得原大悬臂体系的静定结构转变为超静定结构，整体升降温的影响作用于三跨连续梁的整体，使原悬臂体系的上下弦杆应力产生变化。在小变形、线弹性的情形下，原上下弦杆将叠加温度应力，需考虑最不利情况分别作出分析。

4.2.2 模型建立与荷载设定

1. 模型建立

利用有限元软件ABAQUS建立如图4.2.1所示整体模型，以梁单元模拟各弦杆、腹杆及连接系，桥面系刚度折算至下弦杆上。边界条件在主墩处为固定支座，放开平面内转动自由度，边墩处仅约束竖向位移及平面外转动。考虑整体升温5℃、10℃，降温5℃、10℃四种状况，各状况的初始状态即为合龙段吊装工况，两悬臂端已完成节段受到结构自重与桁上起重机的前后支点力作用，合龙段自重与吊点力平衡，两者之间无连接。在模型中以全自由度耦合方式模拟临时锁定过程，锁定区域暂不激活；施加自重荷载，两端为悬臂受力状态，约束为主边墩上的相应活动或固定支座，合龙段以吊点处的竖向约束模拟吊装过程受力；待自重荷载作用完成后，激活锁定区域单元，去除原吊点边界条件并代以相应吊点力，此后定义相应升降温温度场，完成自重与温度共同影响下的构件强度分析。

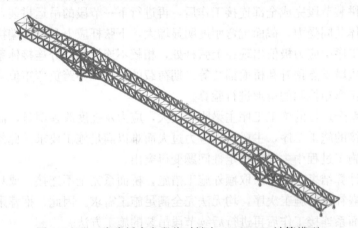

图4.2.1 三官堂桥合龙段临时锁定ABAQUS计算模型

2. 荷载设定

考虑结构自重、施工荷载及边跨混凝土压重作用。施工荷载主要考虑2×325t桁上起重机的自重，近似以均匀线荷载取代（吊装节段自重近似作用在悬臂端部）。边跨混凝土压重根据设计图纸统计，下层＞23kN/m，上层＞31kN/m。施工中按两种规格混凝土进行控制，密度要求＞23kN/m，选用C35普通混凝土；密度要求＞31kN/m，选用钢砂混凝土。压重混凝土按设计要求分阶段浇筑，自重共计 38349kN。

4.2.3 温度作用下临时连接件内力计算

整体升降温将在超静定结构中产生相应的内力，且结构刚度越大，该内力越大。考虑整体升温 5℃、10℃，降温 5℃、10℃ 四种状况，单纯温度作用下的结构响应计算结果汇总如下。

1. 整体升温 10℃

整体升温 10℃ 的计算结果如图 4.2.2 所示。升温状况下结构总体趋势向外膨胀，竖曲线变陡，此时中跨因跨径较大，变形相对边跨大得多。而在超静定结构中，线形的变化往往带来次内力，某种程度上来说，次内力的产生是原结构体系抵抗该变化的结果。在图示三跨连续梁桥中，整体升温时中跨向上拱起且变形较大，因此受到明显的压力作用，下缘压应力水平更高，而边跨作为变形协调的结果向下反拱，下缘出现明显的拉应力，正应力的计算结果很好地体现了这一趋势，最大拉应力 19.1MPa 出现在边跨下弦杆，最大压应力 34.1MPa 出现在中跨下弦杆。而 Mises 应力分布图则说明中跨下弦杆受力为结构的强度控制因素（极值 34.1MPa）。

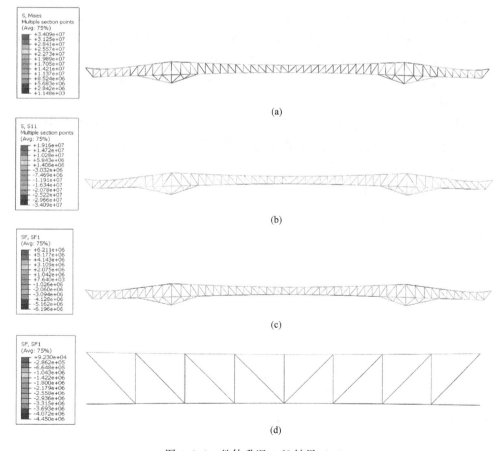

图 4.2.2 整体升温 10℃ 结果（一）

(a) 整体升温 10℃ Mises 应力分布图（单位：Pa）；(b) 整体升温 10℃ 正应力分布图（单位：Pa）；
(c) 整体升温 10℃ 轴力分布图（单位：kN）；(d) 整体升温 10℃ 合龙段附近轴力分布图（单位：kN）

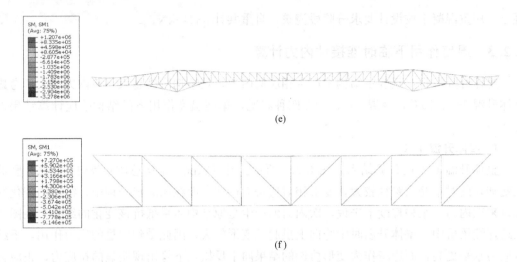

图 4.2.2 整体升温 10℃结果（二）

(e) 整体升温 10℃弯矩分布图（单位：kN·m）；(f) 整体升温 10℃合龙段附近弯矩分布图（单位：kN·m）

取整体升温 10℃下的轴力计算结果，与前述分析一致，中跨下缘受压明显，上缘受到压力与次内力引起弯矩的共同作用，表现为受压；边跨水平位移不受约束，因此出现明显的上压下拉受负弯矩的情形。而弯矩计算结果相较于轴力明显较小，这与钢桁梁的结构体系相符。整体升温在临时连接件所在位置引起的内力如下。(1) 轴力：上弦杆－3260kN，下弦杆－4450kN；(2) 弯矩：上弦杆 291kN·m，下弦杆 727kN·m。

2. 整体升温 5℃

整体升温 5℃的计算结果如图 4.2.3 所示，与整体升温 10℃的各项趋势完全一致，且由于仅考虑小变形和线弹性的情形，两者在数值上满足相应的比例关系。最大拉应力 9.6MPa 出现在边跨下弦杆，最大压应力 17.1MPa 出现在中跨下弦杆，Mises 应力极值 17.1MPa 出现在中跨下弦杆。

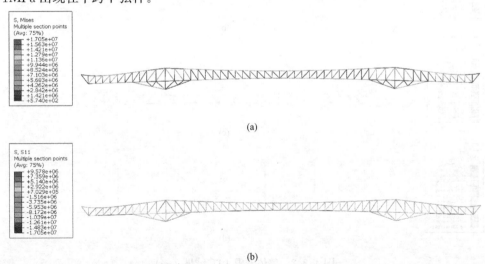

图 4.2.3 整体升温 5℃结果（一）

(a) 整体升温 5℃ Mises 应力分布图（单位：Pa）；(b) 整体升温 5℃ 正应力分布图（单位：Pa）

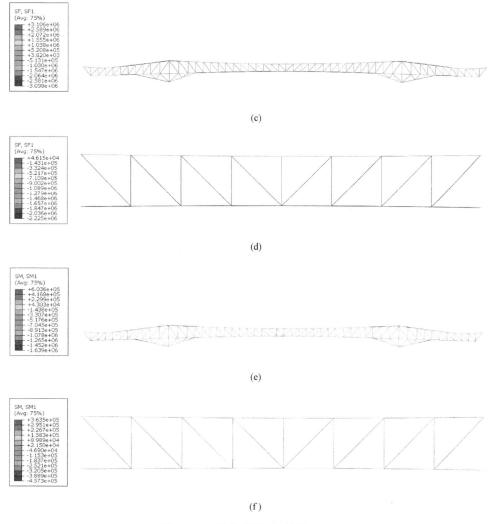

图 4.2.3 整体升温 5℃ 结果（二）

(c) 整体升温 5℃ 轴力分布图（单位：kN）；(d) 整体升温 5℃ 合龙段附近轴力分布图（单位：kN）；
(e) 整体升温 5℃ 弯矩分布图（单位：kN·m）；(f) 整体升温 5℃ 合龙段附近弯矩分布图（单位：kN·m）

轴力及弯矩的计算结果，同样与前述整体升温 10℃ 的状况类似，此时温度变化在临时连接件所在位置引起的内力如下。(1) 轴力：上弦杆 －1630kN，下弦杆 －2160kN；(2) 弯矩：上弦杆 146kN·m，下弦杆 364kN·m。

3. 整体降温 10℃

整体降温 10℃ 的计算结果如图 4.2.4 所示。最大压应力 19.1MPa 出现在边跨下弦杆，最大拉应力 34.1MPa 出现在中跨下弦杆，Mises 应力极值 34.1MPa 出现在中跨下弦杆。

此时整体降温 10℃ 在临时连接件所在位置引起的内力如下。(1) 轴力：上弦杆 3260kN，下弦杆 4330kN；(2) 弯矩：上弦杆 －291kN·m，下弦杆 －727kN·m。

4. 整体降温 5℃

整体降温 5℃ 的计算结果如图 4.2.5 所示。降温状况下结构总体趋势向内收缩，竖曲

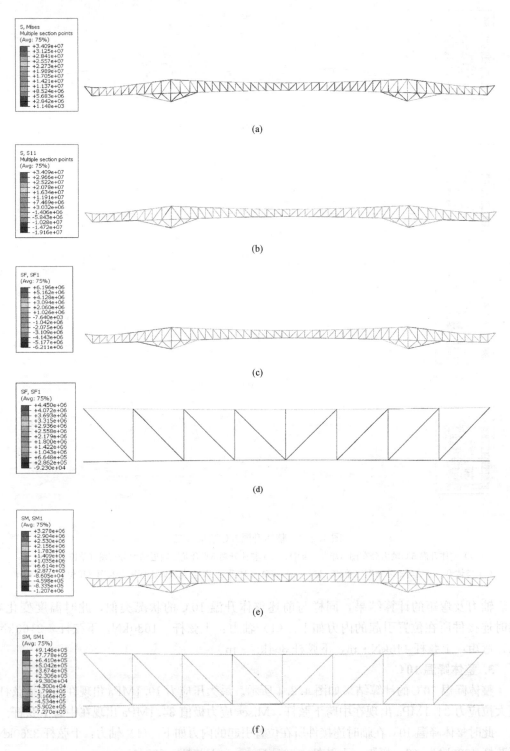

图 4.2.4 整体降温 10℃ 结果

(a) 整体降温 10℃ Mises 应力分布图（单位：Pa）；(b) 整体降温 10℃ 正应力分布图（单位：Pa）；
(c) 整体降温 10℃ 轴力分布图（单位：kN）；(d) 整体降温 10℃ 合龙段附近轴力分布图（单位：kN）；
(e) 整体降温 10℃ 弯矩分布图（单位：kN·m）；(f) 整体降温 10℃ 合龙段附近弯矩分布图（单位：kN·m）

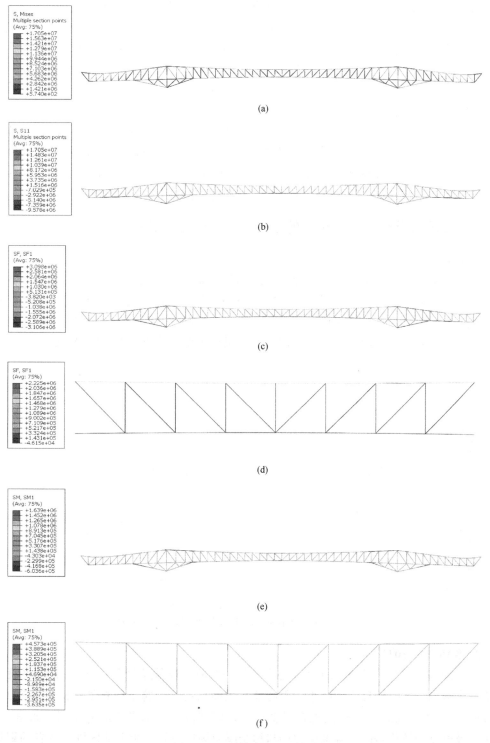

图 4.2.5 整体降温 5℃ 结果

(a) 整体降温 5℃ 工况 Mises 应力分布图（单位：Pa）；(b) 整体降温 5℃ 正应力分布图（单位：Pa）；
(c) 整体降温 5℃ 轴力分布图（单位：kN）；(d) 整体降温 5℃ 合龙段附近轴力分布图（单位：kN）；
(e) 整体降温 5℃ 弯矩分布图（单位：kN·m）；(f) 整体降温 5℃ 合龙段附近弯矩分布图（单位：kN·m）

线变缓,此时中跨因跨径较大,变形相对边跨依旧大得多。因此在图示三跨连续梁桥中,整体降温时中跨向下变形且变形较大,受到明显的拉力作用,下缘拉应力水平更高,而边跨作为变形协调的结果向上变形,下缘出现明显的压应力,这与升温的结果刚好相反。实际上由于小变形和线弹性的假设,升降温5℃的结构响应方向相反,数值相等。最大压应力9.6MPa出现在边跨下弦杆,最大拉应力17.1MPa出现在中跨下弦杆,Mises应力极值17.1MPa出现在中跨下弦杆。

轴力及弯矩的计算结果,同样与前述整体升温5℃的状况刚好相反,中跨下缘受拉明显,上缘受到拉力与次内力引起弯矩的共同作用,表现为受拉;边跨水平位移不受约束,出现明显的上拉下压特点。此时整体降温5℃在临时连接件所在位置引起的内力为如下。(1)轴力:上弦杆1630kN,下弦杆2160kN;(2)弯矩:上弦杆−146kN·m,下弦杆−364kN·m。

4.2.4 自重与温度共同作用下的结构整体杆件强度分析

1. 初始状态

不同升降温状况下的初始状态相同,均为临时锁定前的合龙段吊装工况,此时两悬臂端已完成节段受到结构自重与桁上起重机的前后支点力作用,合龙段自重与吊点力平衡,两者之间无连接。其Mises应力如图4.2.6所示,极值249.6MPa出现在大悬臂根部下弦杆位置,该部位主要承受压应力作用,如图4.2.7所示。此时上弦杆拉应力为249.1MPa。

图4.2.6 合龙段吊装工况Mises应力分布图(单位:Pa)

图4.2.7 合龙段吊装工况正应力分布图(单位:Pa)

2. 整体升温10℃

整体升温10℃后,将在原初始状态上叠加一个前述升温温度应力场,中跨下弦杆压应力进一步增加,上弦杆拉应力减小,因此危险截面出现在中跨下弦杆处。Mises应力如图4.2.8所示,极值281.8MPa出现在悬臂中部,该部位主要承受压应力作用,如图4.2.9所示。极值点的转移是因为温度应力场与初始应力场在空间分布上的区别,两者的聚集区域并不一致。此时上弦杆拉应力最值为231.2MPa。

3. 整体升温5℃

与前述状态类似,整体升温5℃后,在原初始状态上叠加一个升温温度应力场,中跨

图 4.2.8　整体升温 10℃ Mises 应力分布图（单位：Pa）

图 4.2.9　整体升温 10℃ 正应力分布图（单位：Pa）

下弦杆压应力进一步增加，上弦杆拉应力减小，危险截面出现在中跨下弦杆处。Mises 应力如图 4.2.10 所示，极值 264.0MPa 出现在悬臂中部，该部位主要承受压应力作用，如图 4.2.11 所示。此时上弦杆拉应力最值为 243.1MPa。

图 4.2.10　整体升温 5℃ Mises 应力分布图（单位：Pa）

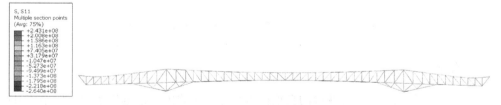

图 4.2.11　整体升温 5℃ 正应力分布图（单位：Pa）

4. 整体降温 10℃

整体降温 10℃ 后，中跨下弦杆压应力减小，上弦杆拉应力增加，危险截面出现在中跨上弦杆处。Mises 应力如图 4.2.12 所示，极值 278.8MPa 出现在悬臂中部，该部位主要承受拉应力作用，如图 4.2.13 所示，此时压应力最值为 261.7MPa，出现在边跨下弦杆。

5. 整体降温 5℃

与前述升温状况相反，整体降温 5℃ 后，在原初始状态上叠加一个降温温度应力场，中跨下弦杆压应力减小，但上弦杆拉应力增加，因此危险截面出现在中跨上弦杆处。Mises 应力如图 4.2.14 所示，极值 266.9MPa 出现在悬臂中部，该部位主要承受拉应力作

图 4.2.12　整体降温 10℃ Mises 应力分布图（单位：Pa）

图 4.2.13　整体降温 10℃ 正应力分布图（单位：Pa）

用，如图 4.2.15 所示，同样出现极值点的转移。此时下弦杆压应力最值为 252.0MPa。

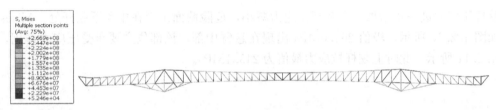

图 4.2.14　整体降温 5℃ Mises 应力分布图（单位：Pa）

图 4.2.15　整体降温 5℃ 正应力分布图（单位：Pa）

4.2.5　结论

钢桁梁合龙段施工时，合龙段的自重仍由两悬臂端的桁上起重机承担，但整体升降温引起的临时锁定区域内力将由所预留的临时连接件承担，因此临时连接件在整体升降温下的强度问题成为保证临时锁定作用的关键。此外，临时锁定使得原大悬臂体系的静定结构转变为超静定结构，整体升降温的影响作用于三跨连续梁的整体，使原悬臂体系的上下弦杆应力产生变化。在小变形、线弹性的情形下，原上下弦杆将叠加温度应力，需考虑最不利情况分别作出分析。

在前述篇幅中，对单纯温度作用下的临时连接件内力和自重与温度共同作用下的结构整体强度进行了计算分析，可得出以下结论：

(1) 临时连接件主要承受轴力，承受弯矩相对于轴力其数量级明显较小。上弦杆连接件所受轴力在升降温 10℃ 时为 3260kN（压拉），弯矩为 ±291kN·m；下弦杆连接件所受轴力在升降温10℃时为4330kN（压拉），弯矩为±727kN·m，在考虑一定的安全储备后以上内力值可作为临时连接件的设计参考，且由于临时锁定看作固接后体系刚度相对于实际情况有所提升，该内力值本身有一定的保守性。

（2）整体升温使中跨向上拱起，边跨向下反拱，且中跨为压力与次内力弯矩的共同作用，压力占据主导；整体降温使竖曲线变缓，中跨高点下移，边跨低点上升，此时中跨为拉力与次内力弯矩共同作用，拉力占据主导。

（3）临时锁定后结构发生体系转变，上下弦杆受到温度应力的影响，其应力水平可能超出其在之前施工状态中的极值，甚至达到屈服。本工程中，结构在升降温10℃状况下，相应下弦杆或上弦杆应力值都有超出设计强度值，应当予以重视，采取一定的措施以满足施工要求。

4.3 对接焊缝残余应力检测及有限元模拟研究

焊接会造成桥梁整体与局部的焊接变形和残余应力较大，对于大跨度全焊接桁架桥，焊接对变形和应力的影响会尤为突出，因此焊接变形控制和残余应力的分布及消除措施是研究的重点。本工程采用超声波无损检测技术对焊接热影响区域内的残余应力分布进行检测，仿真模拟采用有限元热-位移耦合分析方法，以热传导和热弹塑性理论为基础，以双椭球热源模型模拟焊接热输入，研究主桁上弦杆对接焊缝残余应力分布的影响。通过对比应力检测值和有限元分析结果，相互验证。

4.3.1 超声波应力检测

1. 检测原理

超声波应力检测技术依据的基本原理是声弹性理论，其核心思想是超声波的传播速度受应力的影响。当被测工件中存在压应力时，超声波的传播速度加快；当被测工件中存在拉应力时，超声波的传播速度减慢。因此，通过精确测量超声波的传播速度或声时，即可检测出被测工件内的应力状态。

具体原理如下：当超声纵波以第一临界角斜入射到被检构件表面时，依据Snell定律，在被检材料内部会产生超声临界折射纵波，并可被接收探头接收到；依据声弹性原理，材料中的应力影响超声波传播速度，当应力方向与纵波方向一致时，拉伸应力使超声波传播速度变慢或传播时间延长，压缩应力使超声波传播速度加快或传播时间缩短。因此，若测得零应力材料内的超声传播时间T_0和被测材料应力σ对应的超声波传播时间T，就可以根据时间差求出被检测材料中的应力。数学关系式如下：

$$\sigma = K(T - T_0)$$

其中，K为应力系数；σ为负值表示压缩应力，正值表示拉伸应力。

检测原理如图4.3.1、图4.3.2所示。

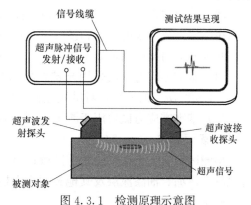

图4.3.1 检测原理示意图

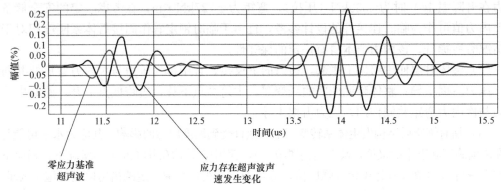

图 4.3.2　应力对传播中的超声波声速（相位）的影响

2. 检测依据

检测方法执行国家标准《无损检测　残余应力超声临界折射纵波检测方法》GB/T 32073—2015。

3. 检测人员及设备

超声波应力检测人员应获得由认证机构或授权认证机构根据现行《无损检测 人员资格鉴定与认证》GB/T 9445 的超声检测Ⅱ级或Ⅱ级以上资格证书，且应通过残余应力超声临界折射纵波无损检测技术的专门培训，并熟练掌握应力超声临界折射纵波检测方法。

超声波应力测量分析仪具有超声波声速或声时和应力计算的功能；其主要性能参数见表 4.3.1。

超声波应力测量分析仪主要参数设置　　　　　　　　　　表 4.3.1

工作频率范围	0.3～20.0MHz
超声波激励电压	矩形脉冲 100V、200V、300V、400V
匹配阻抗	在 20～500Ω 范围内可调
滤波设置	高通滤波截止频率有 0.5MHz、1MHz、2.5MHz、5MHz 和 10MHz；低通滤波截止频率 25MHz；数字滤波频率为 0～25MHz 可调
增益设置	接收增益调节为 0～100dB，0.2dB 步进量

超声波应力检测探头由经过测试性能参数相匹配的两个超声换能器和声楔块构成，实现超声临界折射纵波的发射和接收，并符合现行 GB/T 18852 的规定。

基准零应力试块满足如下要求：

（1）基准零应力试块采用与被检件材料金相组织状态和表面粗糙度相同材料按现行 GB/T 16923 所述的方法，对试块进行去应力退火处理制备而成；

（2）基准零应力试块用于测定检测仪器和探头的系统性能、调试和检测校准。

4. 表面要求

检测区域应大于探头的覆盖区域；检测区域表面应进行抛光处理，表面平整，且不得有飞溅、污垢、油漆涂层及其他影响应力检测的杂质。

5. 检测实施

1）零应力基准

将超声应力检测仪打开,调整到正常工作状态,连接检测探头;根据检测探头的频率设置仪器的检测频率、滤波宽带、超声激励电压、超声接收增益和阻抗匹配等参数,使接收信号中得到稳定且清晰可见的超声临界折射纵波;将探头稳固耦合在基准零应力试块的标定区域内采集基准信号作为应力检测的基准零应力。

2) 检测要求

应力检测前,对检测区域做好标记并记录;应力检测时应使探头与被检件检测区域表面稳固耦合,耦合接触力应保持恒定且与校准过程基本一致;放置探头方向应与检测应力方向一致;检测时应保证接收信号中超声临界折射纵波信号稳定且清晰可见,记录检测结果。

3) 检测结果有效性

在检测前、检测过程中以及检测结束后应对仪器和探头组合系统性能进行核查,有下述情况之一时应对其进行重新核查确保检测结果有效性:

(1) 校准后的探头、耦合剂和仪器参数发生改变时;
(2) 检测温度与采集零应力基准时的温度相差超过 5℃ 时;
(3) 检测人员怀疑检测结果有问题时;
(4) 检测人员认为有必要进行核查时;
(5) 连续工作 2h 以上;
(6) 检测工作结束时。

4) 检测结果复核

将零应力试块置于被检件相同工况下,待试块与被测工件温度一致时将探头稳固耦合于零应力试块标定区域上测定基准零应力试块的应力值大小不少于 3 次,若测得基准零应力试块标定区域应力值在 ±10MPa 范围内波动,则认为检测系统满足检测要求,然后随机抽查已检测的点位不少于 3 点进行检测,且检测应力值大小在已检测值 ±10MPa 范围内波动,则认为检测结果有效;否则应重新进行零应力基准标定和检测。

6. 应力检测布点位置

1) 检测点位布置规则

每条焊缝应根据焊缝长度、类型和结构特点选择具体检测区域。检测单位可根据施工过程中易出现问题的区域(如:十字交叉焊接,T 型焊接,Y 型焊接,焊缝起弧、收弧区域,补焊或焊疤、焊接时拘束力大的焊接区域等拉伸残余应力集中或较大部位)可临时增加应力检测点。

根据检测方案:焊接应力检测区域以长度 300mm 的片位为一个标准检测区域;检测区域内每间隔 50mm 布置一个测点;每个节段对接焊缝至少布置一个标准检测区域且应力检测点分布于焊缝两侧,每侧点数不少于 5 个(点数过少不能准确反映出焊缝应力大小分布状态),如图 4.3.3

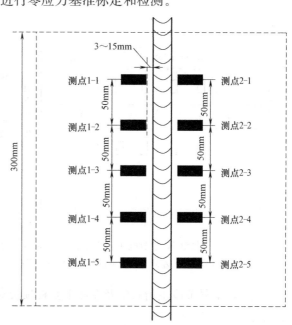

图 4.3.3 对接焊缝应力检测区域布点图

所示。实际检测报告中贴片中心至焊缝中心的距离不明,本报告中按50mm计取。

2)主桁上弦杆对接焊缝残余应力检测

主桁上弦杆为箱形结构,其节段对接焊缝有上弦腹板对接焊缝、顶板对接焊缝和底板对接焊缝。焊接残余应力检测节段为北岸17号、18号、19号、20号节段和南岸18号、19号、20号节段上弦杆顶板对接焊缝。焊接应力检测区域及点位可根据需求进行调整。每个节段焊接前在检测区域采集基准,节段焊接完成后以采集的焊接前应力基准对节段顶板对接焊缝进行应力检测。根据应力检测结果对应力较大区域利用超声冲击法进行消应力处理。

7. 应力检测结果

1)北岸17号节段上弦杆顶板对接焊缝(检测日期2019-10-25,检测温度22℃)

北岸17号节段主桁上弦杆顶板对接焊缝应力检测结果及测点布置图见表4.3.2和图4.3.4。

北岸17号节段主桁上弦杆顶板对接焊缝应力检测结果　　　表4.3.2

北岸17号节段主桁右侧上弦杆顶板对接焊缝				北岸17号节段主桁左侧上弦杆顶板对接焊缝			
测点	Ⅰ区应力值(MPa)	测点	Ⅱ区应力值(MPa)	测点	Ⅰ区应力值(MPa)	测点	Ⅱ区应力值(MPa)
1-1	72.74	2-1	10.51	1-1	113.57	2-1	46.99
1-2	35.83	2-2	69.52	1-2	73.72	2-2	20.35
1-3	35.83	2-3	76.33	1-3	49.48	2-3	69.13
1-4	35.48	2-4	10.89	1-4	28.28	2-4	72.00
1-5	89.22	2-5	136.53	1-5	37.31	2-5	139.37

注:1-1~1-5焊接应力测点为Ⅰ区,2-1~2-5焊接应力测点为Ⅱ区;方向以由北向南为基准,下同。

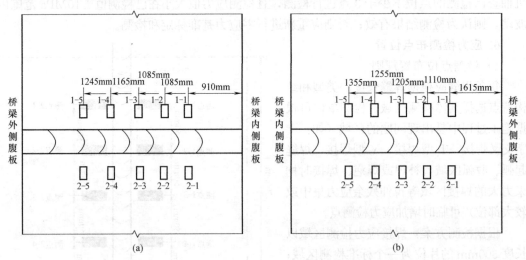

图4.3.4　北岸17号节段主桁上弦杆顶板对接焊缝应力测点布置图(方向以由北向南为基准)
(a)北岸17号节段主桁左侧上弦杆顶板对接焊缝布点图;(b)北岸17号节段主桁右侧上弦杆顶板对接焊缝布点图

北岸17号节段主桁右侧及左侧上弦杆顶板对接焊缝应力分布图如图4.3.5、图4.3.6所示。

2)南岸18号节段主桁上弦杆顶板对接焊缝(检测日期2019-11-2,检测温度21℃)

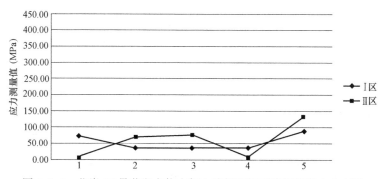

图 4.3.5　北岸 17 号节段主桁右侧上弦杆顶板对接焊缝应力分布图

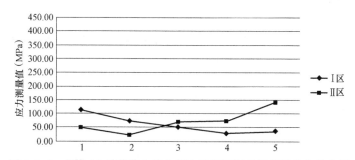

图 4.3.6　北岸 17 号节段主桁左侧上弦杆顶板对接焊缝应力分布图

南岸 18 号节段主桁上弦杆顶板对接焊缝应力检测结果及测点布置图见表 4.3.3、图 4.3.7。

南岸 18 号节段主桁上弦杆顶板对接焊缝应力检测结果　　　　表 4.3.3

南岸 18 号节段主桁右侧上弦杆顶板对接焊缝				南岸 18 号节段主桁左侧上弦杆顶板对接焊缝			
测点	Ⅰ区应力值(MPa)	测点	Ⅱ区应力值(MPa)	测点	Ⅰ区应力值(MPa)	测点	Ⅱ区应力值(MPa)
1-1	140.47	2-1	139.57	1-1	197.80	2-1	170.33
1-2	186.34	2-2	117.94	1-2	137.24	2-2	141.18
1-3	187.29	2-3	85.59	1-3	168.42	2-3	124.70
1-4	77.16	2-4	133.30	1-4	126.13	2-4	182.04
1-5	158.39	2-5	144.20	1-5	134.49	2-5	142.98

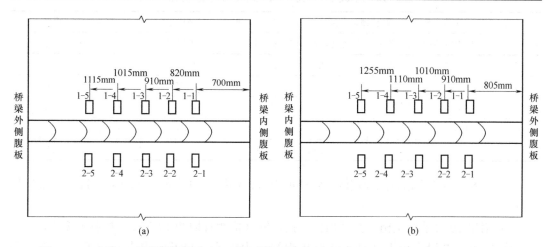

图 4.3.7　南岸 18 号节段主桁上弦杆顶板对接焊缝应力测点布置图（方向以由北向南为基准）

(a) 南岸 18 号节段主桁左侧上弦杆顶板对接焊缝布点图；(b) 南岸 18 号节段主桁右侧上弦杆顶板对接焊缝布点图

南岸 18 号节段主桁右侧及左侧上弦杆顶板对接焊缝应力分布图如图 4.3.8、图 4.3.9 所示。

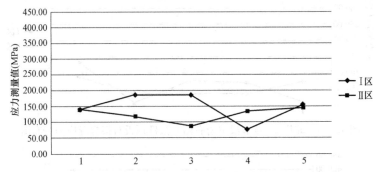

图 4.3.8 南岸 18 号节段主桁右侧上弦杆顶板对接焊缝应力分布图

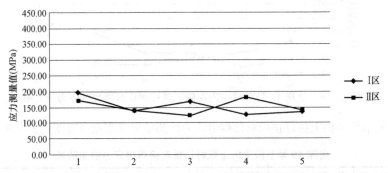

图 4.3.9 南岸 18 号节段主桁左侧上弦杆顶板对接焊缝应力分布图

3) 北岸 18 号节段主桁上弦杆顶板对接焊缝（检测日期 2019-11-5，检测温度 18℃）

北岸 18 号节段主桁上弦杆顶板对接焊缝应力检测结果及测点布置图见表 4.3.4 和图 4.3.10。

北岸 18 号节段主桁上弦杆顶板对接焊缝应力检测结果　　　表 4.3.4

北岸 18 号节段主桁右侧上弦杆顶板对接焊缝				北岸 18 号节段主桁左侧上弦杆顶板对接焊缝			
测点	Ⅰ区应力值(MPa)	测点	Ⅱ区应力值(MPa)	测点	Ⅰ区应力值(MPa)	测点	Ⅱ区应力值(MPa)
1-1	137.36	2-1	173.79	1-1	118.76	2-1	139.51
1-2	182.38	2-2	152.96	1-2	76.17	2-2	88.63
1-3	77.16	2-3	84.57	1-3	61.02	2-3	124.22
1-4	124.70	2-4	79.79	1-4	72.14	2-4	89.82
1-5	94.36	2-5	82.42	1-5	54.67	2-5	105.35

北岸 18 号节段主桁右侧及左侧上弦杆顶板对接焊缝应力分布图如图 4.3.11、图 4.3.12 所示。

4) 南岸 19 号节段主桁上弦杆顶板对接焊缝（检测日期 2019-11-9，检测温度 18℃）

南岸 19 号节段主桁上弦杆顶板对接焊缝应力检测结果及测点布置图见表 4.3.5 和图 4.3.13。

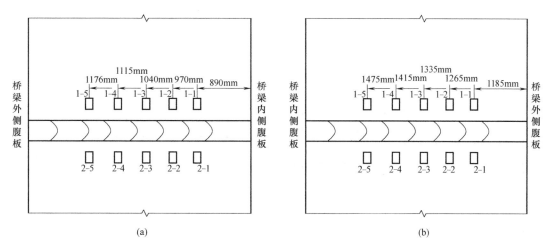

图 4.3.10 北岸 18 号节段主桁上弦杆顶板对接焊缝应力测点布置图（方向以由北向南为基准）

(a) 北岸 18 号节段主桁左侧上弦杆顶板对接焊缝布点图；(b) 北岸 18 号节段主桁右侧上弦杆顶板对接焊缝布点图

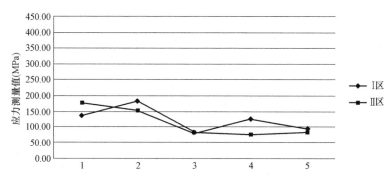

图 4.3.11 北岸 18 号节段主桁右侧上弦杆顶板对接焊缝应力分布图

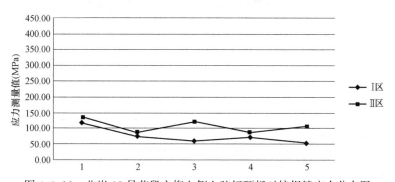

图 4.3.12 北岸 18 号节段主桁左侧上弦杆顶板对接焊缝应力分布图

南岸 19 号节段主桁上弦杆顶板对接焊缝应力检测结果　　　　表 4.3.5

南岸 19 号节段主桁右侧上弦杆顶板对接焊缝				南岸 19 号节段主桁左侧上弦杆顶板对接焊缝			
测点	Ⅰ区应力值(MPa)	测点	Ⅱ区应力值(MPa)	测点	Ⅰ区应力值(MPa)	测点	Ⅱ区应力值(MPa)
1-1	107.50	2-1	40.49	1-1	79.19	2-1	70.85
1-2	130.43	2-2	125.16	1-2	124.34	2-2	169.13
1-3	138.32	2-3	87.79	1-3	44.43	2-3	67.99
1-4	114.91	2-4	44.79	1-4	112.66	2-4	74.18
1-5	129.72	2-5	117.18	1-5	69.88	2-5	130.79

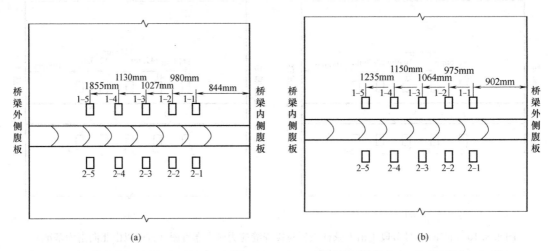

图 4.3.13　南岸 19 号节段主桁上弦杆顶板对接焊缝应力测点布置图（方向以由北向南为基准）
（a）南岸 19 号节段主桁左侧上弦杆顶板对接焊缝布点图；(b) 南岸 19 号节段主桁右侧上弦杆顶板对接焊缝布点图

南岸 19 号节段主桁右侧及左侧上弦杆顶板对接焊缝应力分布图如图 4.3.14、图 4.3.15 所示。

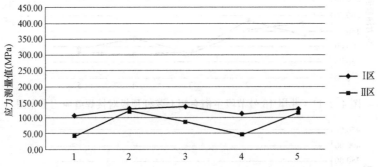

图 4.3.14　南岸 19 号节段主桁右侧上弦杆顶板对接焊缝应力分布图

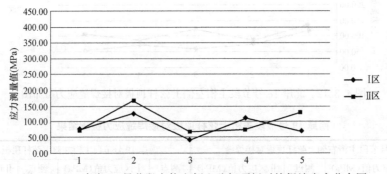

图 4.3.15　南岸 19 号节段主桁左侧上弦杆顶板对接焊缝应力分布图

5）北岸 19 号节段主桁上弦杆顶板对接焊缝（检测日期 2019-11-13，检测温度 17℃）

北岸 19 号节段主桁上弦杆顶板对接焊缝应力检测结果及测点布置图见表 4.3.6 和图 4.3.16。

北岸19号节段主桁上弦杆顶板对接焊缝应力检测结果 表4.3.6

北岸19号节段主桁右侧上弦杆顶板对接焊缝				北岸19号节段主桁左侧上弦杆顶板对接焊缝			
测点	Ⅰ区应力值(MPa)	测点	Ⅱ区应力值(MPa)	测点	Ⅰ区应力值(MPa)	测点	Ⅱ区应力值(MPa)
1-1	47.66	2-1	120.11	1-1	16.12	2-1	32.11
1-2	136.17	2-2	107.86	1-2	142.76	2-2	92.31
1-3	178.35	2-3	79.19	1-3	102.25	2-3	92.45
1-4	137.24	2-4	99.47	1-4	63.64	2-4	125.06
1-5	203.53	2-5	115.38	1-5	173.15	2-5	102.49

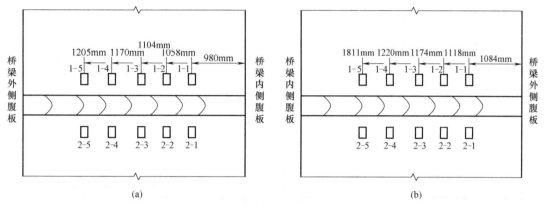

图4.3.16 北岸19号节段主桁上弦杆顶板对接焊缝应力测点布置图（方向以由北向南为基准）
(a) 北岸19号节段主桁左侧上弦杆顶板对接焊缝布点图；(b) 北岸19号节段主桁右侧上弦杆顶板对接焊缝布点图

北岸19号节段主桁右侧及左侧上弦杆顶板对接焊缝应力分布图如图4.3.17、图4.3.18所示。

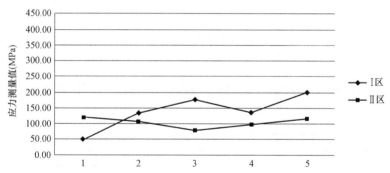

图4.3.17 北岸19号节段主桁右侧上弦杆顶板对接焊缝应力分布图

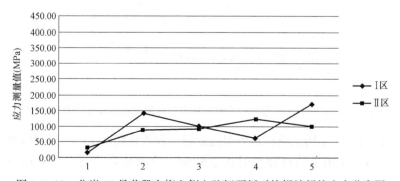

图4.3.18 北岸19号节段主桁左侧上弦杆顶板对接焊缝焊接应力分布图

6）南岸 20 号节段主桁上弦杆顶板对接焊缝（检测日期 2019-11-19，检测温度 13℃）

南岸 20 号节段主桁上弦杆顶板对接焊缝应力检测结果及测点布置图见表 4.3.7 和图 4.3.19。

南岸 20 号节段主桁上弦杆顶板对接焊缝应力检测结果　　　　表 4.3.7

南岸 20 号节段主桁右侧上弦杆顶板对接焊缝				南岸 20 号节段主桁左侧上弦杆顶板对接焊缝			
测点	Ⅰ区应力值(MPa)	测点	Ⅱ区应力值(MPa)	测点	Ⅰ区应力值(MPa)	测点	Ⅱ区应力值(MPa)
1-1	104.97	2-1	78.12	1-1	140.23	2-1	196.37
1-2	86.26	2-2	77.63	1-2	182.39	2-2	115.02
1-3	76.78	2-3	79.55	1-3	184.42	2-3	131.87
1-4	105.91	2-4	120.38	1-4	187.77	2-4	183.76
1-5	123.24	2-5	139.48	1-5	173.43	2-5	215.48

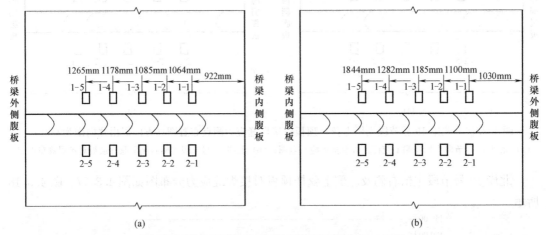

图 4.3.19　南岸 20 号节段主桁上弦杆顶板对接焊缝应力测点布置图（方向以由北向南为基准）
(a) 南岸 20 号节段主桁左侧上弦杆顶板对接焊缝布点图；(b) 南岸 20 号节段主桁右侧上弦杆顶板对接焊缝布点图

南岸 20 号节段主桁右侧及左侧上弦杆顶板对接焊缝应力分布图如图 4.3.20、图 4.3.21 所示。

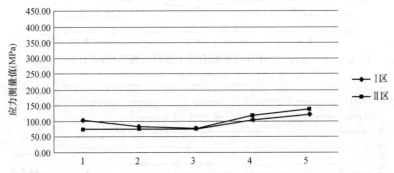

图 4.3.20　南岸 20 号节段主桁右侧上弦杆顶板对接焊缝应力分布图

7）北岸 20 号节段主桁上弦杆顶板对接焊缝（检测日期 2019-11-30，检测温度 15℃）

北岸 20 号节段主桁上弦杆顶板对接焊缝应力检测结果及测点布置图见表 4.3.8 和图 4.3.22。

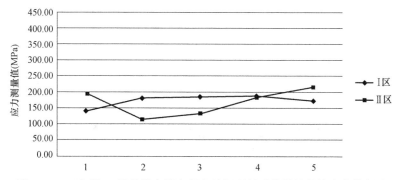

图 4.3.21 南岸 20 号节段主桁左侧上弦杆顶板对接焊缝焊接应力分布图

北岸 20 号节段主桁上弦杆顶板对接焊缝应力检测结果　　　　表 4.3.8

北岸 20 号节段主桁右侧上弦杆顶板对接焊缝				北岸 20 号节段主桁左侧上弦杆顶板对接焊缝			
测点	Ⅰ区应力值(MPa)	测点	Ⅱ区应力值(MPa)	测点	Ⅰ区应力值(MPa)	测点	Ⅱ区应力值(MPa)
1-1	107.98	2-1	96.51	1-1	61.16	2-1	55.61
1-2	54.47	2-2	61.87	1-2	101.77	2-2	132.44
1-3	56.38	2-3	68.32	1-3	123.74	2-3	90.30
1-4	151.00	2-4	138.32	1-4	30.46	2-4	32.97
1-5	83.61	2-5	88.87	1-5	79.79	2-5	94.60

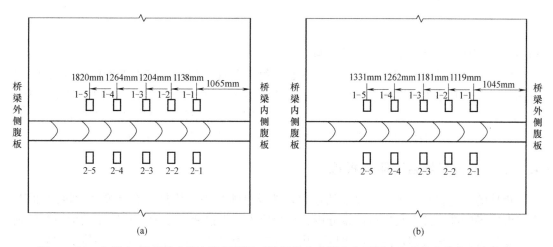

图 4.3.22　北岸 20 号节段主桁上弦杆顶板对接焊缝应力测点布置图（方向以由北向南为基准）
(a) 北岸 20 号节段主桁左侧上弦杆顶板对接焊缝布点图；(b) 北岸 20 号节段主桁右侧上弦杆顶板对接焊缝布点图

北岸 20 号节段主桁右侧及左侧上弦杆顶板对接焊缝应力分布图如图 4.3.23、图 4.3.24 所示。

8. 小结

由应力测量结果可知：

北岸 17 号、18 号、19 号、20 号节段主桁左右两侧上弦杆焊接残余应力平均值分别为 17 号右侧 57.29MPa、17 号左侧 65.02MPa，18 号右侧 118.95MPa、18 号左侧 93.03MPa，19 号右侧 122.50MPa、19 号左侧 94.23MPa，20 号右侧 90.73MPa、20 号左侧 80.28MPa，其中北岸 18 号节段右侧上弦杆及 19 号节段右侧上弦杆焊接残余应力最大值分别为 182.38MPa

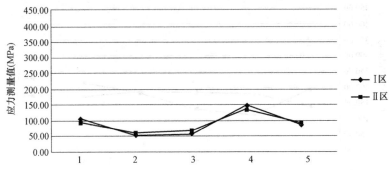

图 4.3.23　北岸 20 号节段主桁右侧上弦杆顶板对接焊缝应力分布图

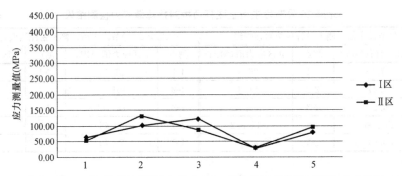

图 4.3.24　北岸 20 号节段主桁左侧上弦杆顶板对接焊缝应力分布图

和 203.53MPa，接近钢材 1/2 屈服强度。

南岸 18 号、19 号、20 号节段主桁左右两侧上弦杆焊接残余应力平均值分别为 18 号右侧 137.02MPa、18 号左侧 152.53MPa、19 号右侧 103.63MPa、19 号左侧 94.34MPa、20 号右侧 99.23MPa、20 号左侧 171.07MPa，其中 18 号节段左侧上弦杆焊接残余应力最大值 197.80MPa、右侧最大值为 187.29MPa，20 号节段左侧最大值为 215.48MPa。

4.3.2　热-位移耦合有限元模拟

焊接的热过程是一个非常复杂的过程，涉及电弧物理、传热、冶金等多学科的知识。焊接温度场的准确计算是焊接冶金分析、残余应力和焊接变形分析以及焊接质量控制的前提。要分析焊接热过程，需要解决以下几个问题：焊接热源，主要考虑焊接热量的分布和效率；热量传递方式，主要考虑的是焊接过程中热传导、对流和辐射等；传质问题，即熔池内部流体力学问题（如飞溅）；相变问题，即相变潜热和高温热物理性能参数；位移问题，即热源与工件相对位移等；力学问题，即焊接电弧力、重力、热应力等。焊接试件在焊接热源的作用下，试件中各个位置的温度都将随时间的变化而变化，在焊接过程中的某一瞬间时刻点，试件中所有点的温度分布即为温度场。焊接温度场常用的表示方式是等温线或者等温面。

在焊接热力学模拟时，一般考虑较多的是温度场、应力场、变形及显微组织之间的相互影响，其他次要因素常被忽略。常用的焊接变形预测方法有解析法、固有应变法和有限元法。解析法是以焊接变形的理论为基础，确定焊接接头收缩的横向和纵向塑性应变与焊接工业参数、焊接条件的关系。此方法仅适用于一些简单的焊接结构，计算复杂的结构将会十分困难。固有应变法是日本学者提出的概念,所谓固有应变可以是看成焊接残余应力之源。以物体处于既无外力又无内力的状态下作为基准态,固有应变表征从应力状态切离后处于自由状态时,与基准态相比所发生的应变。焊接时,固有应变包括塑性应变、温度应变和相变应变。焊接结构经过一次热循环后,温度应变为零,则固有应变是塑性应变和相变应变的参与量之和。固有应变只发生在焊接接头附件的较小区域,固有应变的大小和分布决定了最终的残余应力和变形,因此,知道了固有应变的大小和分布,通过对焊缝施加固有应变,进行一次性弹性有限元计算,就可以得到整个焊接结构的焊接变形。然而,固有应变法毕竟是一种近似的预测方法,在不同条件下焊缝的固有应变很难准确获得,并且该方法无法考虑各种实际复杂因素的影响,在实际工程应用中将受到限制。在最近二十年,由于有限元软件和计算机硬件的高速发展,采用有限元分析进行一定规模焊接结构的残余应力的计算已经在逐渐变为现实。

本书基于 ABAQUS 软件,使用双椭球移动热源开发了用于模拟焊接温度场和残余应力的热-位移耦合有限元计算方法。利用所开发的数值计算方法模拟了实际结构中的温度场和应力场。同时,通过对接焊缝的残余应力检测值与有限元结果比较发现,所得到的结果符合较好,证明所开发的计算方法是有效的。

1. 计算节段

因缺乏 17 号南岸检测数据且为减少计算时间,计算节段选取 18 号、19 号、20 号节段(即 S18~S20 节段)对接焊缝。应力计算模拟三个节段上弦杆内外侧腹板、底板及顶板对接焊缝,并取顶板对接焊缝进行有限元和检测值对比,如图 4.3.25 所示。

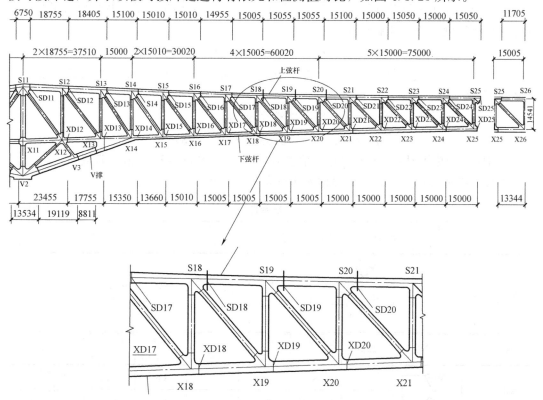

图 4.3.25　主桁上弦杆 18 号、19 号、20 号节段(即 S18-S20 节段)对接焊缝

2. 材料性质及焊接条件

焊接模拟过程是非线性瞬态问题，分析过程涉及导热系数、密度、膨胀系数、弹性模量、屈服应力和比热容等材料参数，这些材料参数中除了密度外，其值都随着温度的不同而不同，为满足计算需求需要进行详细的定义。参考《钢结构焊接残余应力数值模拟及实验测定》中 Q345 钢材性能随温度的变化表格，见表 4.3.9，其中屈服段根据先前实验数据输入，结晶潜热值取 270J/g，Q420 钢材性质同样参考表格输入。

Q345 钢材性能随温度的变化　　　　　表 4.3.9

温度 (℃)	导热系数 (W/m·K)	密度 (kg/m³)	膨胀系数 (×10⁻⁵/℃)	弹性模量 (N/m²)	屈服应力 (N/m²)	比热容 (J/kg·K)	泊松比
20	50	7850	1.10	2.06×10^{11}	3.15×10^{3}	460	0.28
100	49	7850	1.05	1.97×10^{11}	3.1×10^{3}	465	0.28
250	47	7850	1.22	1.87×10^{11}	2.75×10^{3}	480	0.29
500	40	7850	1.39	1.5×10^{11}	2.4×10^{3}	575	0.31
750	27	7850	1.48	7.0×10^{10}	4×10^{7}	625	0.35
1000	30	7850	1.35	2.0×10^{10}	2×10^{7}	675	0.4
1500	35	7850	1.33	1.0×10^{3}	1×10^{6}	650	0.45
2000	145	7850	1.31	1.0×10^{6}	1×10^{6}	820	0.49

构件和环境的热交换在温度较高时以辐射为主，温度较低时以对流为主。在热分析中要考虑这些热交换对计算结果产生的影响，即对流辐射条件。试件在焊接过程中不仅要接收来自电弧和金属熔滴的热量，而且要向周围环境散热。本书综合考虑工件与外部环境的对流和辐射。

对流散热即在热分析中设定有限元计算模型表面通过对流的方式向周围空气散热。本书采用牛顿法则来考虑对流散热

$$q_c = -h_c(T_s - T_0)$$

其中，h_c 为对流散热系数，取为 $10\times10^{-6}\text{W}/(\text{mm}^2\cdot\text{℃})$，$T_s$ 为工件表面温度，T_0 为周围环境温度，取 20℃。

此外，辐射散热 q_r 利用玻耳兹曼定律来考虑，即：

$$q_r = -\varepsilon\sigma\{(T_s+273)^4 - (T_0+273)^4\}$$

其中，ε 为热辐射率，在计算中 ε 值取为 0.8，σ 为 Stefan-Boltzman 常数。

焊接条件见表 4.3.10，计算热输入功率为 568000W。

焊接条件　　　　　表 4.3.10

编号	板厚组合 (材质)	坡口形式与尺寸	位置 方法	焊接 材料	代表接头
SGD26	$\delta32+\delta32$ (Q420qE)	60°/80°, 76.19, 32	SAW 平位	H60Q ($\phi4.0$) SJ105q	弦杆钢板接料焊缝； 覆盖板厚范围：$24\leq\delta\leq41$

编号	熔敷简图	焊道	道间温度 (℃)	电流 (A)	电压 (V)	焊速 (m/min)	热输入 (kJ/cm)	备注
SGD26		1	80	580	30	450	23.2	温度10℃ 湿度66% 气刨清根
		2~5	85~145	630	30	400	28.4	

3. 热源模型

在焊接温度场的计算过程中，采用非线性传热方程来描述焊接电弧产生的热在被焊接工件内部的传导过程：

$$\rho c \frac{\partial T}{\partial t}(x,y,z,t) = -\nabla \cdot q(x,y,z,t) + Q(x,y,z,t)$$

其中，$\lambda_i = (i = x, y, z)$，$T$、$Q$、$\rho$、$C_p$ 分别表示热导率、温度、内部发热率、密度以及比热容。假定母材及焊缝金属各向同性，因此，三个方向的热导率取一样的值，即 $\lambda_x = \lambda_y = \lambda_z = \lambda$。

焊接热源模型的选取以及热源模型的相关特征参数的确定，直接关系到热分析过程中热流密度在焊接接头上的分布，进而影响焊接温度场的计算。本书采用 Goldak 提出的双椭球体热源模型来模拟焊接热源，双椭球体热源的热流密度分布示意如图 4.3.26 所示。

热源模型的前部与后部的热流密度分布可以用以下方程来进行描述。

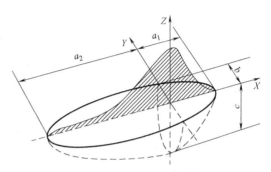

图 4.3.26 双椭球热源模型

前半部分热源的热流密度分布函数：

$$q(x,y,z) = \frac{6\sqrt{3} f_1 Q}{\pi a_1 bc \sqrt{\pi}} \exp\left(-\frac{3x'^2}{a_1^2}\right) \exp\left(-\frac{3y'^2}{b^2}\right) \exp\left(-\frac{3z'^2}{c^2}\right)$$

后半部分热源的热流密度分布函数：

$$q(x,y,z) = \frac{6\sqrt{3} f_2 Q}{\pi a_2 bc \sqrt{\pi}} \exp\left(-\frac{3x'^2}{a_2^2}\right) \exp\left(-\frac{3y'^2}{b^2}\right) \exp\left(-\frac{3z'^2}{c^2}\right)$$

其中，Q 为热输入功率；a_1、a_2、b、c 为双椭球形状参数；f_1、f_2 为前后椭球热量分布函数，且 $f_1 = 0.6$，$f_2 = 1.4$，$f_1 + f_2 = 2$。

4. 建模细节

采用有限元软件 ABAQUS 6.16 对 S18、S19 和 S20 节段上弦杆进行建模，材料性质如前输入，几何模型如图 4.3.27 所示。

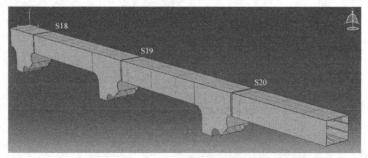

图 4.3.27 S18、S19 和 S20 节段上弦杆几何模型

模型在两端约束所有平动自由度，面外平联及横联视为平面外侧向约束，约束所有平动自由度，如图 4.3.28 所示。

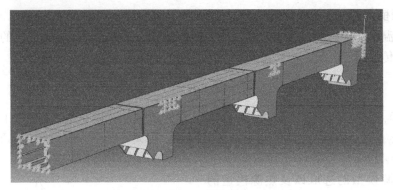

图 4.3.28 边界条件

在本书中,移动热源子程序是通过 ABAQUS 用户子程序中的 DFLUX 功能来定义的,并且通过 FLIM 和 RADIATION 功能定义散热边界条件。同时,在每次焊接步后设置相应冷却步。

由于模型较大且计算时间长,采用局部细化的过渡网格划分,以 500mm 的尺寸控制自由网格划分,焊缝局部区域细分网格 100mm,采用线性热-位移耦合单元。为减少计算时间,焊接速度取为 200mm/s。

5. 有限元计算结果

1) 温度场

如图 4.3.29 所示,整个焊接过程最高温度已达 1586℃,超过钢材液相线温度 1512℃,焊缝已融化,在各个冷却步骤之后,最高温度不超过 110℃。

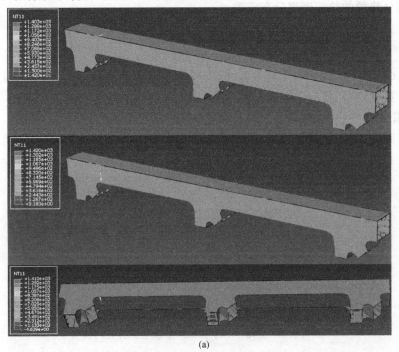

(a)

图 4.3.29 焊接温度场(单位:℃)(一)
(a) S18 处焊缝焊接时

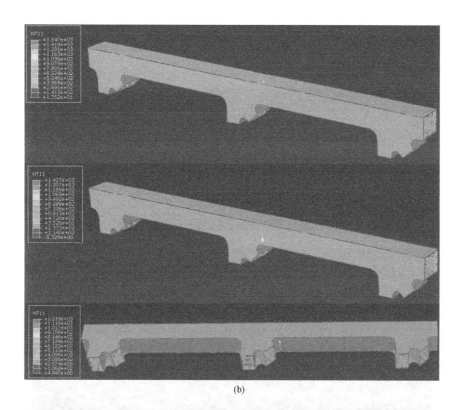

(b)

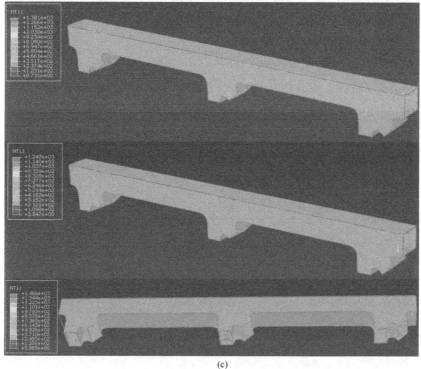

(c)

图 4.3.29 焊接温度场（单位:℃）（二）
(b) S19 处焊缝焊接时；(c) S20 处焊缝焊接时

2) 应力场

焊接后残余应力如图 4.3.30~图 4.3.32 所示,纵向应力最高达到 784MPa(S18 焊缝纵向)。

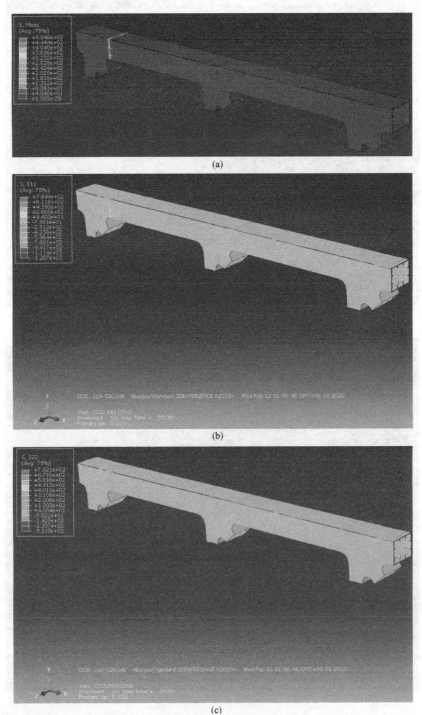

图 4.3.30　S18 焊缝冷却后(单位:MPa)(一)
(a) mises 应力;(b) X 向应力;(c) Y 向应力

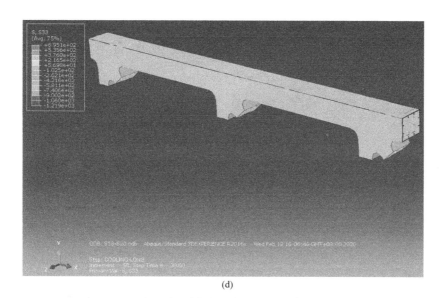

(d)

图 4.3.30　S18 焊缝冷却后（单位：MPa）（二）

(d) Z 向应力

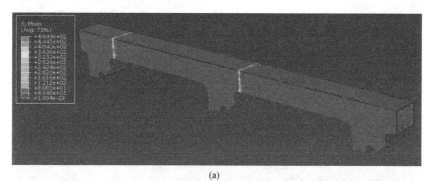

(a)

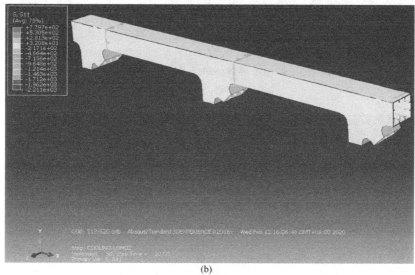

(b)

图 4.3.31　S19 焊缝冷却后（单位：MPa）（一）

(a) mises 应力；(b) X 向应力

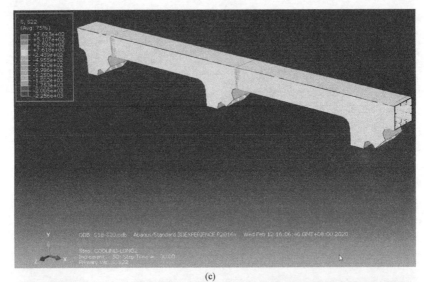

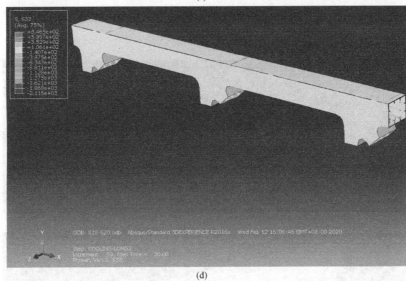

图 4.3.31　S19 焊缝冷却后（单位：MPa）（二）
(c) Y 向应力；(d) Z 向应力

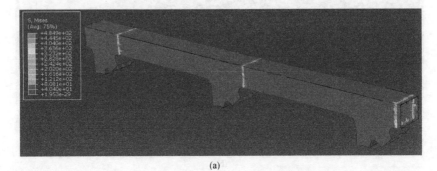

图 4.3.32　S20 焊缝冷却后（单位：MPa）（一）
(a) mises 应力

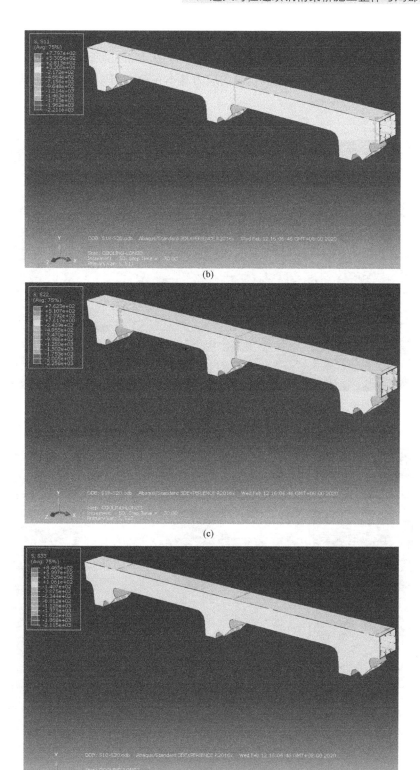

图 4.3.32　S20 焊缝冷却后（单位：MPa）（二）
(b) X 向应力；(c) Y 向应力；(d) Z 向应力

3)截面应力分布

截面纵向及 mises 应力分布云图如图 4.3.33~图 4.3.35 所示,由图可知,各截面 mises 应力基本在 100~500MPa 之间,纵向应力基本在 500MPa 以内,说明焊缝处应力处于较高水平。

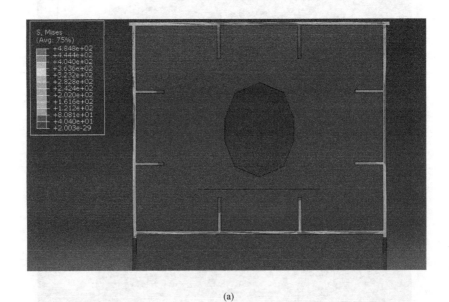

(a)

(b)

图 4.3.33 S18 焊缝冷却后(单位:MPa)
(a) mises 应力;(b) X 向应力

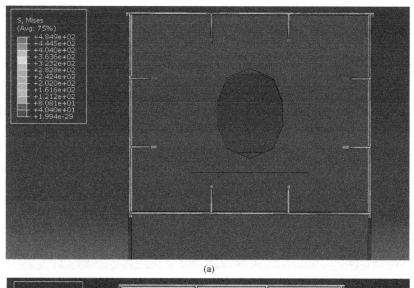

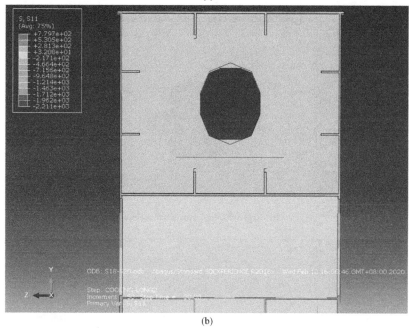

图 4.3.34　S19 焊缝冷却后（单位：MPa）
(a) mises 应力；(b) X 向应力

取进行对接焊缝应力检测的上弦杆顶板 1/2 厚度路径绘制应力横向分布图，如图 4.3.36~图 4.3.38 所示，由图可知，由于焊接的不确定性及加劲肋的影响，顶板应力横向分布呈不均匀状态，但应力峰值及应力范围与应力分布云图一致。

6. 与检测值对比

本桥为对称结构且有限元模型为北岸左侧梁段，因此取南北岸 18 号、19 号和 20 号节段左侧上弦杆顶板对接焊缝应力检测平均值与有限元 S18、S19 和 S20 节点处上弦杆顶板对接焊缝纵向应力结果进行对接焊缝局部应力对比。有限元模型中应力提取路径如图 4.3.39 所示。此处起点距顶板边缘距离取为一个标准检测区域长度 300mm。

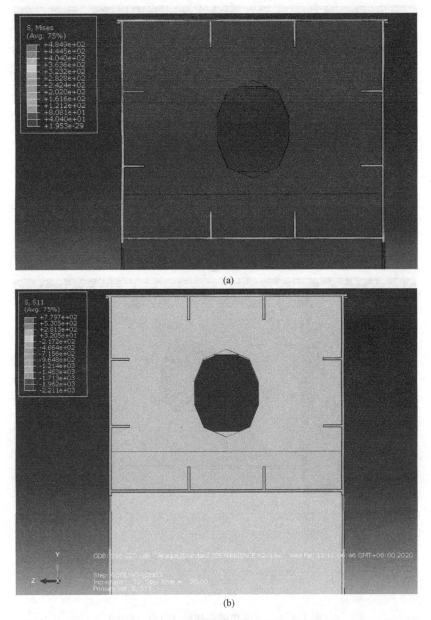

图 4.3.35 S20 焊缝冷却后（单位：MPa）
(a) mises 应力；(b) X 向应力

对接焊缝局部应力对比结果如图 4.3.40 所示。

考虑到焊接效果的不确定性和离散性，通过应力检测值与有限元结果比较发现，有限元结果和应力检测值基本在同一水平波动，结果符合较好。总的来说，所得到的结果符合较好，证明所开发的计算方法是有效的。

7. 合龙段有限元模拟

利用已验证的计算方法对合龙段对接焊缝进行相同有限元建模，以得到温度场及应力场。

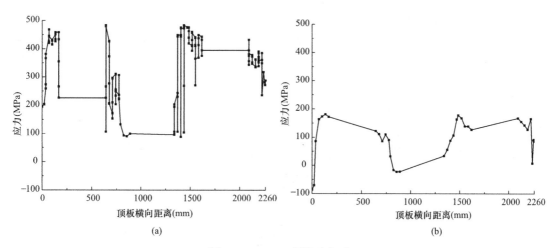

图 4.3.36 S18 焊缝冷却后
(a) mises 应力；(b) X 向应力

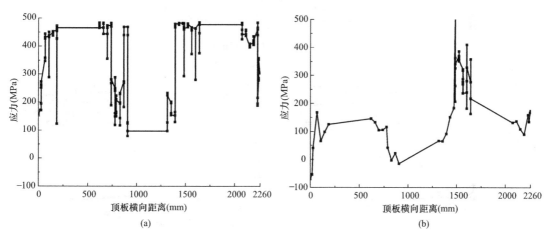

图 4.3.37 S19 焊缝冷却后
(a) mises 应力；(b) X 向应力

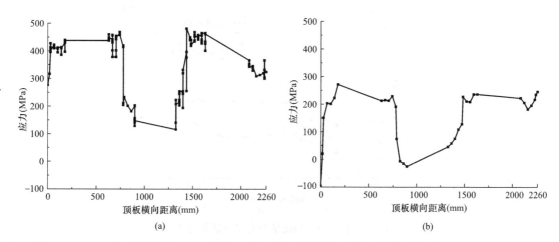

图 4.3.38 S20 焊缝冷却后
(a) mises 应力；(b) X 向应力

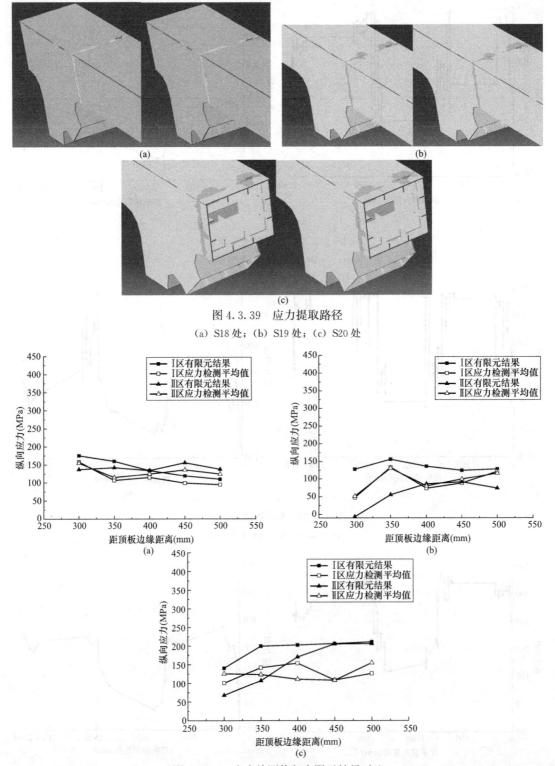

图 4.3.39 应力提取路径
(a) S18 处;(b) S19 处;(c) S20 处

图 4.3.40 应力检测值与有限元结果对比
(a) 南北岸 18 号节段左侧应力检测值与有限元顶板对接焊缝纵向应力结果对比;(b) 南北岸 19 号节段左侧应力检测值与有限元顶板对接焊缝纵向应力结果对比;(c) 南北岸 20 号节段左侧应力检测值与有限元顶板对接焊缝纵向应力结果对比

计算节段选取 S24、S25 节段和主桁 S26 合龙节段焊缝，应力计算选取三个节段上弦杆内、外侧腹板、底板及顶板对接焊缝，如图 4.3.41 所示。

材料性质及焊接条件如前述相同输入。

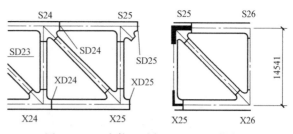

图 4.3.41　主桁上弦杆 S24、S25 节段和主桁 S26 合龙节段

采用有限元软件 ABAQUS 6.16 对 S24、S25 和 S26 节段上弦杆进行建模，材料性质如前输入，几何模型如图 4.3.42 所示。

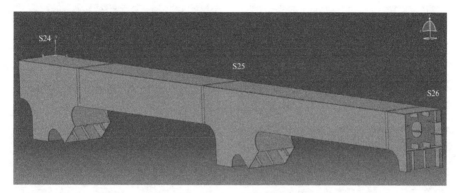

图 4.3.42　S24、S25 和 S26 节段上弦杆几何模型

模型在 S24 节点板一侧约束所有平动自由度，在 S26 节点板一侧设置对称约束；面外平联及横联视为平面外侧向约束，约束所有平动自由度，如图 4.3.43 所示。

图 4.3.43　边界条件

在本书中，移动热源子程序是通过 ABAQUS 用户子程序中的 DFLUX 功能来定义的，并且通过 FLIM 和 RADIATION 功能定义散热边界条件。同时，在每次焊接步后设置相应冷却步。

由于模型较大且计算时间长，采用局部细化的过渡网格划分，以 500mm 的尺寸控制自由网格划分，焊缝局部区域细分网格 50mm，采用线性热-位移耦合单元。为减少计算时间，焊接速度取为 200mm/s。

计算得到有限元计算结果。

1) 温度场

如图 4.3.44 所示,整个焊接过程最高温度已达 1598℃,超过钢材液相线温度 1512℃,焊缝已融化,在各个冷却步骤之后,最高温度不超过 140℃。

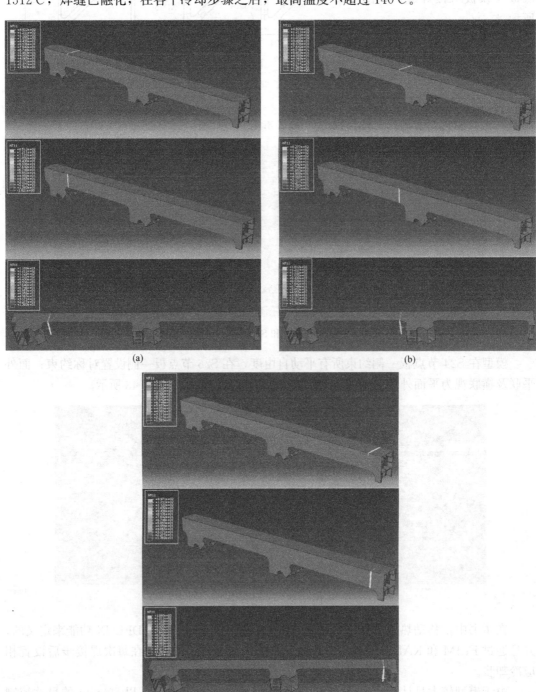

图 4.3.44　焊接温度场(单位:℃)
(a) S24 处焊缝焊接时;(b) S25 处焊缝焊接时;(c) S26 处焊缝焊接时

2）应力场

焊接后残余应力如图 4.3.45～图 4.3.47 所示，应力最高达到 765MPa（S26 焊缝纵向）。

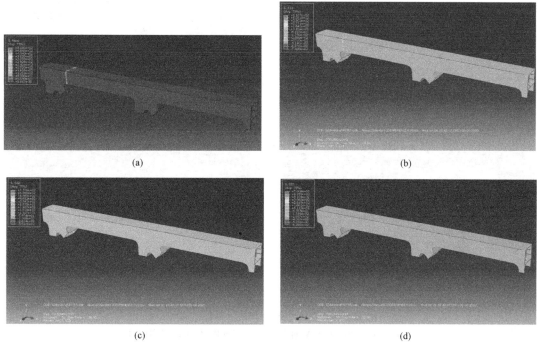

图 4.3.45　S24 焊缝冷却后（单位：MPa）
(a) mises 应力；(b) X 向应力；(c) Y 向应力；(d) Z 向应力

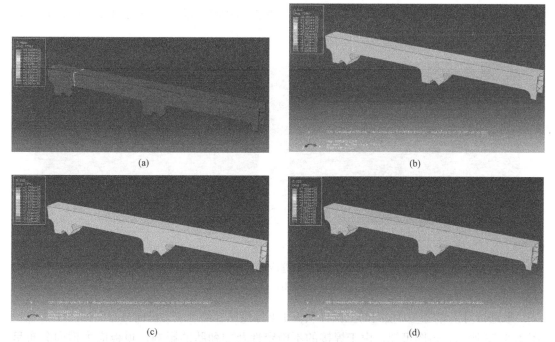

图 4.3.46　S25 焊缝冷却后（单位：MPa）
(a) mises 应力；(b) X 向应力；(c) Y 向应力；(d) Z 向应力

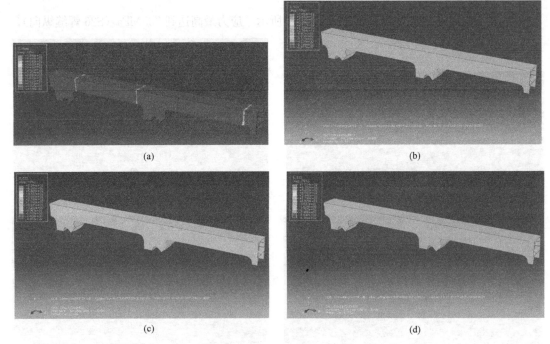

图4.3.47 S26焊缝冷却后（单位：MPa）
(a) mises应力；(b) X向应力；(c) Y向应力；(d) Z向应力

3) 截面应力分布

截面纵向及mises应力分布云图如图4.3.48～图4.3.50所示，由图可知，各截面mises应力基本在50～500MPa，纵向应力基本在300MPa以内，说明焊缝处应力处于较高水平。

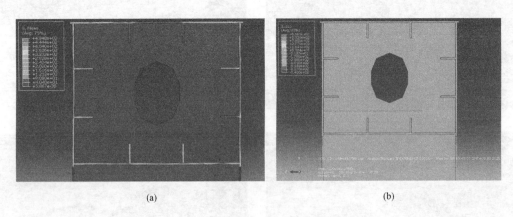

图4.3.48 S24焊缝冷却后（单位：MPa）
(a) mises应力；(b) X向应力

取进行对接焊缝应力检测的上弦杆顶板1/2厚度路径绘制应力横向分布图如图4.3.51～图4.3.53所示，由图可知，由于焊接的不确定性及加劲肋的影响，顶板应力横向分布呈不均匀状态，但应力峰值及应力范围与应力分布云图一致。

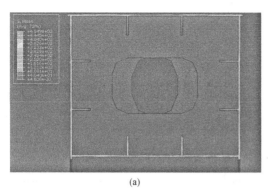 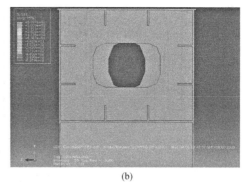

图 4.3.49　S25 焊缝冷却后（单位：MPa）

(a) mises 应力；(b) X 向应力

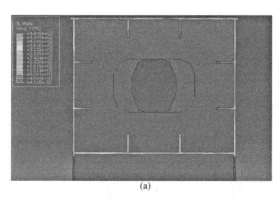 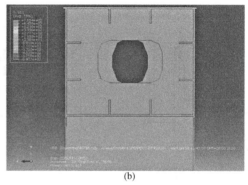

图 4.3.50　S26 焊缝冷却后（单位：MPa）

(a) mises 应力；(b) X 向应力

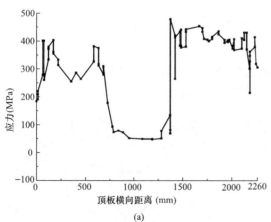 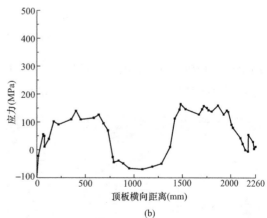

图 4.3.51　S24 焊缝冷却后

(a) mises 应力；(b) X 向应力

有限元模型为北岸左侧梁段，因此取北岸 18 号、19 号和 20 号节段左侧上弦杆顶板对接焊缝应力检测值，尝试与有限元 S24、S25 和 S26 节点处上弦杆顶板对接焊缝纵向应力

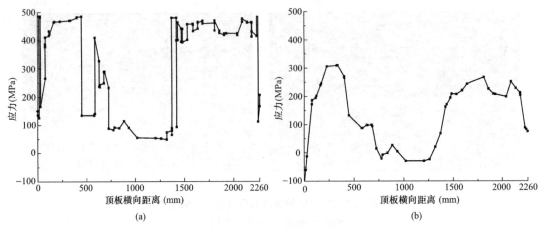

图 4.3.52　S25 焊缝冷却后
(a) mises 应力；(b) X 向应力

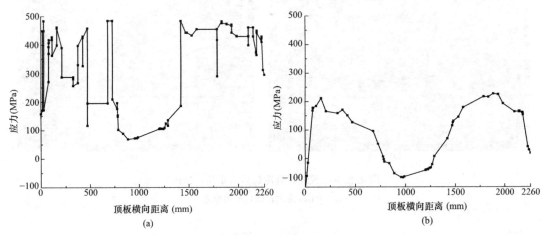

图 4.3.53　S26 焊缝冷却后
(a) mises 应力；(b) X 向应力

结果进行对接焊缝局部应力的定性对比。有限元模型中应力提取路径如图 4.3.54 所示。此处起点距顶板边缘距离取为一个标准检测区域长度 300mm。

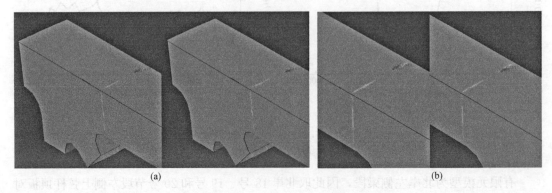

图 4.3.54　应力提取路径（一）
(a) S24 处；(b) S25 处

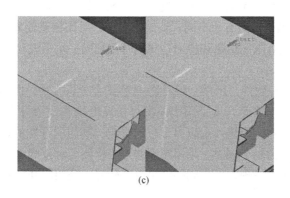

图 4.3.54 应力提取路径（二）

(c) S26 处

对接焊缝局部应力对比结果如图 4.3.55 所示。

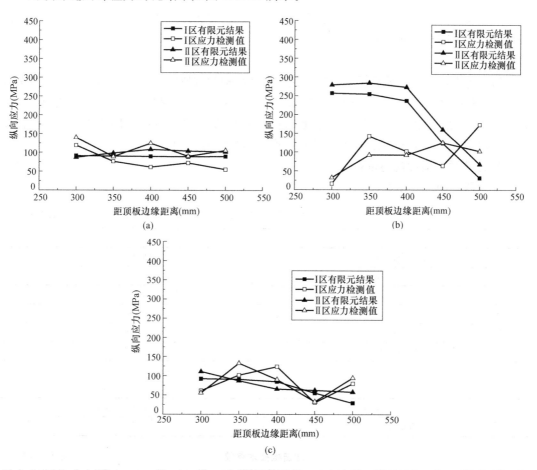

图 4.3.55 应力检测值与有限元结果对比
(a) 北岸 18 号节段左侧应力检测值与有限元顶板对接焊缝纵向应力结果对比；
(b) 北岸 19 号节段左侧应力检测值与有限元顶板对接焊缝纵向应力结果对比；
(c) 北岸 20 号节段左侧应力检测值与有限元顶板对接焊缝纵向应力结果对比

通过应力检测值与有限元结果比较发现,由于S25处为接料焊缝而非对接焊缝,与北岸19号节段左侧应力检测处构造有所不同,造成应力结果对比相差较大;考虑到焊接效果的不确定性和离散性,其他有限元结果和应力检测值基本在同一水平波动,结果符合较好。

8. 小结

本书基于ABAQUS软件,采用有限元热-位移耦合分析方法,以热传导和热弹塑性理论为基础,使用双椭球移动热源开发了用于模拟焊接温度场和残余应力的热-位移有限元计算方法,研究主桁上弦杆对接焊缝残余应力分布的影响。利用所开发的数值计算方法模拟了实际结构中的温度场和应力场。同时,采用超声波方法检测了对接焊缝的残余应力。通过应力检测值与有限元结果比较发现,所得到的结果符合较好,证明所开发的计算方法是有效的。

4.3.3 超声冲击法消除焊接残余应力

1. 基本原理

超声冲击的基本原理是利用大功率超声波推动冲击工具以每秒两万次以上的频率冲击金属物体表面,由于超声波的高频、高效和聚焦下的大能量,使金属表层产生较大的压缩塑性变形;同时超声冲击波改变了原有的应力场,产生一定数值的压应力;并使被冲击部位得以强化。

所以超声冲击能够显著提高金属焊接接头及结构的抗疲劳强度,大幅度延长其疲劳寿命;消除焊接残余压应力,并使被冲击部位产生压应力,从而提高构件的承载能力;有效改善焊趾的几何形状,大大降低焊趾处的应力集中系数;消除焊趾表层微小裂纹和焊接缺陷,抑制裂纹提前萌生;强化金属零件表面,提高表面质量和使用寿命。

2. 超声冲击消除应力设备

控制器及冲击枪技术参数见表4.3.11和表4.3.12。

控制器技术参数　　　　　　表4.3.11

LZ2000型设备参数	
输入电压(V)	220±10%
输出功率(W)	1000
输出频率范围(kHz)	18~22
显示方式	LED
显示精度	1%
冷却方式	风冷
使用环境	温度:-30~40℃ 相对湿度:≤92%
外形尺寸(mm)	420×240×360
重量(kg)	15

冲击枪技术参数　　　　　　表4.3.12

LZ2000型设备参数	
工作频率(kHz)	20
工作方式	手动
额定功率(VA)	1000

续表

LZ2000 型设备参数	
最大输出振幅(μm)	50
处理速度(m/h)	20~40
冷却方式	风冷
冲击针直径(mm)	3~6
外形尺寸(mm)	100×100×480
重量(kg)	4

超声冲击消除应力设备实物图如图 4.3.56 所示。

图 4.3.56　超声冲击消除应力设备实物图

3. 消除应力点位布置

超声冲击消除应力布点区域基于超声应力检测结果选取，消除应力点位选取原则如下：

(1) 超声应力检测结果显示某一区域存在明显应力集中；

(2) 拉伸应力值大于或等于材料屈服强度一半时（如 Q420qE 的屈服强度约为 420MPa，当检测结果大于或等于 210MPa 时需进行应力调控）；

(3) 拉伸应力值大于或等于被测材料的许用应力值 $[\sigma]$ 时；

$[\sigma]=\sigma_s/n_s$，其中，σ_s 为被测塑性材料的屈服极限，n_s 为被测塑性材料对应的安全系数；

(4) 大于设计方或建设方约定的应力数值时。

4. 超声冲击法消除焊接残余应力

经检测可知三官堂大桥主桥南岸18号节段左右两侧上弦杆对接焊缝、南岸20号节段左侧上弦杆对接焊缝、北岸18号节段右侧上弦杆对接焊缝和北岸19号节段右侧上弦杆对接焊缝焊接残余应力值偏大，故采用超声冲击法消除其焊接残余应力。

南岸18号节段上弦杆焊接残余应力消除前后对比见表 4.3.13。

南岸 18 号节段上弦杆焊接残余应力消除前后对比表　　　表 4.3.13

测点	南岸 18 号节段左侧上弦杆焊接残余应力消除前后对比			南岸 18 号节段右侧上弦杆焊接残余应力消除前后对比		
	应力消除前（MPa）	应力消除后（MPa）	应力消除率	应力消除前（MPa）	应力消除后（MPa）	应力消除率
1-1	197.80	127.33	35.62%	140.47	68.42	51.29%
1-2	137.24	92.03	32.94%	186.34	121.57	34.76%
1-3	168.42	120.36	28.54%	187.29	109.41	41.58%
1-4	126.13	66.43	47.33%	77.16	62.20	19.39%
1-5	134.49	92.55	31.19%	158.39	103.34	34.75%
2-1	170.33	114.88	32.55%	139.57	86.89	37.75%
2-2	141.18	87.20	38.24%	117.94	92.46	21.61%
2-3	124.70	85.33	31.57%	85.59	77.67	9.25%
2-4	182.04	108.69	40.29%	133.30	101.53	23.83%
2-5	142.98	102.21	28.51%	144.20	103.36	28.32%
平均值	152.53	99.70	34.68%	137.02	92.69	30.25%

南岸 18 号节段左侧及右侧上弦杆焊接残余应力消除前后对比图如图 4.3.57、图 4.3.58 所示。

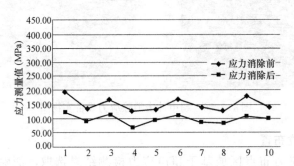

图 4.3.57　南岸 18 号节段左侧上弦杆焊接残余应力消除前后对比图
（对比图中 1~5 点位为测点 1-1~1-5，6~10 点为测点 2-1~2-5）

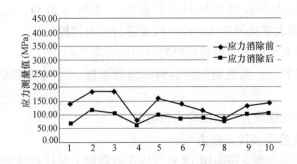

图 4.3.58　南岸 18 号节段右侧上弦杆焊接残余应力消除前后对比图
（对比图中 1~5 点位为测点 1-1~1-5，6~10 点为测点 2-1~2-5）

南岸 20 号节段左侧上弦杆焊接残余应力消除前后对比见表 4.3.14。

南岸 20 号节段左侧上弦杆焊接残余应力消除前后对比表　　表 4.3.14

测点	应力消除前（MPa）	应力消除后（MPa）	应力消除率
1-1	140.23	134.12	4.36%
1-2	182.39	97.83	46.37%
1-3	184.42	121.65	34.04%
1-4	187.77	105.11	44.02%
1-5	173.43	78.26	54.88%
2-1	196.37	123.84	36.93%
2-2	115.02	67.08	41.68%
2-3	131.87	48.26	63.41%
2-4	183.76	158.62	13.68%
2-5	215.48	144.41	32.98%
平均值	171.07	107.92	37.23%

南岸 20 号节段左侧上弦杆焊接残余应力消除前后对比图如图 4.3.59 所示。

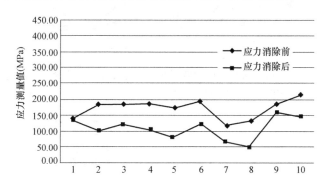

图 4.3.59　南岸 20 号节段左侧上弦杆焊接残余应力消除前后对比图
(对比图中 1~5 点位为测点 1-1~1-5，6~10 点为测点 2-1~2-5)

北岸 18 号节段右侧及 19 号节段右侧上弦杆焊接残余应力消除前后对比见表 4.3.15。

北岸 18 号节段右侧及 19 号节段右侧上弦杆焊接残余应力消除前后对比表　表 4.3.15

测点	北岸 18 号节段右侧上弦杆焊接残余应力消除前后对比			北岸 19 号节段右侧上弦杆焊接残余应力消除前后对比		
	应力消除前（MPa）	应力消除后（MPa）	应力消除率	应力消除前（MPa）	应力消除后（MPa）	应力消除率
1-1	137.36	92.11	32.94%	47.66	17.20	63.91%
1-2	182.38	106.64	41.53%	136.17	70.00	48.60
1-3	77.16	78.22	−1.37%	178.35	136.78	23.31%
1-4	124.70	76.33	38.79%	137.24	83.67	39.04%
1-5	94.36	80.15	15.06%	203.53	82.18	59.62%
2-1	173.79	108.47	37.59%	120.11	99.56	17.11%

续表

	北岸18号节段右侧上弦杆焊接残余应力消除前后对比			北岸19号节段右侧上弦杆焊接残余应力消除前后对比		
测点	应力消除前（MPa）	应力消除后（MPa）	应力消除率	应力消除前（MPa）	应力消除后（MPa）	应力消除率
2-2	152.96	96.66	36.81%	107.86	106.07	1.66%
2-3	84.57	77.38	8.50%	79.19	65.27	17.58%
2-4	79.79	72.64	8.96%	99.47	78.36	21.22%
2-5	82.42	60.68	26.37%	115.38	100.05	13.29%
平均值	118.95	84.93	24.52%	122.50	83.91	30.53%

北岸18号节段右侧及19号节段右侧上弦杆焊接残余应力消除前后对比图如图4.3.60、图4.3.61所示。

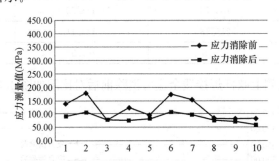

图4.3.60 北岸18号节段右侧上弦杆焊接残余应力消除前后对比图
（对比图中1～5点位为测点1-1～1-5，6～10点为测点2-1～2-5）

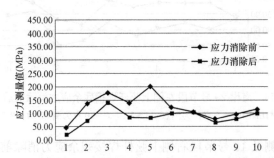

图4.3.61 北岸19号节段右侧上弦杆焊接残余应力消除前后对比图
（对比图中1～5点位为测点1-1～1-5，6～10点为测点2-1～2-5）

5. 小结

对南岸18号节段左右两侧上弦杆对接焊缝、南岸20号节段左侧上弦杆对接焊缝、北岸18号节段右侧上弦杆对接焊缝和北岸19号节段右侧上弦杆对接焊缝焊接残余应力值偏大区域进行超声冲击法消除焊接残余应力后，根据焊接残余应力消除前后数据对比图表可知，利用超声冲击法可以有效地消除焊接残余应力，本次焊接残余应力总体消除率为30%左右（24.52%～37.23%），且焊接残余应力越大的区域消减效果越明显。

4.3.4 结论

本书基于ABAQUS软件，采用有限元热-位移耦合分析方法，以热传导和热弹塑性理论为基础，使用双椭球移动热源开发了用于模拟焊接温度场和残余应力的热-位移有限元计算方法，研究主桁上弦杆对接焊缝残余应力分布的影响。利用所开发的数值计算方法模拟了实际结构中的温度场和应力场。同时，采用超声波方法检测了对接焊缝的残余应力。通过应力检测值与有限元结果比较发现，所得到的结果符合较好，证明所开发的计算方法是有效的。

另外，根据焊接残余应力消除前后数据对比可知，利用超声冲击法可以有效地消除焊接残余应力 30% 左右，且焊接残余应力越大的区域消减效果越明显。

5 超大跨径连续钢桁梁桥施工控制方法研究

5.1 钢桁梁悬臂施工过程整体计算分析

5.1.1 工程概况

本钢桁梁桥主桁采用变截面钢箱桁架,腹板尺寸从跨中 12mm、三角区桁架末端 45mm 变化到主墩附近 16mm,底板及加劲肋尺寸也在部分关键节点局部加强。桥面系主体为多根小纵梁支承的 U 肋加劲正交异性桥面板,横联包括设置在下弦杆节点对应位置的横梁和节段内部的多道横隔板。行车道桥面板厚度 16mm,主墩三角区部分加厚至 20mm,悬挑部分的人行道桥面板厚度 12mm;U 肋尺寸 300mm 宽×280mm 高,厚度 8mm,间距 500～600mm;腹板厚度 14mm 小纵梁 6 道,腹板厚度 16mm 与下弦杆等高的小纵梁 2 道;横隔梁与下弦杆等高,腹板厚度 14～16mm,间距与桁架节间距一致,主墩三角区末端横隔梁局部加强;节段内横隔板厚度 12mm,间距 3.45m。

主梁施工边跨及三角区钢桁梁采用全支架拼装,此后分别以两边跨作为锚固跨,利用桁上起重机悬臂拼装至跨中合龙,中跨悬臂拼装节段共 21 个,包括合龙段及两侧各 10 个钢桁梁节段(Z5～Z14)。具体施工流程如前图 4.1.1 所示。

5.1.2 有限元建模

考虑到需要对三种不同的施工次序进行比较,利用 ABAQUS 建立如图 5.1.1 所示模型。

由于节段间桥面系与下弦杆形成共同工作的整体,因此考虑用壳单元模拟桥面系及下

图 5.1.1 ABAQUS 有限元模型示意图

弦杆，上弦杆、腹杆及除横梁外的全部连接系均用梁单元模拟，因此将涉及梁单元与壳单元的连接问题。在实际钢桁梁体系中，连接部位即是最为关注的桁架节点，但在整体计算中，很难模拟节点连接的局部应力。因此在该模型中，将下弦杆节点附近区域视为近似刚体，与梁单元体系的对应节点耦合，由圣维南原理可知，距节点区域一定范围之外的应力均可视为实际值。而由于选择的耦合区域在纵桥向上的尺寸较小，对悬臂体系的挠度影响相对较弱，模型计算的挠度虽相对实际值偏小，但偏差应在可接受范围内。

边界条件均选取边墩及中墩支座处节点进行全固结约束，荷载考虑包括结构自重、各工况吊装主梁的质量及 2×325t 规格桁上起重机自重、边跨混凝土压重。吊装主梁质量与桁上起重机自重以前后支点集中力的形式作用于主梁（分三阶段浇筑，共 38349kN，以面力形式施加在相应节段底板上）。

5.1.3　结果汇总及分析

模型分别模拟悬臂施工过程中各工况下结构体系的应力及挠度，得到相应结果。

1）1号节段（Z5）吊装

应力如图 5.1.2、图 5.1.3 所示，应力极值出现在边跨三角区桁架腹杆连接处，大小为 141.6MPa。

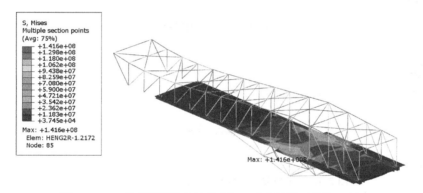

图 5.1.2　1号节段吊装时结构 Mises 应力云图（单位：Pa）

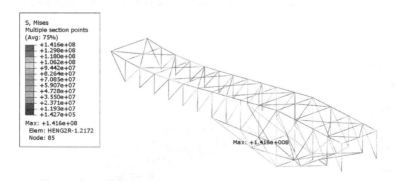

图 5.1.3　1号节段吊装时上弦杆、腹杆及连接系 Mises 应力云图（单位：Pa）

挠度如图 5.1.4～图 5.1.6 所示，挠度极值出现在边跨跨中平联位置，经查询悬臂端挠度值 61.8mm。

2）2号节段（Z6）吊装

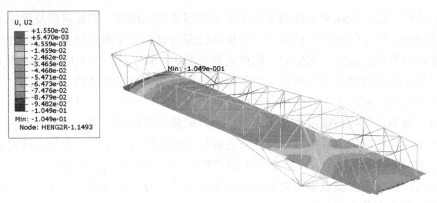

图 5.1.4　1号节段吊装时结构挠度云图 1（单位：m）

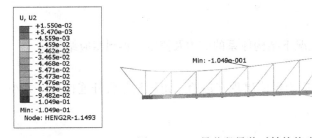

图 5.1.5　1号节段吊装时结构挠度云图 2（单位：m）

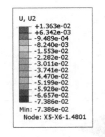

图 5.1.6　1号节段吊装时下弦杆挠度云图（单位：m）

应力如图 5.1.7、图 5.1.8所示，应力极值出现在边跨三角区桁架腹杆连接处，大小为 143.6MPa。

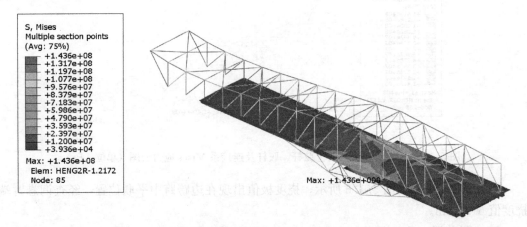

图 5.1.7　2号节段吊装时结构 Mises 应力云图（单位：Pa）

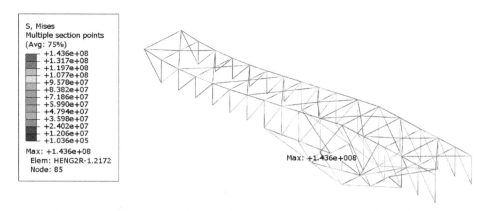

图 5.1.8 2 号节段吊装时上弦杆、腹杆及连接系 Mises 应力云图（单位：Pa）

挠度如图 5.1.9～图 5.1.11 所示，挠度极值出现在中跨悬臂端平联位置，经查询悬臂端挠度值 89.7mm。

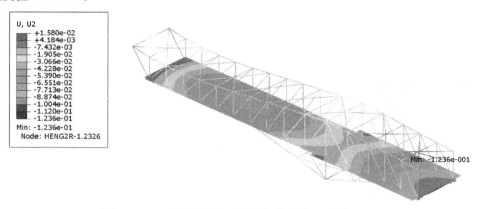

图 5.1.9 2 号节段吊装时结构挠度云图 1（单位：m）

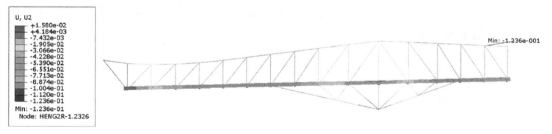

图 5.1.10 2 号节段吊装时结构挠度云图 2（单位：m）

图 5.1.11 2 号节段吊装时下弦杆挠度云图（单位：m）

3）3号节段（Z7）吊装

应力如图 5.1.12、图 5.1.13 所示，应力极值出现在边跨三角区桁架下斜腹杆节点处，大小为 145.2MPa。

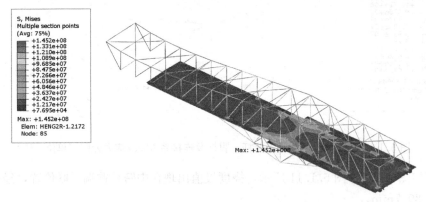

图 5.1.12　3号节段吊装时结构 Mises 应力云图（单位：Pa）

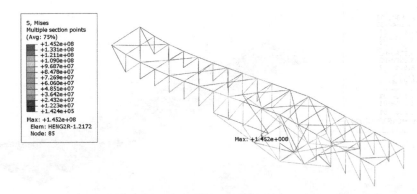

图 5.1.13　3号节段吊装时上弦杆、腹杆及连接系 Mises 应力云图（单位：Pa）

挠度如图 5.1.14～图 5.1.16 所示，挠度极值出现在中跨悬臂端平联位置，经查询悬臂端挠度值 128.1mm。

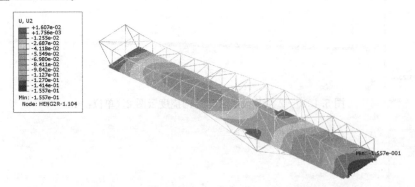

图 5.1.14　3号节段吊装时结构挠度云图 1（单位：m）

4）4号节段（Z8）吊装

应力如图 5.1.17、图 5.1.18 所示，应力极值出现在边跨三角区桁架腹杆连接处，大小为 153.4MPa。

图 5.1.15　3 号节段吊装时结构挠度云图 2（单位：m）

图 5.1.16　3 号节段吊装时下弦杆挠度云图（单位：m）

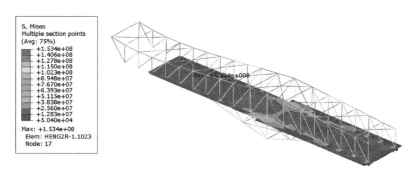

图 5.1.17　4 号节段吊装时结构 Mises 应力云图（单位：Pa）

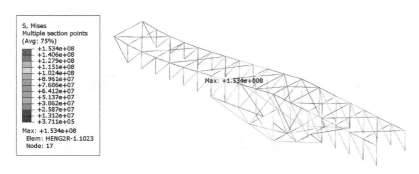

图 5.1.18　4 号节段吊装时上弦杆、腹杆及连接系 Mises 应力云图（单位：Pa）

挠度如图 5.1.19～图 5.1.21 所示，挠度极值出现在中跨悬臂端平联位置，经查询悬臂端挠度值 184.6mm。

5）5 号节段（Z9）吊装

应力如图 5.1.22、图 5.1.23 所示，应力极值出现在边跨三角区桁架腹杆连接处，大小为 161.5MPa。

挠度如图 5.1.24～图 5.1.26 所示，挠度极值出现在中跨悬臂端平联位置，经查询悬臂端挠度值 259.0mm。

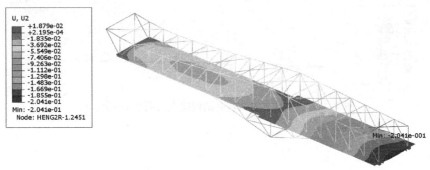

图 5.1.19　4 号节段吊装时结构挠度云图 1（单位：m）

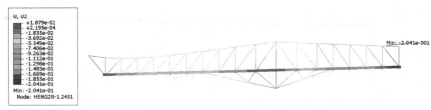

图 5.1.20　4 号节段吊装时结构挠度云图 2（单位：m）

图 5.1.21　4 号节段吊装时下弦杆挠度云图（单位：m）

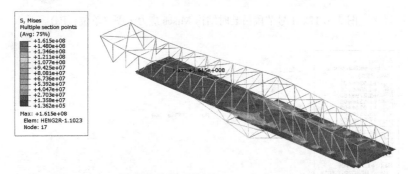

图 5.1.22　5 号节段吊装时结构 Mises 应力云图（单位：Pa）

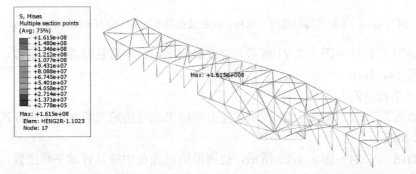

图 5.1.23　5 号节段吊装时上弦杆、腹杆及连接系 Mises 应力云图（单位：Pa）

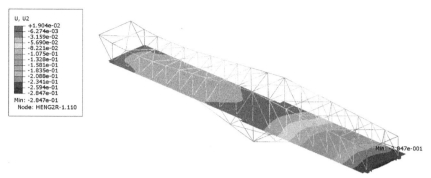

图 5.1.24　5 号节段吊装时结构挠度云图 1（单位：m）

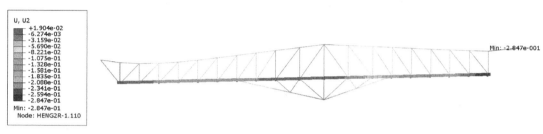

图 5.1.25　5 号节段吊装时结构挠度云图 2（单位：m）

图 5.1.26　5 号节段吊装时下弦杆挠度云图（单位：m）

6）6 号节段（Z10）吊装

应力如图 5.1.27、图 5.1.28 所示，应力极值出现在边跨三角区桁架腹杆连接处，大小为 171.1MPa。

挠度如图 5.1.29～图 5.1.31 所示，挠度极值出现在中跨悬臂端位置，经查询悬臂端挠度值 367.2mm。

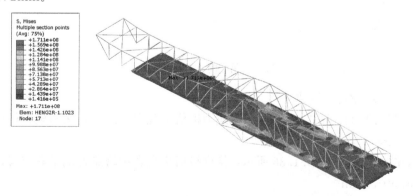

图 5.1.27　6 号节段吊装时结构 Mises 应力云图（单位：Pa）

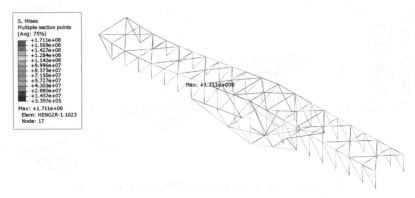

图 5.1.28　6 号节段吊装时上弦杆、腹杆及连接系 Mises 应力云图（单位：Pa）

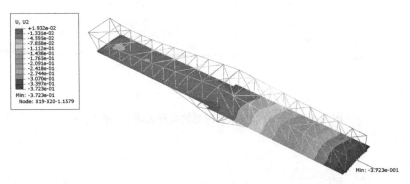

图 5.1.29　6 号节段吊装时结构挠度云图 1（单位：m）

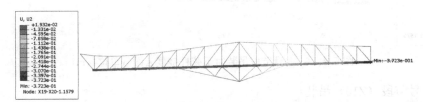

图 5.1.30　6 号节段吊装时结构挠度云图 2（单位：m）

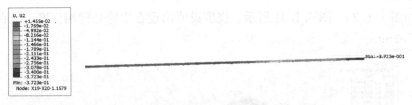

图 5.1.31　6 号节段吊装时下弦杆挠度云图（单位：m）

7）7 号节段（Z11）吊装

应力如图 5.1.32、图 5.1.33 所示，应力极值出现在边跨三角区桁架腹杆连接处，大小为 181.7MPa。

挠度如图 5.1.34~图 5.1.36 所示，挠度极值出现在中跨悬臂端平联位置，经查询悬臂端挠度值 507.8mm。

8）8 号节段（Z12）吊装

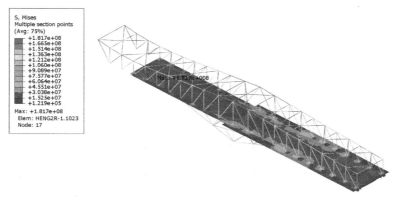

图 5.1.32　7 号节段吊装时结构 Mises 应力云图（单位：Pa）

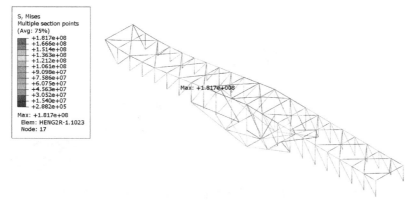

图 5.1.33　7 号节段吊装时上弦杆、腹杆及连接系 Mises 应力云图（单位：Pa）

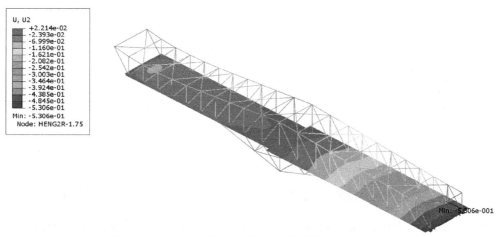

图 5.1.34　7 号节段吊装时结构挠度云图 1（单位：m）

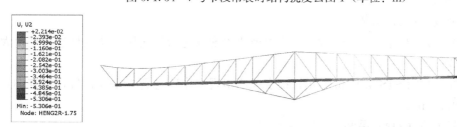

图 5.1.35　7 号节段吊装时结构挠度云图 2（单位：m）

图 5.1.36　7 号节段吊装时下弦杆挠度云图（单位：m）

应力如图 5.1.37、图 5.1.38 所示，应力极值出现在边跨三角区桁架腹杆连接处，大小为 201.4MPa。

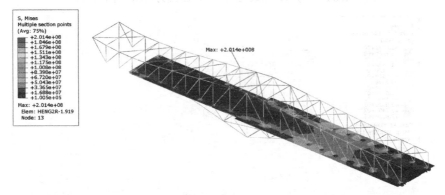

图 5.1.37　8 号节段吊装时结构 Mises 应力云图（单位：Pa）

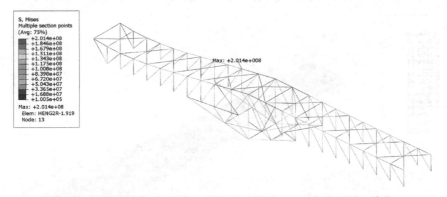

图 5.1.38　8 号节段吊装时上弦杆、腹杆及连接系 Mises 应力云图（单位：Pa）

挠度如图 5.1.39～图 5.1.41 所示，挠度极值出现在中跨悬臂端位置，经查询悬臂端挠度值 794.2mm。

9）9 号节段（Z13）吊装

应力如图 5.1.42、图 5.1.43 所示，应力极值出现在边跨三角区桁架腹杆连接处，大小为 207.5MPa。

挠度如图 5.1.44～图 5.1.46 所示，挠度极值出现在中跨悬臂端平联位置，经查询悬臂端挠度值 977.7mm。

10）10 号节段（Z14）吊装

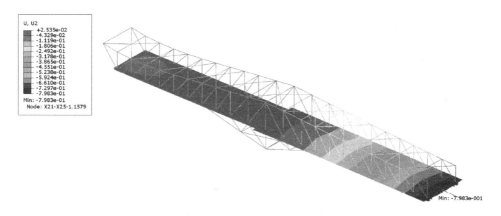

图 5.1.39　8 号节段吊装时结构挠度云图 1（单位：m）

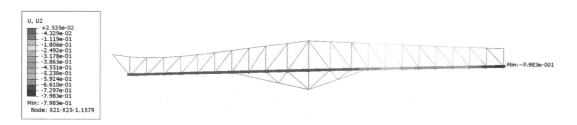

图 5.1.40　8 号节段吊装时结构挠度云图 2（单位：m）

图 5.1.41　8 号节段吊装时下弦杆挠度云图（单位：m）

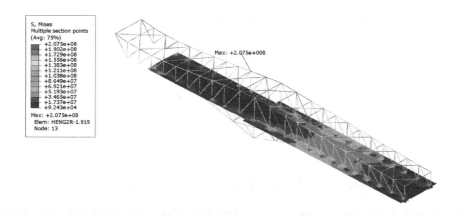

图 5.1.42　9 号节段吊装时结构 Mises 应力云图（单位：Pa）

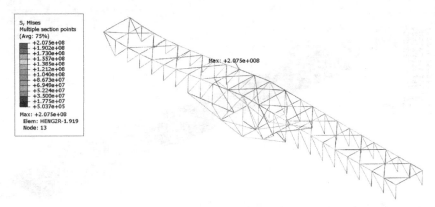

图 5.1.43　9 号节段吊装时上弦杆、腹杆及连接系 Mises 应力云图（单位：Pa）

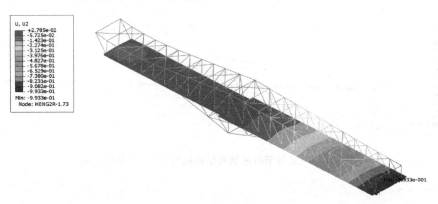

图 5.1.44　9 号节段吊装时结构挠度云图 1（单位：m）

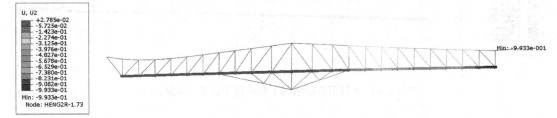

图 5.1.45　9 号节段吊装时结构挠度云图 2（单位：m）

图 5.1.46　9 号节段吊装时下弦杆挠度云图（单位：m）

应力如图 5.1.47、图 5.1.48 所示，应力极值出现在边跨三角区桁架腹杆连接处，大小为 223.1MPa。

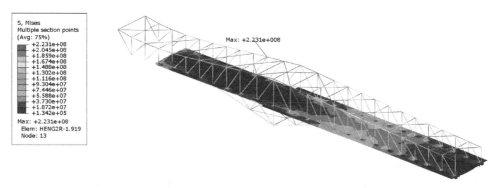

图 5.1.47　10 号节段吊装时结构 Mises 应力云图（单位：Pa）

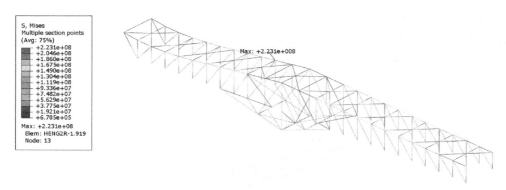

图 5.1.48　10 号节段吊装时上弦杆、腹杆及连接系 Mises 应力云图（单位：Pa）

挠度如图 5.1.49～图 5.1.51 所示，挠度极值出现在中跨悬臂端位置，经查询悬臂端挠度值 1356mm。

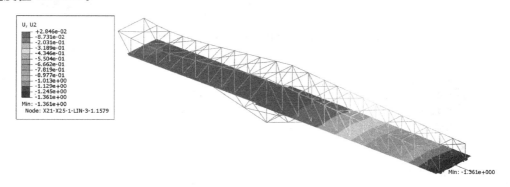

图 5.1.49　10 号节段吊装时结构挠度云图 1（单位：m）

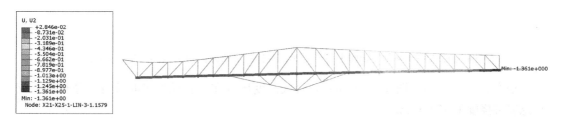

图 5.1.50　10 号节段吊装时结构挠度云图 2（单位：m）

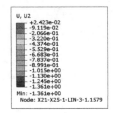

图 5.1.51　10 号节段吊装时下弦杆挠度云图（单位：m）

11）合龙段吊装

应力如图 5.1.52、图 5.1.53 所示，在耦合点附近出现不均匀的应力分布，下弦杆的应力水平在 180MPa 以内，相较前述桥面系，不参与或部分参与受力的情况有明显减小。但同时也使得悬臂体系大断面上的中和轴进一步下移，上弦杆的应力有所增加（应力极值 260.7MPa）。考虑到实际工程中该部分节段弦杆中的纵桥向加劲肋较强，在梁单元的建立过程中未能很好地得到模拟，在后续局部验算中该部位应力值会有所减小。

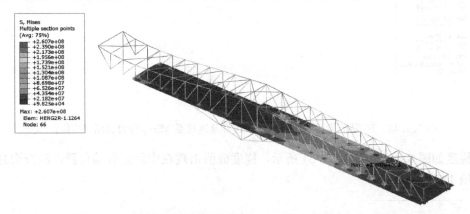

图 5.1.52　合龙段吊装时结构整体 Mises 应力云图（单位：Pa）

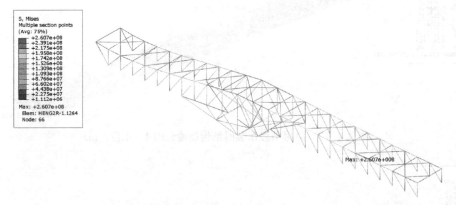

图 5.1.53　合龙段吊装时上弦杆、腹杆及连接系 Mises 应力云图（单位：Pa）

挠度如图 5.1.54～图 5.1.56 所示，最大挠度出现在悬臂端部平联位置，经查询下弦杆悬臂端挠度值 1746mm。

整体计算结果汇总见表 5.1.1。

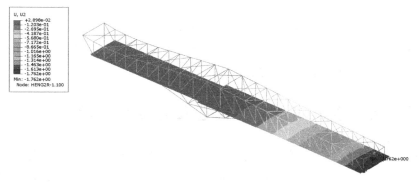

图 5.1.54　合龙段吊装时结构挠度云图 1（单位：m）

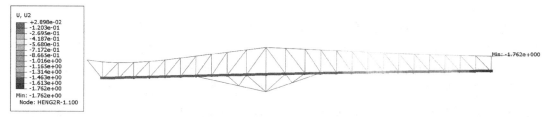

图 5.1.55　合龙段吊装时结构挠度云图 2（单位：m）

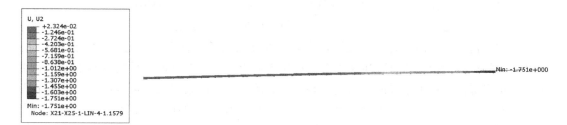

图 5.1.56　合龙段吊装时下弦杆挠度云图（单位：m）

悬臂施工过程中钢桁梁应力及挠度计算结果汇总表　　　　表 5.1.1

施工次序	节段编号	Z5	Z6	Z7	Z8	Z9	Z10	Z11	Z12	Z13	Z14	合龙段
完成全部桥面系连接后进行后续节段吊装	最大折算应力（MPa）	142	144	145	153	162	171	182	201	208	223	261
	下弦杆悬臂端挠度（mm）	61.8	89.7	128	185	259	367	508	794	978	1356	1746

5.1.4　结论

悬臂施工连续钢桁梁桥是近年来国内迅速发展的桥型之一，有着材料性能优良、工业化程度高、可靠性好、施工适应能力强等优点。主跨达到 465m 的三官堂大桥作为连续钢桁梁桥的典型，采用钢箱主桁和正交异性板桥面，选取先三角区桁架及边跨施工，再以边跨为锚固端悬臂拼装中跨钢桁梁节段至合龙的施工方式进行施工。通过对应力和挠度计算结果的分析，可得到以下结论：

(1) 根据计算结果，应力（下弦杆应力最值在 180MPa 以内，整体应力最值为 261MPa）及挠度（整体挠度最值为 1746mm）都在较低水平；

(2) 按照设计的在完成已吊装部分全部桥面系连接工作后再进行后续节段吊装的施工方法施工，悬臂体系的抗弯刚度满足施工要求。

5.2 三角区边墩锚固预应力比选及有限元分析

边墩锚固体系设置目的为增大钢桁梁在安装架设过程中的抗倾覆安全储备，边墩锚固体系设计为"钢绞线＋自适应转角锚＋高强螺杆＋穿束千斤顶"，其结构示意图如图 5.2.1 所示。

1. 计算节段

为保证中跨钢桁梁安装的结构稳定及安全，在边墩设置张拉边墩锚固体系。边墩锚固体系采用体外预应力锚固，体外锚索每束采用 ϕ_s15.2-25 钢绞线束，穿过盖梁处预埋 ϕ300mm 钢管（预留温度变化引起钢桁梁的伸缩适应空间），下端通过压花锚具锚固于承台，上端通过转换装置连接 ϕ100mmPSB830 钢拉杆，钢拉杆穿过端横梁，钢拉杆上端运用 400t 穿心千斤顶张拉，每束锚固力为 250t，每墩设 4 束；锚索下锚板至地面以上 150mm 的部分套 ϕ60mmPVC 管进行防护隔离，现需比较每束锚固力为 200t 和 300t 相对于 250t 的影响情况，建立预应力筋并施加相对应的预应力比较受力情况。

在钢桁梁悬臂拼装过程中，往往依靠可移动的桥上起重机，一边拼装，一边向前行进，钢梁在桥位不采用临时支架支撑，悬臂长度逐渐增长，直至拼装至下个墩台或合龙。跨径不大的连续钢桁梁桥悬臂拼装施工，可优先完成主桁及部分连接系的拼装工作，利用桁上起重机提前进行下个节段的吊运安装，桥面系待主桁体系完成后再行连接，从而节省工期成本。但随着悬臂长度不断增大，结构挠度及应力明显增加，桥面系后连的施工工序将削弱钢桁梁截面强度及刚度，影响施工安全。因此，钢桁梁悬臂拼装施工中，连接时机成为平衡施工安全性与经济性需要研究的问题之一，分别在 Z14、Z13、Z12 节段安装完成后进行模拟运算，以比选预应力最佳施加时机。

2. 有限元建模

在预应力比选中考虑到需要对三种不同的预应力进行比较，利用 ABAQUS 建立主要模型（图 5.2.2），分别施加不同大小预应力。

锚固预应力索与接触的桥面采用 tie 连接，如图 5.2.3 所示。

预应力锚固索下端点接地，约束三个平动自由度，如图 5.2.4 所示。

3. 有限元计算

1) 不同预应力大小比选

(1) 200t 预应力下结构 Mises 应力云图，竖向位移图，S11 应力图如图 5.2.5～图 5.2.7 所示。

从应力结果可以看出，较大的应力出现在结构连接处及边界处，而这些点连接、无过渡连接及过强约束造成的局部应力集中可以忽略，因此可以看出除局部应力集中，钢结构整体最大应力不超过 203MPa。

5 超大跨径连续钢桁梁桥施工控制方法研究

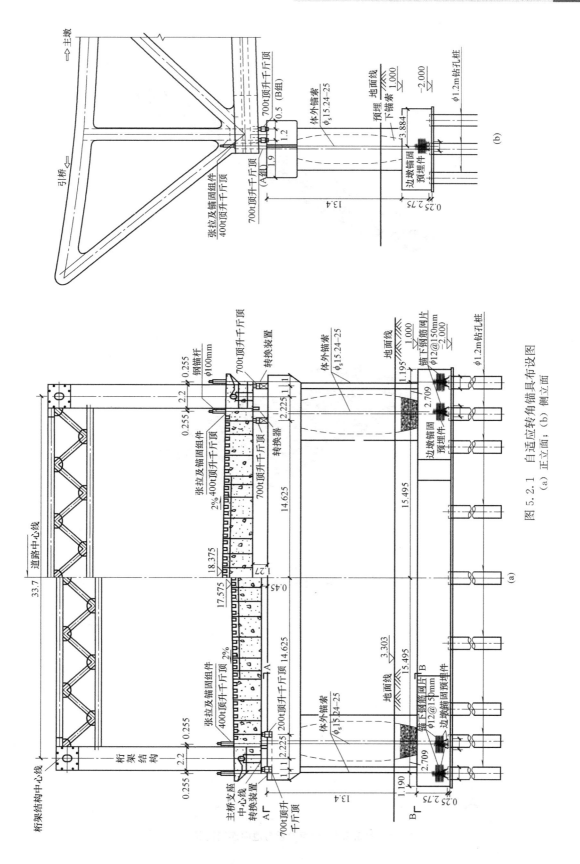

图 5.2.1 自适应转角锚具布设图
(a) 正立面；(b) 侧立面

图 5.2.2　有限元模型建模

图 5.2.3　连接方式

图 5.2.4　预应力索与地面连接情况

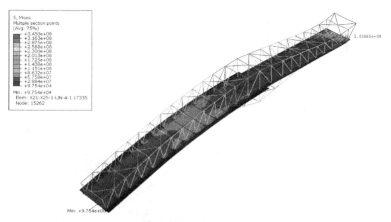

图 5.2.5　200t 预应力结构 Mises 应力云图（单位：Pa）

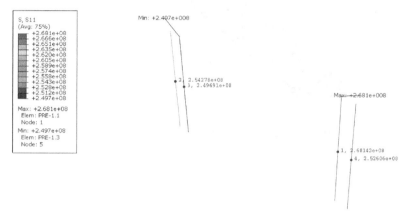

图 5.2.6　200t 预应力索 S11 应力云图（单位：Pa）

依据应力结果计算得到四根预应力索索力分别为 1993kN，1954kN，2088kN，1978kN，其有效应力达到要求的 200t。

图 5.2.7　200t 预应力竖向位移图（单位：m）

挠度极值出现在桥面端头处，极值大小为 1.755m。

（2）250t 预应力 Mises 应力云图，竖向位移图，S11 应力图如图 5.2.8～图 5.2.10 所示。

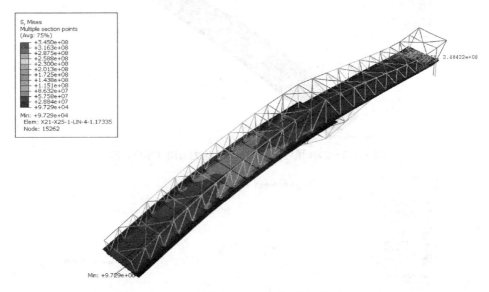

图 5.2.8　250t 预应力 Mises 应力云图（单位：Pa）

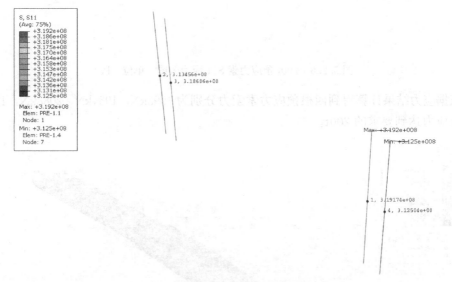

图 5.2.9　250t 预应力索 S11 应力云图（单位：Pa）

从应力结果可以看出，较大的应力出现在结构连接处及边界处，而这些点连接、无过渡连接及过强约束造成的局部应力集中可以忽略，因此可以看出除局部应力集中，钢结构整体最大应力不超过 248MPa。

依据应力结果计算得到四根预应力索索力分别为 2457kN，2496kN，2504kN，2449kN，其有效应力达到要求的 250t。

挠度极值出现在桥面端头处，极值大小为 1.753m。

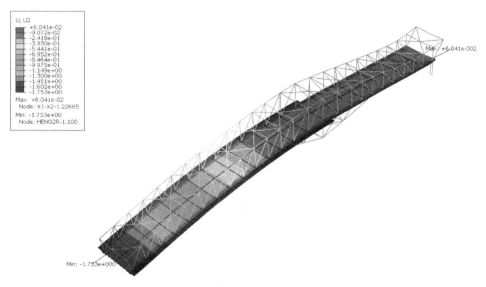

图 5.2.10　250t 预应力竖向位移图（单位：m）

(3) 300t 预应力 Mises 应力云图，竖向位移图，S11 应力图如图 5.2.11～图 5.2.13 所示。

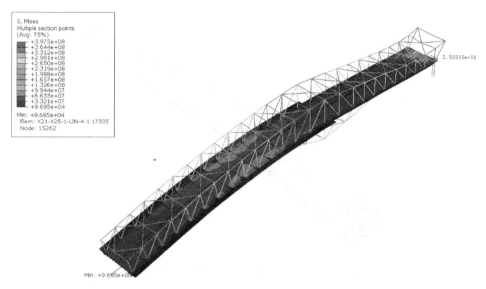

图 5.2.11　300t 预应力 Mises 应力云图（单位：Pa）

从应力结果可以看出，较大的应力出现在结构连接处及边界处，而这些点连接、无过渡连接及过强约束造成的局部应力集中可以忽略，因此可以看出除局部应力集中，钢结构整体最大应力不超过 250MPa。

依据应力结果计算得到四根预应力索索力分别为 2998kN，3116kN，2983kN，2998kN，其有效应力达到要求的 300t。

挠度极值出现在桥面端头处，极值大小为 1.751m。

2) 安装不同节段进行桥面系连接时机比选

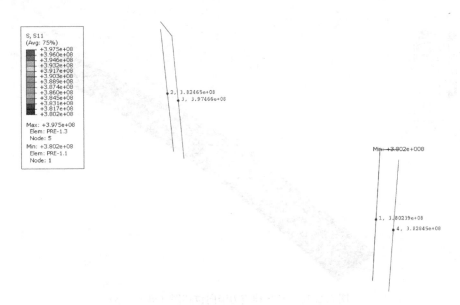

图 5.2.12　300t 预应力索 S11 应力云图（单位：Pa）

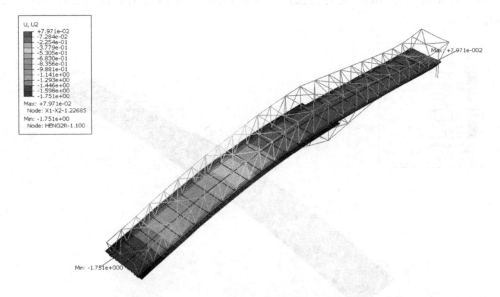

图 5.2.13　300t 预应力竖向位移图（单位：m）

（1）安装到 Z14 节段并施加 250t 预应力，如图 5.2.14～图 5.2.16 所示。

从应力结果可以看出，较大的应力出现在结构连接处及边界处，而这些点连接、无过渡连接及过强约束造成的局部应力集中可以忽略，因此可以看出除局部应力集中，钢结构整体最大应力不超过 248MPa。

依据应力结果计算得到四根预应力索索力分别为 2457kN，2496kN，2504kN，2449kN，其有效应力达到要求的 250t。

挠度极值出现在桥面端头处，极值大小为 1.753m。

（2）安装到 Z13 节段并施加 250t 预应力，如图 5.2.17～图 5.2.19 所示。

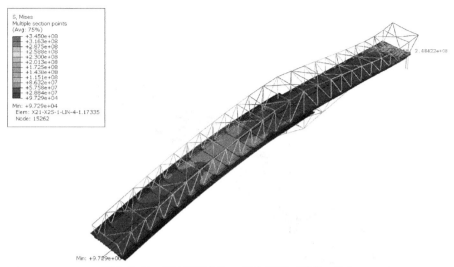

图 5.2.14　Z14 节段 Mises 应力云图（单位：Pa）

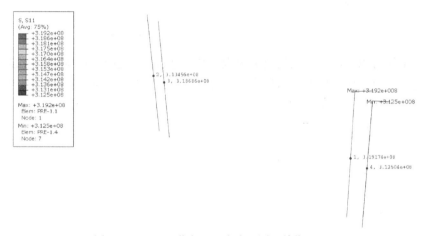

图 5.2.15　Z14 节段 S11 应力云图（单位：Pa）

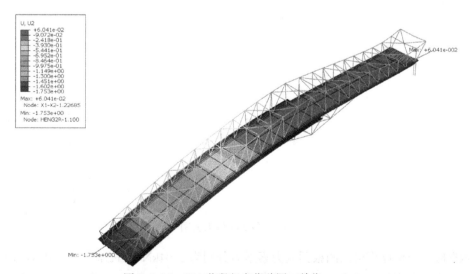

图 5.2.16　Z14 节段竖向位移图（单位：m）

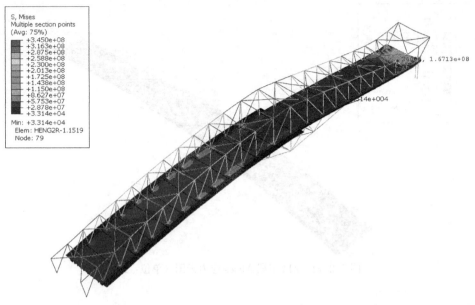

图 5.2.17 Z13 节段应力云图（单位：Pa）

从应力结果可以看出，较大的应力出现在结构连接处及边界处，而这些点连接、无过渡连接及过强约束造成的局部应力集中可以忽略，因此可以看出除局部应力集中，钢结构整体最大应力不超过 167MPa。

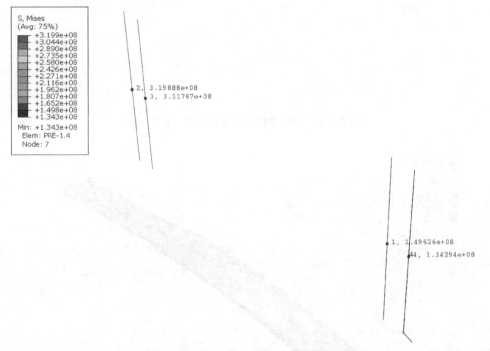

图 5.2.18 Z13 节段 S11 应力云图（单位：Pa）

依据应力结果计算得到四根预应力索索力分别为 2504kN，2441kN，1174kN，1053kN。其有效应力前两根达到 250t，后两根索仅为 100t。

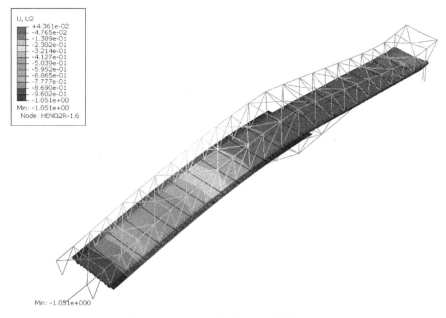

图 5.2.19　Z13 竖向位移图（单位：m）

挠度极值出现在桥面端头处，极值大小为 1.05m。

(3) 安装到 Z12 节段并施加 250t 预应力，如图 5.2.20～图 5.2.22 所示。

图 5.2.20　Z12 节段 Mises 应力云图（单位：Pa）

从应力结果可以看出，较大的应力出现在结构连接处及边界处，而这些点连接、无过渡连接及过强约束造成的局部应力集中可以忽略，因此可以看出除局部应力集中，钢结构整体最大应力不超过 237MPa。

依据应力结果计算得到四根预应力索索力分别为 2425kN，2425kN，1169kN，1044kN。前两根索达到 250t 预应力，后两根索仅为 100t 预应力。

挠度极值出现在桥面端头处，极值大小为 0.987m。

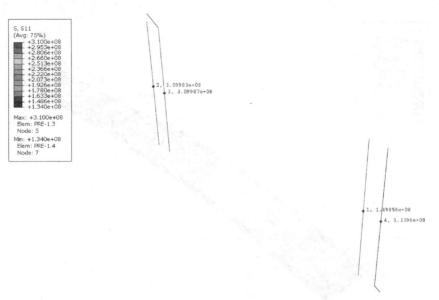

图 5.2.21　Z12 节段 S11 应力云图（单位：Pa）

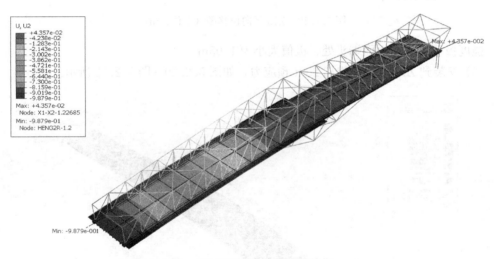

图 5.2.22　Z12 节段竖向位移图（单位：m）

4. 结果分析及结论

1）预应力施加大小结论

四根预应力索上施加的预应力增大的同时，桥面受到的最大应力也在正向增大，考虑到桥面如果受到过大的应力可能会破坏桥面影响施工，而预应力索上施加的预应力大小和桥面产生的位移成反比例；综上情况，预应力施加选取中间值对于桥面受到的应力和产生的位移都在控制范围内，施加 250t 预应力施工相对合理。

2）安装连接时机结论

在吊装施工过程中，若节段内全部吊装完成（Z14）节段相较于吊装前几节段，即 Z13、Z12 节段，桥面受到的应力大小变化并不明显，但是在吊装完成节段开始连接对于桥面整体平衡更有益，而挠度变化均在可控范围内，综合考虑，Z14 吊装完成节段进行施工满足施工要求。

6 超大跨径连续钢桁梁桥施工安全储备分析研究

6.1 钢桁梁悬臂施工极限承载力分析

6.1.1 计算说明

计算桥面的极限承载力,取三个悬臂状态——最大悬臂、中间状态、较小悬臂,并根据桥面的连接时机分成三种情况,分别为较小悬臂桥面全连接(A2)、较小悬臂桥面部分连接(D2)、较小悬臂桥面不连接(S2);中间状态桥面全连接(A6)、中间状态桥面部分连接(D6)、中间状态桥面不连接(S6);最大悬臂桥面全连接(A10)、最大悬臂桥面部分连接(D10)、最大悬臂桥面不连接(S10)。

6.1.2 有限元建模

模型为桁架-板壳模型,如图6.1.1所示。

图6.1.1 模型建模

接触使用tie和coupling连接桥面板和钢梁,如图6.1.2所示。

6.1.3 结果汇总及分析

提取各模型的位移荷载情况,绘制位移-荷载曲线。

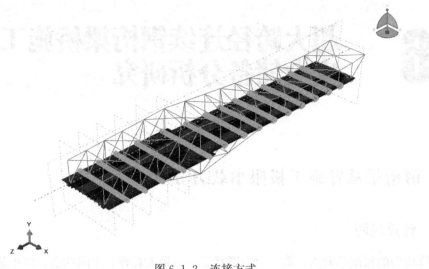

图 6.1.2　连接方式

由图 6.1.3 可知，该工况的极限荷载为 45219.73kN，对应的最大位移为 306.95mm。

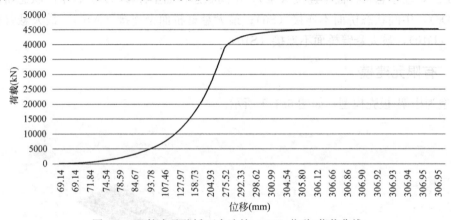

图 6.1.3　较小悬臂桥面全连接（A2）位移-荷载曲线

由图 6.1.4 可知，该工况的极限荷载为 45218.17kN，对应的最大位移为 305.34mm。

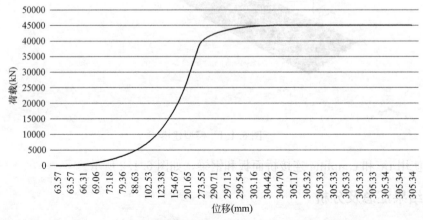

图 6.1.4　较小悬臂桥面部分连接（D2）位移-荷载曲线

由图 6.1.5 可知，该工况的极限荷载为 23631.21kN，对应的最大位移为 268.95mm。

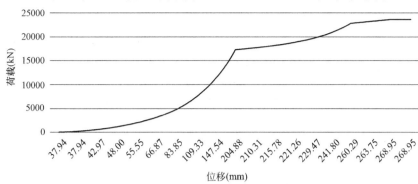

图 6.1.5　较小悬臂桥面不连接（S2）位移-荷载曲线

由图 6.1.6 可知，该工况的极限荷载为 20109.52kN，对应的最大位移为 698.76mm。

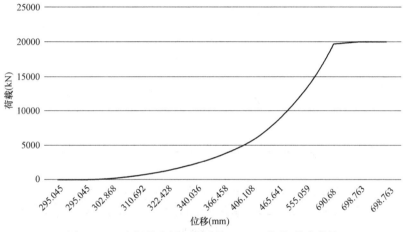

图 6.1.6　中间状态桥面全连接（A6）位移-荷载曲线

由图 6.1.7 可知，该工况的极限荷载为 20125.98kN，对应的最大位移为 751.96mm。

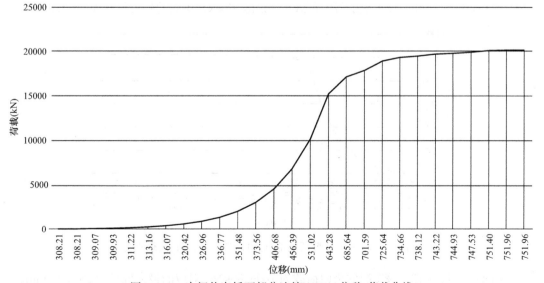

图 6.1.7　中间状态桥面部分连接（D6）位移-荷载曲线

由图6.1.8可知，该工况的极限荷载为14386.50kN，对应的最大位移为1021.41mm。

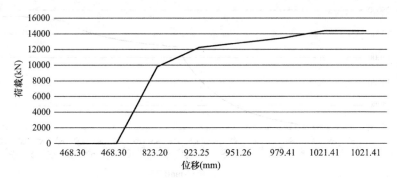

图6.1.8 中间状态桥面不连接（S6）位移-荷载曲线

由图6.1.9可知，该工况的极限荷载为11073.77kN，对应的最大位移为2852.13mm。

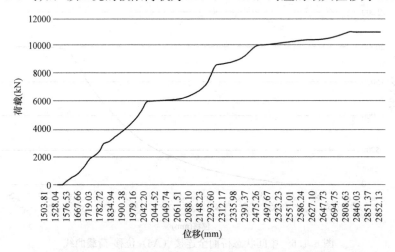

图6.1.9 最大悬臂桥面全连接（A10）位移-荷载曲线

由图6.1.10可知，该工况的极限荷载为10248.27kN，对应的最大位移为2934.66mm。

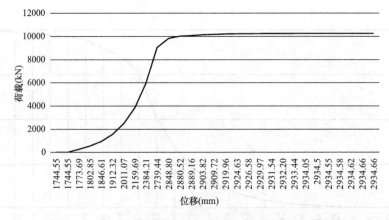

图6.1.10 最大悬臂桥面部分连接（D10）位移-荷载曲线

由图6.1.11可知，该工况的极限荷载为7096.80kN，对应的最大位移为2874.95mm。

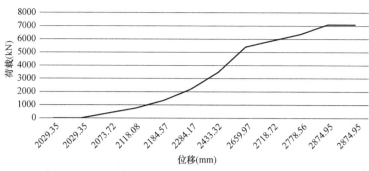

图 6.1.11 最大悬臂桥面不连接（S10）位移-荷载曲线

6.1.4 结论

由表 6.1.1 可知，最大悬臂状态下，桥面全连接的极限承载力最大，各施工次序对应极限承载力分别为 11073.77kN（A10），10248.28kN（D10），7096.80kN（S10）。而其中桥面全连接状态对应的位移相对最小，所以 A10 状态，即最大悬臂桥面全连接为相对理想方案。

悬臂施工过程中位移荷载汇总表   表 6.1.1

	A2	D2	S2	A6	D6	S6	A10	D10	S10
位移(mm)	306.95	305.34	268.95	698.76	751.96	1021.41	2852.13	2934.66	2874.95
荷载(kN)	45219.73	45218.18	23631.21	20109.53	20125.98	14386.50	11073.77	10248.28	7096.80

6.2 钢桁梁悬臂施工屈曲分析

在中跨钢桁梁拼装施工过程中，由于跨中钢桁梁采用悬臂拼装工艺，且悬臂跨度大，随着悬臂长度的增加，存在钢桁梁中部分构件侧向变形或整体结构失稳的隐患。通过采用 ABAQUS 有限元分析，将对不同合龙过程中的工况（即吊装完成 Z6 节段，吊装完成 Z10 节段，吊装完成 Z14 节段）进行特征值屈曲分析以及非线性屈曲分析，来研究钢桁梁端部在承受合龙段起吊时的稳定性以及确定钢桁梁失稳的临界载荷。

6.2.1 有限元建模

该分析过程中将比较 3 种不同的施工次序，利用 ABAQUS 建立 2 个主要模型，如图 6.2.1 所示。

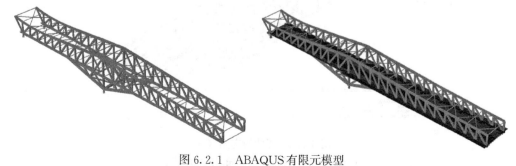

图 6.2.1 ABAQUS 有限元模型

模型1以梁单元模拟全部杆件，对应已吊装节段不进行桥面系连接的1号施工次序，此时桥面系在模型受力中仅考虑横梁的作用，其余桥面系部分作为荷载施加到相应下弦杆上。

模型2对应2、3号施工次序，桥面系分别部分连接、全部连接，通过节段间约束的差异来模拟（2号施工次序仅约束腹杆及弦杆部分，3号施工次序增加节段间桥面系的约束）。由于节段间桥面系与下弦杆形成共同工作的整体，故采用壳单元模拟桥面系及下弦杆，梁单元模拟上弦杆、腹杆及除横梁外的全部连接系，这涉及桁架节点处梁、壳单元的耦合。由于整体计算难以模拟桁架节点的局部受力，因此这里将下弦杆节点附近区域视为近似刚体，与梁单元体系的对应节点耦合，由圣维南原理可知，距节点区域一定范围外的应力可视为实际值。由于所选耦合区域在纵桥向的尺寸较小，对悬臂体系的挠度影响相对较弱，模型计算的挠度虽相对实际值偏小，但偏差应在可接受范围内。

边界条件选用边墩及中墩支座处的全固结约束，荷载包括承力结构自重、各工况吊装主梁自重、2×325t规格桁上起重机自重及边跨混凝土压重。吊装主梁自重与桁上起重机自重以起重机前后支点力的形式作用于主桁上弦杆，边跨压重混凝土分三阶段浇筑，以面力形式施加在相应节段底板上。

6.2.2 特征值屈曲分析

1. 施工次序一（工况1：最小悬臂Z6）

如图6.2.2所示，第一阶屈曲模态特征值系数为29.930，位于S7上弦段，屈曲形式为

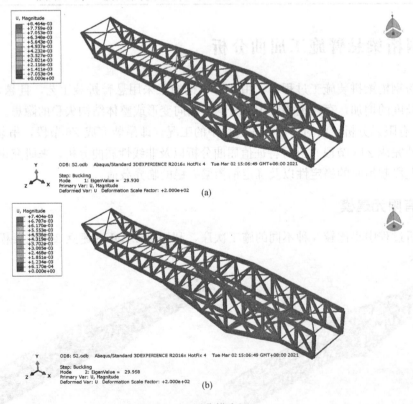

图6.2.2 屈曲模态图（一）

(a) 第一阶屈曲模态；(b) 第二阶屈曲模态

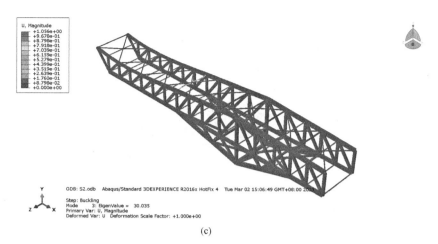

(c)

图 6.2.2 屈曲模态图（二）

(c) 第三阶屈曲模态

横向 S 形弯曲；第二阶屈曲模态特征值系数为 29.958，位于 S7 上弦段，屈曲形式为竖向弯曲；第三阶屈曲模态特征值系数为 30.035，位于 S7 上弦段，屈曲形式为横向 S 形弯曲。

2. 施工次序一（工况 2：中间悬臂 Z10）

如图 6.2.3 所示，第一阶屈曲模态特征值系数为 19.893，位于 S7 上弦段，屈曲形式为横向 S 形弯曲；第二阶屈曲模态特征值系数为 19.917，位于 S7 上弦段，屈曲形式为竖向弯曲；第三阶屈曲模态特征值系数为 19.976，位于 S7 上弦段，屈曲形式为横向 S 形弯曲。

3. 施工次序一（工况 3：最大悬臂 Z14）

如图 6.2.4 所示，第一阶屈曲模态特征值系数为 7.9025，位于 S17 上弦段，屈曲形式为横向 S 形弯曲；第二阶屈曲模态特征值系数为 7.9179，位于 S17 上弦段，屈曲形式为竖向弯曲；第三阶屈曲模态特征值系数为 7.9501，位于 S17 上弦段，屈曲形式为横向 S 形弯曲。

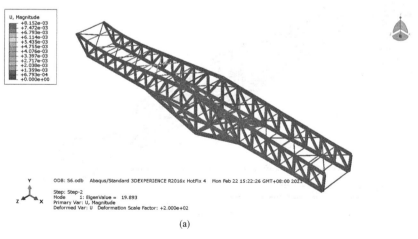

(a)

图 6.2.3 屈曲模态图（一）

(a) 第一阶屈曲模态

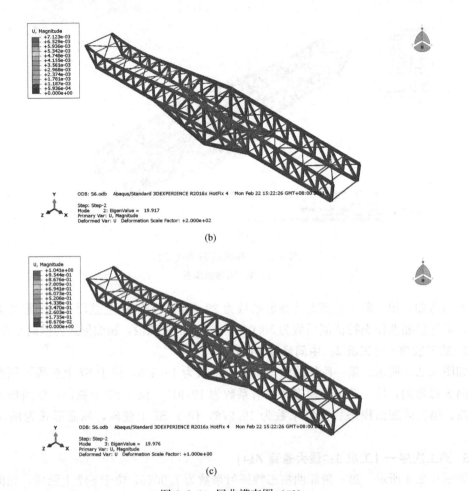

图 6.2.3 屈曲模态图（二）
(b) 第二阶屈曲模态；(c) 第三阶屈曲模态

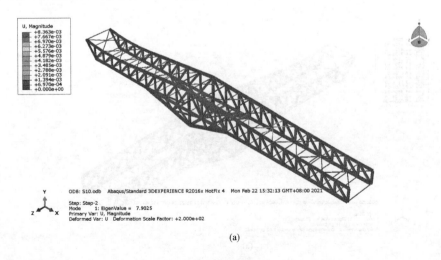

图 6.2.4 屈曲模态图（一）
(a) 第一阶屈曲模态

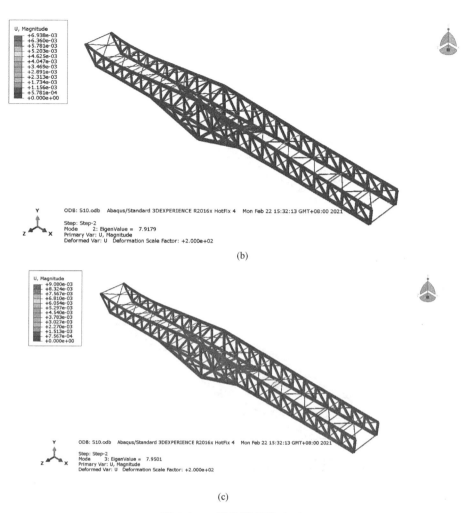

图 6.2.4 屈曲模态图（二）
(b) 第二阶屈曲模态；(c) 第三阶屈曲模态

4. 施工次序二（工况 1：最小悬臂 Z6）

如图 6.2.5 所示，第一阶屈曲模态特征值系数为 17.420，位于 X16 下弦桥面，屈曲形式为桥面竖向弯曲；第二阶屈曲模态特征值系数为 18.605，位于 X15 下弦桥面，屈曲形式为桥面竖向弯曲；第三阶屈曲模态特征值系数为 19.550，位于 X16 下弦桥面，屈曲形式为桥面竖向弯曲。

5. 施工次序二（工况 2：中间悬臂 Z10）

如图 6.2.6 所示，第一阶屈曲模态特征值系数为 5.646，位于 X16 下弦桥面，屈曲形式为桥面竖向弯曲；第二阶屈曲模态特征值系数为 6.216，位于 X17 下弦桥面，屈曲形式为桥面竖向弯曲；第三阶屈曲模态特征值系数为 6.6592，位于 X17 下弦桥面，屈曲形式为桥面竖向弯曲。

6. 施工次序二（工况 3：最大悬臂 Z14）

如图 6.2.7 所示，第一阶屈曲模态特征值系数为 2.1542，位于 X14-X15 下弦加劲处，屈曲形式横向弯曲；第二阶屈曲模态特征值系数为 2.4895，位于 X14-X15 下弦加劲处，

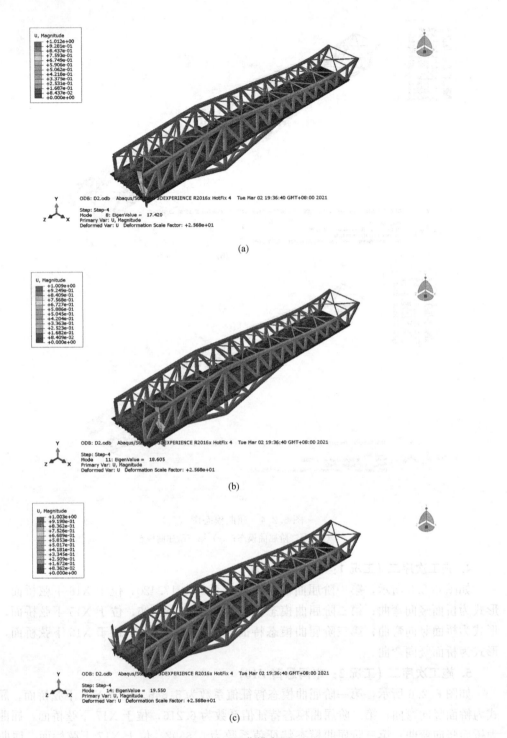

图 6.2.5 屈曲模态图
(a) 第一阶屈曲模态；(b) 第二阶屈曲模态；(c) 第三阶屈曲模态

屈曲形式横向弯曲；第三阶屈曲模态特征值系数为 2.5699，位于 X14-X15 下弦加劲处，屈曲形式横向弯曲。

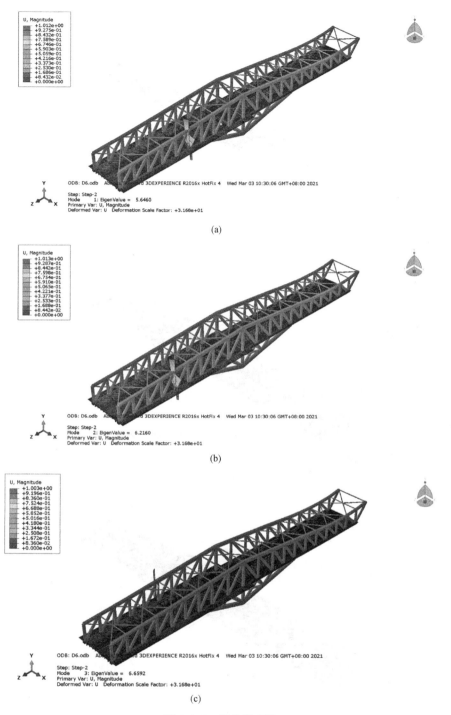

图 6.2.6 屈曲模态图
(a) 第一阶屈曲模态；(b) 第二阶屈曲模态；(c) 第三阶屈曲模态

7. 施工次序三（工况 1：最小悬臂 Z6）

如图 6.2.8 所示，第一阶屈曲模态特征值系数为 13.863，位于 X16 下弦桥面，屈曲形式为桥面竖向弯曲；第二阶屈曲模态特征值系数为 15.320，位于 X16 下弦桥面，屈曲形

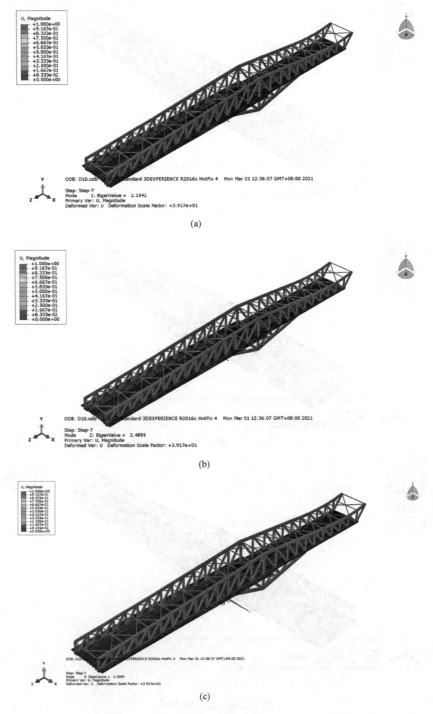

图 6.2.7 屈曲模态图

(a) 第一阶屈曲模态；(b) 第二阶屈曲模态；(c) 第三阶屈曲模态

式为桥面竖向弯曲；第三阶屈曲模态特征值系数为 20.020，位于 X14-X15 下弦加劲处，屈曲形式横向弯曲。

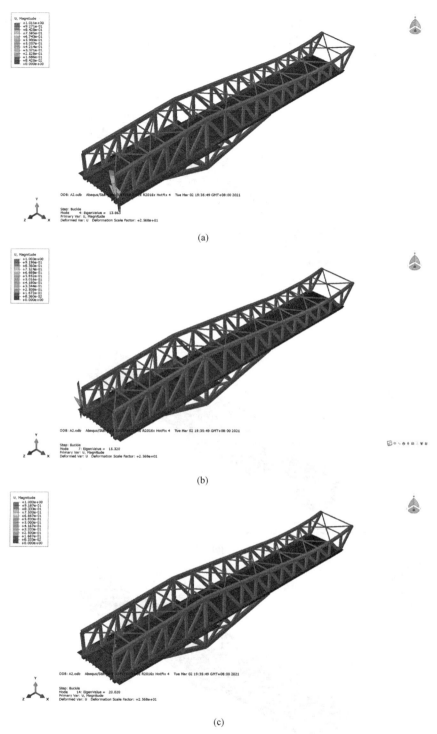

图 6.2.8 屈曲模态图

(a) 第一阶屈曲模态；(b) 第二阶屈曲模态；(c) 第三阶屈曲模态

8. 施工次序三（工况 2：中间悬臂 Z10）

如图 6.2.9 所示，第一阶屈曲模态特征值系数为 7.6396，X14-X15 下弦加劲处，屈曲形式横向弯曲；第二阶屈曲模态特征值系数为 7.6412，X14-X15 下弦加劲处，屈曲形式横向弯曲；第三阶屈曲模态特征值系数为 7.6564，X15-X16 下弦加劲处，屈曲形式横向弯曲。

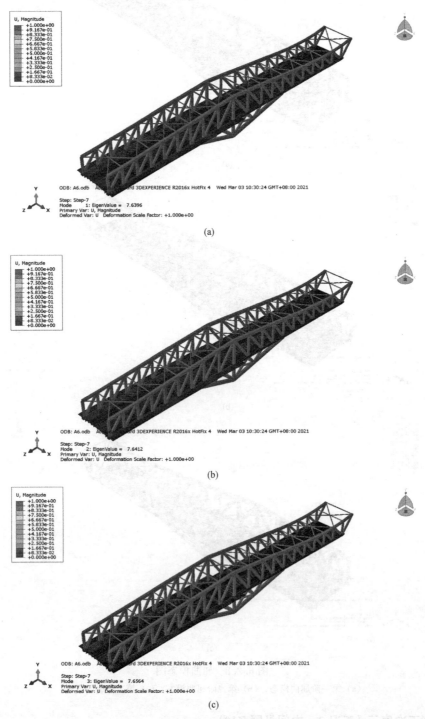

图 6.2.9 屈曲模态图
（a）第一阶屈曲模态；（b）第二阶屈曲模态；（c）第三阶屈曲模态

9. 施工次序三（工况 3：最大悬臂 Z14）

如图 6.2.10 所示，第一阶屈曲模态特征值系数为 0.84178，X14-X15 下弦加劲处，屈曲形式横向弯曲；第二阶屈曲模态特征值系数为 0.84476，X14-X15 下弦加劲处，屈曲形式横向弯曲；第三阶屈曲模态特征值系数为 0.90394，X15-X16 下弦加劲处，屈曲形式横向弯曲。

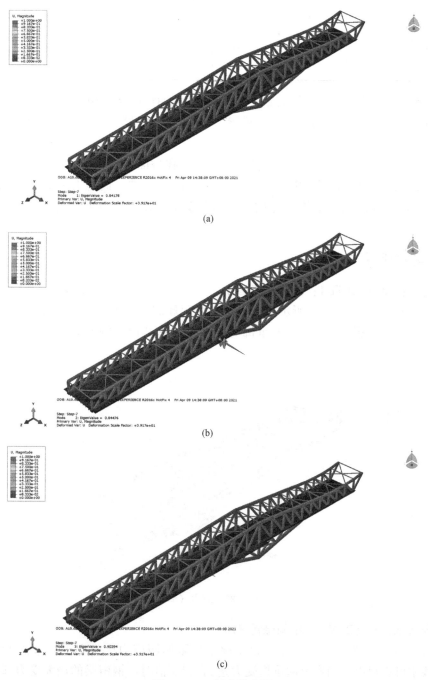

图 6.2.10　屈曲模态图
（a）第一阶屈曲模态；（b）第二阶屈曲模态；（c）第三阶屈曲模态

10. 结果分析及结论

根据上述 ABAQUS 计算结果,各施工次序下三种工况的特征值系数见表 6.2.1。

各施工次序下三种工况的特征值系数　　　　表 6.2.1

项目	最小悬臂 Z6	中间悬臂 Z10	最大悬臂 Z14
施工次序一 (无桥面系连接)	29.5	19.9	7.9
施工次序二 (部分桥面系连接)	18	6.2	2.3
施工次序三 (全桥面系连接)	15.3	7.6	0.8

在无桥面连接状态中,主要的屈曲变形都发生在钢桁梁结构中,其中 Z6 与 Z10 吊装工况下的屈曲变形大多发生在 S7 上弦横梁上,而在 Z14 吊装工况下,其屈曲变形转移至 S17 上弦横梁。

在施工次序二与三中,主要的屈曲变形都发生在桥面系结构中。相较于施工次序三,施工次序二方式下的屈曲变形更多产生下弦桥面的竖向弯曲,而施工次序三的屈曲变形更多产生下弦桥面底加劲处的横向弯曲,且屈曲变形范围处于接近三角区的 Z5 与 Z6 节段中。

6.2.3 非线性屈曲分析

1. 施工次序一(工况 1:最小悬臂 Z6)

如图 6.2.11、图 6.2.12 所示,该工况下极限屈服应力产生于上弦节段 S15-S16 处;从 LPF 曲线中可以得出,当桁上起重机受力达到 7.58 倍时,钢桁梁的最大受力部分处于屈服极限。

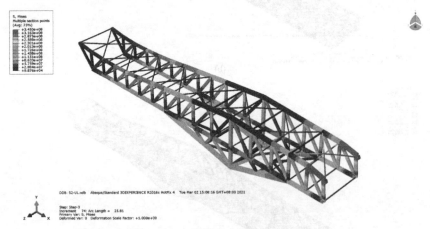

图 6.2.11　极限应力(单位:Pa)

2. 施工次序一(工况 2:中间悬臂 Z10)

如图 6.2.13、图 6.2.14 所示,该工况下极限屈服应力产生于上弦节点 S20 处;从 LPF 曲线中可以得出,当桁上起重机受力达到 4.86 倍时,钢桁梁的最大受力部分处于屈服极限。

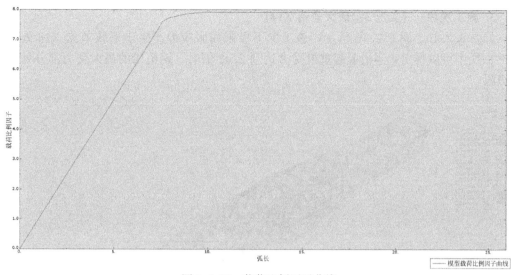

图 6.2.12 载荷比例因子曲线

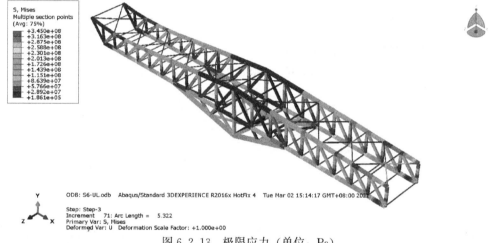

图 6.2.13 极限应力（单位：Pa）

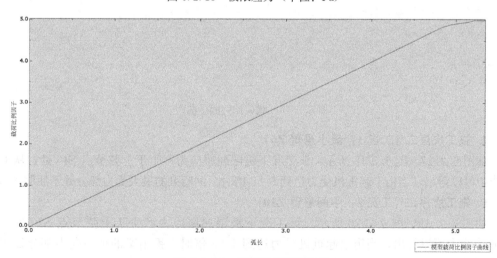

图 6.2.14 载荷比例因子曲线

3. 施工次序一（工况 3：最大悬臂 Z14）

如图 6.2.15、图 6.2.16 所示，该工况下极限屈服应力产生于下弦节点 X18 处；从 LPF 曲线中可以得出，当桁上起重机受力达到 2.08 倍时，钢桁梁的最大受力部分处于屈服极限。

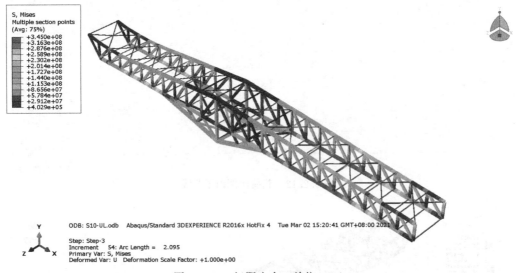

图 6.2.15　极限应力（单位：Pa）

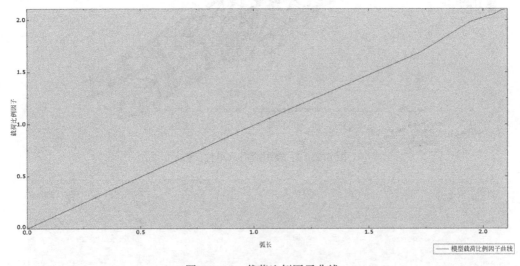

图 6.2.16　载荷比例因子曲线

4. 施工次序二（工况 1：最小悬臂 Z6）

如图 6.2.17、图 6.2.18 所示，该工况下极限屈服应力产生于上弦节点 S16 处；从 LPF 曲线中可以得出，当桁上起重机受力达到 8.65 倍时，钢桁梁的最大受力部分处于屈服极限。

5. 施工次序二（工况 2：中间悬臂 Z10）

如图 6.2.19、图 6.2.20 所示，该工况下极限屈服应力产生于上弦节点 S20 处；从 LPF 曲线中可以得出，当桁上起重机受力达到 4.93 倍时，钢桁梁的最大受力部分处于屈服极限。

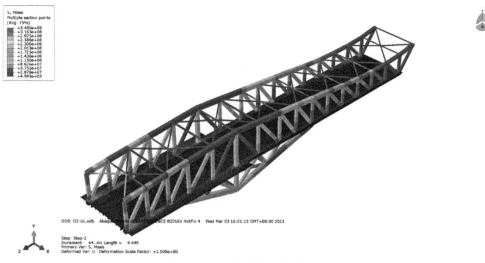

图 6.2.17 极限应力（单位：Pa）

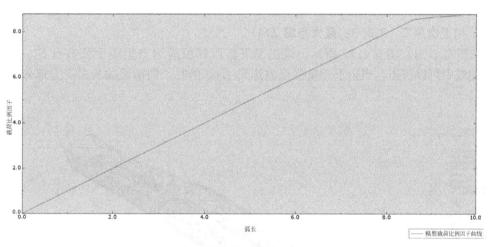

图 6.2.18 载荷比例因子曲线

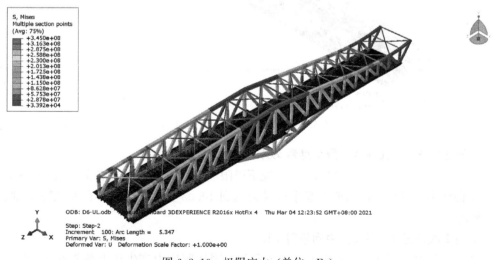

图 6.2.19 极限应力（单位：Pa）

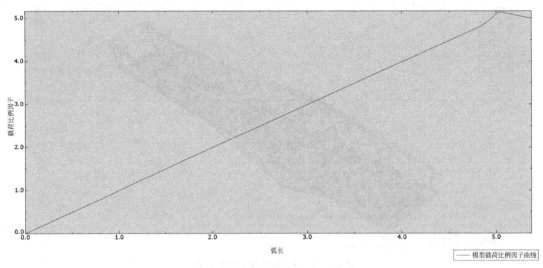

图 6.2.20 载荷比例因子曲线

6. 施工次序二（工况 3：最大悬臂 Z14）

如图 6.2.21、图 6.2.22 所示，该工况下极限屈服应力产生于上弦节点 S19 处；从 LPF 曲线中可以得出，当桁上起重机受力达到 4.00 倍时，钢桁梁的最大受力部分处于屈服极限。

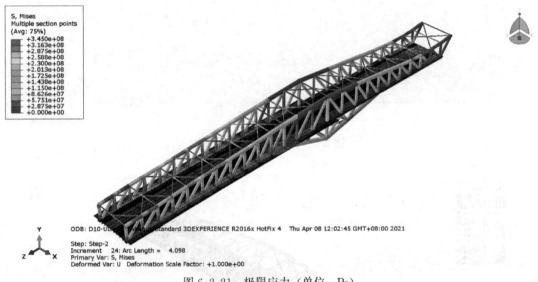

图 6.2.21 极限应力（单位：Pa）

7. 施工次序三（工况 1：最小悬臂 Z6）

如图 6.2.23、图 6.2.24 所示，该工况下极限屈服应力产生于上弦节点 S16 与 S15 处；从 LPF 曲线中可以得出，当桁上起重机受力达到 10.05 倍时，钢桁梁的最大受力部分处于屈服极限。

8. 施工次序三（工况 2：中间悬臂 Z10）

如图 6.2.25、图 6.2.26 所示，该工况下极限屈服应力产生于上弦节点 S20 处；从

6 超大跨径连续钢桁梁桥施工安全储备分析研究

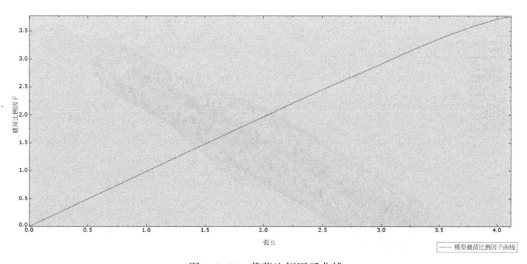

图 6.2.22 载荷比例因子曲线

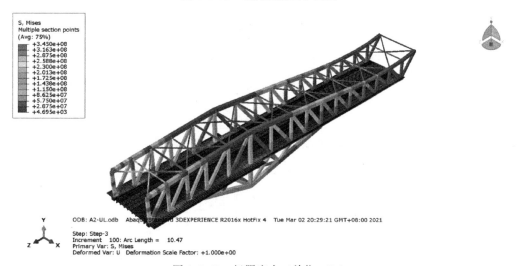

图 6.2.23 极限应力（单位：Pa）

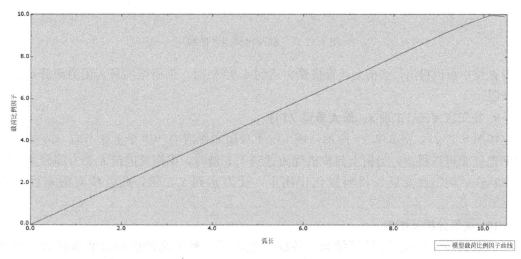

图 6.2.24 载荷比例因子曲线

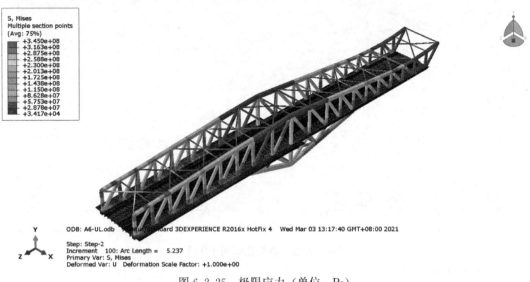

图 6.2.25 极限应力（单位：Pa）

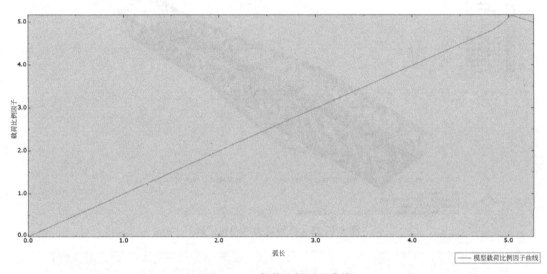

图 6.2.26 载荷比例因子曲线

LPF 曲线中可以得出，当桁上起重机受力达到 4.93 倍时，钢桁梁的最大受力部分处于屈服极限。

9. 施工次序三（工况 3：最大悬臂 Z14）

如图 6.2.27、图 6.2.28 所示，该工况下极限屈服应力产生于上弦节点 S24 处；从 LPF 曲线中可以得出，当桁上起重机受力达到 1.5 倍时，钢桁梁的最大受力部分处于屈服点；在后期塑性发展及材料强化作用下，受力达到 2.5 倍，此处按有限塑性取值为 2.0。

10. 结果分析及结论

根据上述 ABAQUS 计算结果，各施工次序下三种工况的极限吊装承载力倍数见表 6.2.2。

6 超大跨径连续钢桁梁桥施工安全储备分析研究

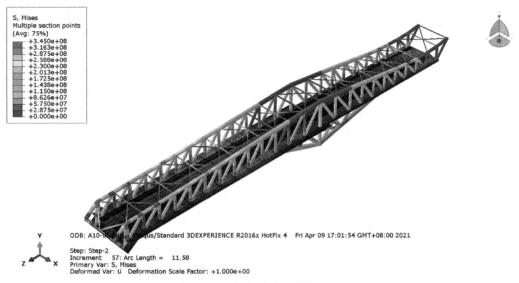

图 6.2.27 极限应力（单位：Pa）

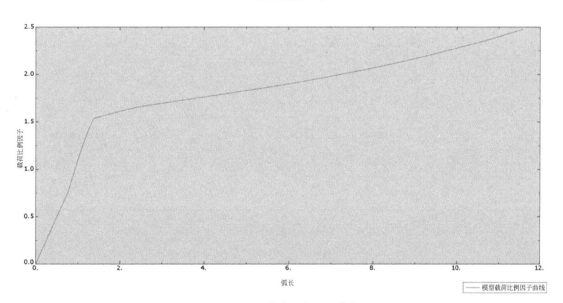

图 6.2.28 载荷比例因子曲线

各施工次序下三种工况的极限吊装承载力倍数　　表 6.2.2

	最小悬臂 Z6	中间悬臂 Z10	最大悬臂 Z14
施工次序一 （无桥面系连接）	7.58	4.86	2.08
施工次序二 （部分桥面系连接）	8.65	4.93	4.00
施工次序三 （全桥面系连接）	10.05	4.93	2.00

在工况一与工况二计算结果中，其极限屈服应力都产生于对应桁上起重机提升荷载作用的钢桁梁上弦节点端部处，说明吊装荷载在钢桁梁悬臂较短的情况下仅对局部桁架构件

有屈曲屈服作用。而随着整体钢桁梁悬臂的增长，在达到最长悬臂工况（吊装完成 Z14 节段）后，在吊装中心连接段时，会对钢桁梁整体结构造成失稳。

同时，观察到在最长悬臂工况（吊装完成 Z14 节段）下，非线性屈曲分析的极限承载力倍数会大于特征值屈曲分析的极限承载力倍数。其原因在于特征值屈曲分析中，大部分变形发生于桥段截面连接以及桥底加劲肋处，可以看出该分析中仅考虑局部材料弹性屈曲强度变化，对于拥有复杂的桁架桥结构，无法应用于整体结构屈曲应力变化，具有一定的局限性。同时在实际结构中，桥底加劲肋变形处也有局部加强，因此非线性屈曲分析结果更具参考性。

考虑到结构整体性及施工要求，最终施工按桥面系全连接的方式施工，在最小悬臂及中间悬臂的工况下，结构的屈曲系数大于 4.5，有较好的安全性；在最大悬臂工况下，屈曲系数为 2.0，应采取一定措施，如局部加强桥底加劲肋处或设置防止整体失稳的措施等，避免实际悬臂施工中出现屈曲破坏。